O NOME
E O SANGUE

EVALDO CABRAL DE MELLO

O NOME
E O SANGUE

*Uma parábola genealógica no
Pernambuco colonial*

Copyright © 1989, 2009 by Evaldo Cabral de Mello

Capa
Jeff Fisher

Preparação
Márcia Copola
Carlos Alberto Bárbaro

Revisão
Pedro Carvalho
Renato Potenza Rodrigues

Índice onomástico
Flávia Yacubian

Dados Internacionais de Catalogação na Publicação (CIP)
(Câmara Brasileira do Livro, SP, Brasil)

Mello, Evaldo Cabral de, 1936-
O nome e o sangue : uma parábola genealógica no Pernambuco colonial / Evaldo Cabral de Mello. — São Paulo : Companhia das Letras, 2009.

ISBN 978-85-359-1397-2

1. Família Paes Barreto. 2 Pernambuco — Genealogia 3. Pernambuco — História I. Título

09-00171
CDD-929.1098134
-981.34

Índices para catálogo sistemático:
1. Genealogia pernambucana 929.1098134
2. Pernambuco : Genealogia 929.1098134
2. Pernambuco : História 981.34

2009

Todos os direitos desta edição reservados à
EDITORA SCHWARCZ LTDA.
Rua Bandeira Paulista, 702, cj. 32
04532-002 — São Paulo — SP
Telefone: (11) 3707-3500
Fax: (11) 3707-3501
www.companhiadasletras.com.br

A João Maurício e Fernando

*Solar y ejecutoria de tu abuelo
es la ignorada antiguedad sin dolo,
no escudriñes al tiempo el protocolo
ni corras al silencio antiguo el velo.*

*Estudia en el osar de este mozuelo,
descaminado escándalo del polo,
para obrar, que descendió de Apolo,
probó, cayendo, descender del cielo.*

*No revuelvas los huesos sepultados
que hallarás más gusanos que blasones
em testigos de nuevo examinados.*

*Que de multiplicar informaciones
puedes temer multiplicar quemados
y con las mismas pruebas Faetones.*

QUEVEDO

SUMÁRIO

Prefácio *11*

I. O CAPITÃO-MOR DO CABO *17*

II. BRANCA DIAS E OUTRAS SOMBRAS *77*

III. PROVANÇAS PÓSTUMAS DE FELIPE PAIS BARRETO *133*

Apêndice *257*
Notas *261*
Índice onomástico *285*
Sobre o autor *297*

PREFÁCIO

O NOME E O SANGUE narra a história de uma manipulação genealógica destinada a esconder, no Pernambuco colonial, o costado sefardita de importante família local. Genealogia e genealogista são atualmente palavras que fazem sorrir complacentemente o leitor, sujeito de um ordenamento jurídico teoricamente igualitário, agente de uma economia de mercado teoricamente competitiva e motivado por uma escala de estima social em que o currículo profissional substituiu a carta de brasão. Que ele suspenda, contudo, o seu sorriso. Numa sociedade como a do Brasil colonial, para onde, como se não bastasse o pecado original da escravidão, se haviam transplantado os valores vigentes na versão ibérica das sociedades européias do Antigo Regime, caracterizada pela fenda étnica, social e religiosa entre cristãos-velhos e cristãos-novos, a genealogia não podia constituir o passatempo inofensivo que é hoje. Ela era, na realidade, um saber crucial, pois classificava ou desclassificava o indivíduo e sua parentela aos olhos dos seus iguais e dos seus desiguais, reproduzindo assim os sistemas de dominação. O valor que legitima este saber, a "honra" ou "reputação", é objeto de abundante literatura desde os trabalhos de Américo Castro, cujo feitio ensaístico não nos deve induzir a descartar, como se costuma ultimamente, suas agudas percepções sobre o passado ibérico como produto da convivência e conflito de três castas (cristãos, mouros e judeus), embora, como ocorre muitas vezes a quem atina com uma idéia seminal, Castro tenha levado demasiado longe a utilidade explicativa da sua concepção, querendo nela incorporar mais história do que ela podia comportar. Parafraseando o que já se disse a respeito de Burckhardt, ele nos ensinou mais com seus grandes equívocos do que outros com suas pequenas verdades de filólogo.

Desmontar o mecanismo de uma fraude genealógica, como se tenta fazer neste livro, é o gênero de investigação que, mais que nenhum outro, diz respeito a "um passado que se estuda tocando em nervos, um passado que emenda com a vida de cada um", "uma aventura da sensibilidade, não apenas um esforço de pesquisa nos arquivos", para usar a fórmula de Gilberto Freyre. Ao procurar reconstituir as tramóias que viciaram o processo de habilitação de Felipe Pais Barreto a cavaleiro da Ordem de Cristo, defrontou-se o autor, em primeiro lugar, com a questão do sangue judaico que corria nas veias de vários dos troncos que haviam povoado a Nova Lusitânia, isto é, o Pernambuco que vai da fundação da capitania por Duarte Coelho à ocupação holandesa (1535-1630), tema prudentemente ocultado pelos genealogistas coloniais e ignorado pelos atuais e, em segundo lugar, com a necessidade de narrar a história da família a que Felipe pertencia pelo costado da sua avó materna, os Sá e Albuquerque, do engenho Santo André, cujo caráter paradigmático em termos da história genealógica da oligarquia pernambucana da Colônia e do Império logo se impôs. Fundada por um colono meio cristão-novo, a linhagem ligou-se à prole de Jerônimo de Albuquerque, praticou a endogamia com os Pais Barreto e, em meados do século XVIII, recebeu o aporte de sangue plebeu de uma família de mercadores enriquecidos na terra.

O nome e o sangue não é obra sobre cristãos-novos no Brasil colonial, tema que já mereceu a atenção de vários historiadores, embora o autor se tenha visto obrigado a algumas excursões pela documentação inquisitorial relativa a Pernambuco de finais do século XVI. A historiografia dos conversos vem, aliás, privilegiando, por moda ou bom tom intelectual, os contestatários, ou seja, os que continuaram a judaizar, recusando-se a se integrar plenamente na sociedade colonial. Destarte, comete-se a injustiça de esquecer os outros, mais numerosos, que se converteram ao catolicismo ou que aceitaram a conversão que os pais e avós haviam feito por eles. A história não se faz apenas com a elite dos rebeldes mas também com a multidão dos conformistas. O autor só pode esperar que se lhe perdoe a preferência politicamente incorreta por estes últimos, como também a opção por um estudo que, transgressão indesculpável para muitos, ocupa-se não das classes dominadas mas das dominantes, cuja análise detida, inclusive quanto ao seu recrutamento e composição, parece-lhe indispensável à compreensão do nosso passado regional.

Pretende um lugar-comum — herança da historiografia oitocentista, mas nem por isso menos verdadeiro — que a história não se escreve sem documentos. Recordando-se da infância, Abraham Lincoln aludiu aos *"uneventful annals of the poor"*, mas melhor teria dito "*[unrecorded] annals of the poor*", pois, como os ricos, os pobres também têm história, carecendo apenas de registro escrito. Glosando a conhecida observação de romancista norte-americano segundo a qual os ricos são diferentes dos pobres porque têm dinheiro, pode-se aduzir que também o são porque, ao menos antigamente, produziam bem mais documentos. Tanto pior para os historiadores, pois dada a disponibilidade atual das fontes é de duvidar que, no tocante por exemplo à escravidão nas áreas canavieiras do Nordeste, eles possam oferecer muito além do que ofereceu Stuart Schwartz no seu livro admirável sobre o recôncavo baiano, verdadeiro *vade mecum* para quem quer que se interesse pela economia e sociedade açucareiras coloniais. O que remete a outro lugar-comum, não menos verdadeiro porém recente: o de que o documento é função do poder e instrumento de dominação. Os historiadores da velha escola pegavam o passado pelos chifres. A partir da certeza acerca da veracidade da fonte, esta como que se desvanecia, deixando o estudioso sozinho, frente a frente com a realidade nua e crua do que havia efetivamente ocorrido. Inocência epistemológica que se perdeu mercê do êxito do marxismo, da psicanálise e do estruturalismo, os quais, entre os historiadores e o passado, vieram interpor, como um biombo, a exasperante opacidade do texto.

O autor também pede desculpas à voga do dia no Brasil por ter buscado recapturar a dimensão narrativa ostracizada pela escola dos *Annales*, mas a que, na verdade, sua revolução historiográfica veio enriquecer como que por tabela, ou em conseqüência do que seus discípulos mais aferrados à história das estruturas econômicas devem considerar um efeito perverso. Contudo, diante da página em branco e das suas notas de pesquisa, o historiador não tem como fugir ao dilema muito bem definido por um oficial de outro ofício, Lévi-Strauss, quando assinalou que ele deve sempre optar "entre uma história que informa mais e explica menos e uma história que explica mais e informa menos", pois dependendo do nível em que se coloque "ele perde em informação o que ganha em compreensão e vice-versa".

Em virtude dessa intenção narrativa, *O nome e o sangue* pode ser lido como uma parábola genealógica, tanto no sentido geométrico de trajetória quanto na acepção literária de conto moral. Deste, contudo, não precisa sair machucado o sentimento de família de ninguém, donde a escolha da epígrafe, o belíssimo soneto no qual d. Francisco de Quevedo aconselhava um amigo, que estava na posse pacífica da reputação de fidalgo, a não requerer d'el-rei a correspondente carta de brasão, de vez que a investigação de praxe, caso desvendasse a existência de ascendente queimado pela Inquisição, transformá-lo-ia em outro Faetonte, que ardera sob o calor do sol de quem se tinha por filho. O poema encerra ainda hoje uma útil lição, na medida em que se recorra à genealogia com intenções vãs e não com a mera e natural curiosidade de saber de quem se veio.

Ademais, se a historiografia deve ser um esforço sem concessão visando à desmistificação do passado, isso não significa que o historiador deva assumir uma atitude agressiva de pregador evangélico. À tarefa calha não a ira dos justos, não o historiador assepticamente colocado fora da história, mas a dose de empatia que lhe permita calçar os sapatos alheios para tentar compreendê-la por dentro, não pela graça de uma iluminação súbita que freqüentemente não resistirá à prova documental, mas mediante o convívio aturado com o passado. Trata-se daquele mesmo estado de espírito de Tito Lívio quando confessava que "ao narrar estas velharias [do passado republicano da Roma clássica] eu me torno, não sei como, o contemporâneo delas". Por fim, o trabalho deve ser levado a cabo sem hipocrisia. Se a verdade, a da história inclusive, faz o homem livre, como o ar da cidade aos camponeses da Idade Média, nem por isso a mentira histórica é destituída de um charme secreto.

Duas palavras sobre palavras. Ao leitor que, como também o autor, não compartilha as escalas de estima social que vigeram em outras épocas solicita-se que, todas as vezes em que se deparar com elas, coloque mentalmente aspas nos termos relativos à limpeza ou pureza ou defeito de sangue, como também dos demais que igualmente destoem das categorias atuais em matéria de raça, classe ou religião. Se eles foram empregados neste livro foi precisamente no propósito de mergulhar neste mundo que já não é o nosso e cuja diferença pode chocar. O substantivo "mascate" e o adjetivo "mascatal" são utilizados não no sentido etimológico e ainda corrente, de bufarinheiro, mas no de comerciante recifense do período colonial, que era então pejorativo. Quanto ao vocabulário nobiliárquico (linhagem, estirpe etc.), não tem ao longo destas páginas qualquer conotação apologética, seu uso sendo meramente instrumental, de vez que a prática genealógica o impinge a quem quer que se aventure pelos seus labirintos sem querer dar-se ao esforço de inventar uma "terminologia neutra", que não feda nem cheire, se é que essa expressão possa jamais fazer sentido no campo das ciências humanas.

O autor deve a J. A. Gonsalves de Mello o lhe haver chamado a atenção em Madri, na primavera de 1977, para o processo de habilitação de Felipe Pais Barreto à Ordem de Cristo, processo consultado naquele mesmo ano no Arquivo Nacional da Torre do Tombo em Lisboa, sem que, contudo, o beneficiário da informação se tivesse dado conta do seu valor para o estudo da manipulação genealógica, que não estava então no horizonte dos seus interesses. Sylvio Pais Barreto poupou-o de se perder nos meandros oitocentistas da genealogia dos Sá e Albuquerque, que desnorteiam o incauto devido à presença na capitania e depois província de Pernambuco de duas famílias coetâneas com o mesmo sobrenome.

Gilberto Freyre sustentava que os pesquisadores têm, além do anjo da guarda, um anjo da vanguarda, que os leva a tesouros insuspeitados. No caso do autor, o anjo foi antes o da retaguarda, que desempenhou a função igualmente importante de cobrir-lhe a retirada. Os historiadores padecem de um tipo de ansiedade que consiste em que o terreno não tenha ficado inteiramente limpo e que ainda subsista, escondido em algum desvão de arquivo, uma fonte por consultar, insegurança, aliás, bem pueril, pois como dizia Lucien Febvre ao jovem Georges Duby, que preparava sua tese sobre o Mâconnais na Idade Média: "Não se preocupe; você não verá jamais todos os documentos, sempre haverá alguns que lhe escaparão". Quando o autor já concluía a redação de *O nome e o sangue*, o livreiro-antiquário Almarjão, de Lisboa, que nada sabia a respeito, lhe mandou perguntar se estaria interessado no traslado de manuscrito do século XVIII relativo a famílias pernambucanas. Era a genealogia dos Sá e Albuquerque escrita por Afonso de Albuquerque Melo e acompanhada dos comentários de um sacerdote da Congregação do Oratório, fonte desconhecida até mesmo pelo linhagista Borges da Fonseca e pelo cronista D. Domingos do Loreto Couto, também muito curioso desses papéis de família. Não era o documento ideal com que sonha todo historiador. Mas qual deles o achará jamais?

Esta terceira edição de *O nome e o sangue* foi revista e atualizada.

Lisboa, 1989—Rio, 2008.

Parte I
O CAPITÃO-MOR DO CABO

I. 1700-7

O NOVO SÉCULO, que era o XVIII, começou bem para o sargento-mor Felipe Pais Barreto, senhor do engenho Garapu no Cabo: Sua Majestade, que Deus guardasse como todos os seus vassalos haviam mister, concedera-lhe a mercê de cavaleiro da Ordem de Nosso Senhor Jesus Cristo, com 12 mil réis anuais de pensão efetiva. Era a coroação de uma carreira que iniciara como soldado da tropa de primeira linha da capitania de Pernambuco e que prosseguira na milícia como capitão e sargento-mor das ordenanças da freguesia do Cabo, além dos cargos honrosos da gestão municipal de Olinda. Pelos estatutos da Ordem, cumpria-lhe agora passar pelas "provanças", isto é, a investigação sobre sua ascendência, destinada a averiguar se preenchia os requisitos indispensáveis, entre outros a limpeza de sangue.

Só então Felipe tornar-se-ia freire, membro de pleno direito da instituição religiosa e militar fundada em 1315 por el-rei d. Diniz ao nacionalizar os bens que possuía em Portugal a Ordem dos Templários, extinta na França ao cabo de uma feroz perseguição contra o que constituía uma organização supranacional quase tão poderosa quanto o papado ou o Sacro Império Romano, numa era em que os nascentes Estados territoriais já não queriam tolerá-las, em que a feudalidade cansara-se de combater os infiéis na Terra Santa e em que o sonho de libertar os lugares sagrados da Palestina esvaíra-se como se esvaem os arcaísmos, quase sem ser sentido. Em Portugal, há muito, desde que no século XVI d. João III reunira em suas mãos o grão-mestrado das três ordens militares, Cristo, Aviz e Santiago, suas comendas e seus hábitos estavam reduzidos a meros instrumentos de clientelismo e de promoção social.[1] Na segunda metade do século XVII e ao longo do XVIII, "muitos dos que se armavam cavaleiros [...] nunca tinham pegado numa arma para combater"; e muitos não possuíam sequer cavalo, malgrado as tentativas da Coroa, ainda durante a regência e o reinado de d. Pedro II (1668-1706), de fazê-la retornar à aspiração inicial de constituir uma força militar de reserva. A primazia da Ordem de Cristo sobre as duas outras era, aliás, incontestável em termos de estima social.[2]

A que maior honraria poderia aspirar o filho segundo de uma rica família colonial que deitara raízes em Pernambuco no terceiro quartel do Quinhentos? Nem a títulos nobiliárquicos, que não eram conferidos aos habitantes da América portuguesa, ao contrário dos da hispânica, nem sequer às rendosas comendas das Ordens, atribuídas, no caso do Brasil, apenas a alguns chefes militares da guerra holandesa. Felipe Pais Barreto ordenou portanto, a seu procurador em Lisboa (os homens principais da terra tinham sempre seu procurador na corte), que requeresse a abertura das provanças, que, consoante a praxe, deveriam ser realizadas no lugar de nascimento de seus pais e avós, todos naturais da capitania. Felipe era filho do 4º morgado do Cabo, o capitão-mor Estêvão Pais Barreto, e de sua mulher, Maria de Albuquerque, um matrimônio endogâmico, de vez que seu avô paterno fora irmão do materno, de quem ele, Felipe, herdara o prenome. Na segunda metade do século XVII, generalizara-se na açucarocracia a tendência às alianças entre primos ou entre tios e sobrinhos. Felipe mesmo era casado com uma prima, Margarida Barreto de Albuquerque, filha do sargento-mor Antônio Pais Barreto, mas seus avós Estêvão e Felipe ainda se haviam consorciado fora da parentela, o primeiro, com a filha de um reinol casado com mulher da terra; o segundo, com Brites de Albuquerque, por quem o escândalo chegou, descendente de um colono fixado na capitania no século XVI.[3]

Como informava Sylvio Pais Barreto,[4] as presunções mais fortes indicavam que Felipe Pais Barreto fora o senhor do engenho Garapu, no Cabo. Embora o genealogista não tivesse encontrado "em nenhum documento clara informação sobre a posse do engenho Garapu pelo referido Felipe Pais Barreto", este, como se acentuou, fora casado com uma prima, filha única de Antônio Pais Barreto, proprietário do Garapu e do Petimbu, a qual poderia ter levado de dote a primeira dessas fábricas. Tal suposição foi confirmada pela relação em que Cristóvão Pais Barreto de Melo narra sua participação na Guerra dos Mascates e em especial no socorro ao Recife, sitiado pelo partido da nobreza durante o governo do bispo Manuel Álvares da Costa. Relata Cristóvão que ao marchar com seu contingente de milícias para os Prazeres, fizera uma parada no "Garapu, engenho de Felipe Pais, a quem achamos".[5]

É provável ademais que Felipe Pais Barreto tivesse herdado do pai, o segundo e já aludido Estêvão Pais Barreto, o engenho Pirapama, também localizado no Cabo. Havendo Estêvão sucedido no morgadio o irmão que falecera sem descendência, entrara na administração dos engenhos Velho e da Guerra, transmitindo a Felipe, seu filho segundo, o Pirapama, de vez que o primogênito, João Pais Barreto, passara a ser o herdeiro presuntivo do vínculo. A favor dessa hipótese há o fato de um genro de Felipe encontrar-se à frente do Pirapama em meados do século XVIII. Segundo Afonso de Albuquerque Melo, a Estêvão teriam pertencido nada menos de sete engenhos (o que não significa que os tivesse possuído simultaneamente), ademais de "toda a freguesia de Una, muito ouro, prata, gado e escravos; destes, por sua morte, se acharam mais de trezentos", "fazendo-o Deus, entre seus parentes ricos, o mais rico". Felipe nascera portanto em berço esplêndido. Por fim, Felipe será designado pela tia, Brites Barreto de Albuquerque, viúva de d. João de Souza, administrador do engenho São Francisco ou dos Algodoais (Cabo), que, com outros bens do casal havia sido legado ao hospital do Paraíso, no Recife, administração que além de proporcionar a Felipe uma pensão anual ele poderia transmitir aos herdeiros.[6]

O engenho Garapu, cuja capela, com seu alpendre de três águas, ainda está de pé,[7] fora originalmente uma das dez fábricas fundadas pelo tronco da estirpe, o velho João Pais Barreto, o primeiro colono a concretizar a aspiração, dificilmente realizável, de uma açucarocracia prolífica: a de deixar um engenho a cada filho. Joaquim Nabuco, seu descendente pelo lado materno, orgulhava-se do ancestral rico, de quem, no fim da vida, diria dever a atração atávica pelas paisagens do rio Lima.[8] Natural de Viana (Minho), oriundo da pequena nobreza municipal, João Pais veio para Pernambuco por volta de 1557, com apenas treze anos, um dos muitos rebentos que os morgadios minhotos destinavam inexoravelmente à aventura ultramarina. Tendo participado das expedições contra os índios da mata sul da capitania, tocou-lhe em recompensa uma sesmaria na várzea do Pirapama, no Cabo de Santo Agostinho. Nela e noutra data de terra na ribeira do Una ergueu oito ou dez engenhos, que legou aos filhos após ter instituído em favor do primogênito o morgadio de Nossa Senhora da Madre de Deus (1580), ao qual vinculou o engenho Velho; anexo a este, o da Guerra coubera ao primeiro morgado como seu quinhão da herança.[9]

João Pais casou na terra com Inês Guardês de Andrade, filha de senhor de engenho na várzea do Capibaribe. Através dessa ascendente já pernambucana procedia o remoto sangue indígena que ainda no século XVIII atribuía-se à família Pais Barreto. Duzentos anos depois, uma descendente do casal recolheu a tradição e o texto de carta régia, quem sabe apócrifa, que a autorizava a usar o título de dona, então reservado às mulheres de qualidade mas que já começava a ser empregado sem licença régia. Como ela se recusasse a ser assim tratada, "dizendo o não admitiria sem ser concedido por el-rei", obteve-o o marido para lhe fazer as vontades. "Não falta quem diga [comentava Afonso de Albuquerque Melo] foi isto [...] uma vaidosa presunção, porém os menos críticos têm que fora uma prudente e modesta singeleza". Apesar de acaudalado, João Pais foi homem terra-a-terra e morreu em odor de santidade, ganhando a distinção de ingressar no hagiológio de varões santos ou virtuosos de Portugal e de suas conquistas que Jorge Cardoso escreveu em meados do século XVII. Para a fama de piedoso concorreu sobretudo o ter sido provedor e grande benfeitor da Santa Casa de Misericórdia de Olinda.[10]

Filho segundo, Felipe Pais Barreto assistiu a chefia do clã e a parte do leão do patrimônio familiar irem parar nas mãos do primogênito, seu irmão João Pais Barreto, 5º morgado do Cabo. O 1º morgado, João Pais Barreto, o moço, para distingui-lo do pai, o velho João Pais, morrera sem descendência, passando o vínculo ao irmão Estêvão. O primogênito de Estêvão tampouco teve filhos, de modo que novamente o morgadio ficou para o segundão, também chamado Estêvão e pai de nosso Felipe. Estêvão II colocou no seu primeiro filho o nome ritual do fundador da estirpe. Este 4º João Pais e 5º morgado do Cabo ainda teve tempo de casar e de procriar em detrimento de Felipe, antes de ser assassinado por causa de adultério com mulher principal da terra. Felipe foi portanto preterido pelo sobrinho, o 5º João Pais e 6º morgado. Um psicanalista não perderia a ocasião de explicar por essa frustração a atitude ambivalente de Felipe durante a guerra dos mascates, quando seria severamente criticado por se reconciliar com os assassinos do irmão.

Somente decorridos quatro anos da concessão do hábito fizeram-se as provanças de Felipe Pais Barreto, demora que não parece excepcional em termos do funcionamento da Mesa da Consciência e Ordens, que aconselhava o monarca em questões religiosas e nas relativas às ordens militares. As delongas da Mesa eram notórias, tanto assim que, naqueles mesmos anos em que tramitava o processo de Felipe, sátira anônima, escrita por quem se metera na pele do falecido Gregório de Matos, glosava a atuação do órgão:

> *A Mesa da Consciência,*
> *que consciência não tem,*
> *donde [a] todo o que aí vem*
> *faz perder a paciência,*
> *com uma e outra diligência*
> *em qualquer inquirição*
> *trás arrastado um cristão*
> *que quer pôr a cruz de Cristo.*
> *Se as cruzes não tem visto,*
> *não se acha o amor paternal.*[11]

A investigação destinava-se a determinar se o cavaleiro tinha "defeito de sangue", isto é, se descendia de mouro, judeu, preto ou índio, ou se incorria em "defeito mecânico", vale dizer, se era filho ou neto de indivíduo que exercera atividade ou ofício manual ou se vivera ele próprio desse mister. Na eventualidade de se confirmar qualquer dessas faltas, o cavaleiro era, em princípio, rejeitado, mas el-rei, como grão-mestre das ordens, tinha o poder para dispensar a mácula, salvo a de sangue judaico, o que competia ao papa.

Segundo os estatutos da Ordem de Cristo, as provanças eram efetuadas por comissário escolhido entre os cavaleiros professos residentes no lugar do domicílio do interessado. Na habilitação de Felipe Pais Barreto, a indicação recaiu em Miguel Correia Gomes, comerciante reinol, que designou como secretário seu concunhado Domingos da Costa de Araújo, ambos figuras de proa da comunidade mercantil do Recife. Como os pais e avós do agraciado haviam sido naturais de Pernambuco, a inquirição devia limitar-se à capitania, o que parecia ser uma garantia de rapidez, ao se evitarem as tardanças decorrentes de estendê-la a uma, duas ou mais aldeias remotas de Portugal. No Recife, ela teve lugar a 13 de abril de 1704; em Olinda, de 24 a 26 de novembro; e em Ipojuca, de 15 a 17 de janeiro de 1705. Os inquiridores não tinham pressa, pois regra geral as investigações feitas na terra concluíam-se em prazo bem mais curto. Ainda de acordo com a praxe, as testemunhas eram escolhidas entre as pessoas idosas que houvessem alcançado os ascendentes do habilitando ainda em vida; e também "noticiosas", isto é, que fossem interessadas em matéria genealógica ou simplesmente bem informadas.

Ao todo, depuseram seis pessoas: um alferes reformado, Rafael Fernandes; Francisco Berenguer de Andrade, cavaleiro da Ordem de Cristo; o padre Paulo de Terra e Souza; os sargentos-mores Gonçalo Coelho Negromonte e Domingos Vaz Gondim; e Simão Roiz Pinto, "pessoa principal" de Ipojuca. Quatro delas eram freqüentemente convocadas como testemunhas nesses processos de habilitação realizados na capitania: Berenguer, que cultivava a genealogia mas que era indivíduo controvertido, o padre e os sargentos-mores. Todos os depoentes, que, segundo a regra, declaravam separadamente após juramento sobre os Santos Evangelhos, coincidiram em que Felipe Pais Barreto tinha sangue cristão-novo por parte da sua avó materna, Brites de Albuquerque. É certo, reconheciam, que "o justificante era nobre e o foram seus pais e seus quatro avós, por serem todas as pessoas mais principais desta terra e que sempre andaram na governança e ocuparam os postos da milícia e ordenanças". Contudo, Felipe "tinha casta de cristão-novo por sua mãe, d. Maria de Albuquerque, e sua avó materna, d. Brites de Albuquerque, filho de um Antônio de Sá Maia, bisavô materno do justificante", cujo pai, Duarte de Sá, o trisavô do candidato, viera do Reino para Pernambuco. Como prova, citava-se o fato de Antônio de Sá haver pago uma finta ou imposto extraordinário cobrado dos cristãos-novos ao tempo da união dinástica entre Portugal e Castela (1580-1640). Os depoimentos convergiram também no sentido de ilibar os ascendentes paternos de Felipe, que, por esse lado, "era cristão-velho e limpo, sem raça alguma de mouro, judeu ou cristão-novo". Por fim, Francisco Berenguer aduzia que o habilitando "tinha casta do gentio da terra, porém que era muito longe".

Em que se baseava o conhecimento das testemunhas? Em haver conhecido os ancestrais de Felipe Pais Barreto ou em ter ouvido falar a respeito. Certo depoente ainda se lembrava do bisavô Antônio; outro, dos pais e avós; outro, só dos avós; ainda outro, da avó materna; e a testemunha menos idosa, apenas dos pais, conhecendo "estas gerações de ouvida, de seus pais e parentes [dele, testemunha] e mais pessoas desta terra, antigas, que conheceram de vista e trataram aos avós do justificante". No essencial, houvera unanimidade quanto à pinta de sangue sefardita que correria nas veias de Felipe. Os depoimentos mostravam-se bastante precisos, indicando com exatidão o costado donde ela procedia, ou seja, da avó materna, sem contentar-se com indicações vagas ou contraditórias como ocorria muitas vezes nesse gênero de inquirição.

Processualisticamente, tudo se passara conforme o regulamento. Uma vez que o mínimo de seis depoentes havia concordado, já se podia dar por terminada a investigação, sem necessidade de averiguações adicionais. Assim resolveu o comissário Miguel Correia Gomes. As provanças foram enviadas a Lisboa para que a Mesa da Consciência desse seu parecer e o submetesse a el-rei. A 30 de março de 1707, a Mesa comunicava a d. João V ser Felipe Pais Barreto "infamado de cristão-novo por parte de sua avó materna, [...] tida e reputada por cristã-nova, por ser filha de Antônio de Sá Maia, que algumas testemunhas depõem pagara para a finta dos cristãos-novos". O habilitando era pois inábil para ingressar na Ordem de Cristo. Decorridos apenas dois dias da consulta, d. João V, recém-aclamado no trono, despachava-a, ordenando que se aplicassem os estatutos da Ordem, negando portanto admissão a Felipe.

Era um golpe cuja rudeza é difícil imaginar atualmente. Na Espanha, em Portugal e nos seus prolongamentos ultramarinos, a noção de honra não denotava uma qualidade intrínseca do indivíduo, mas assimilava-se à reputação, à voz pública. Ou, na definição de Lope de Vega, cujo teatro explorou o tema então imensamente popular, *"honra es aquella que consiste en otro"*, isto é, que depende essencialmente da opinião alheia. Destarte, na formulação feliz de Bartolomé Bennassar, "a honra torna-se refém da reputação".[12] Em primeiro lugar, ela dizia respeito à virilidade e à bravura do indivíduo; à fidelidade da sua mulher e à castidade das suas filhas. Mas quando se instalaram na sociedade peninsular a Inquisição, a distinção entre cristãos-velhos e cristãos-novos e o intricado sistema de discriminação contra as "infectas nações", a honra passara também a definir-se como "limpeza" ou "pureza de sangue", a inexistência de ascendentes judeus, cristãos-novos, negros ou mouros. No século XV e ainda mais no XVI, chegando ao paroxismo no XVII, os "estatutos de pureza de sangue", num efeito cascata, estenderam-se celeremente dos cabidos catedralícios, onde haviam sido inicialmente adotados, ao funcionalismo da Coroa, ao clero regular e secular, aos foros da Casa Real, às ordens militares, aos cargos do Santo Ofício, câmaras municipais, confrarias, irmandades, magistraturas etc.[13]

O acesso a esses corpos ficava sujeito a um exame prévio sobre a ascendência do candidato, que em princípio limitava-se aos pais e avós, mas que em caso de suspeita podia, em princípio, subir pela sua árvore de costados até onde alcançasse a memória genealógica oral e escrita. Obviamente, o rigor dessas inquirições era aleatório, variando de instituição para instituição, de acordo com o tempo e com o lugar, a classe social, os recursos do indivíduo (por conta de quem corriam os gastos com as provanças), a influência da família e dos amigos. Ademais da distinção racial, o "defeito de sangue", havia uma distinção de classe, o "defeito mecânico", ou seja, o trabalho manual, reputado envilecedor, exercido seja pelo próprio interessado seja por seus ascendentes. Das camadas dominantes, o exclusivismo filtrou para toda a sociedade, inclusive para a população rural, que, como assinalou Américo Castro, fazia dos seus avós labregos e analfabetos o brasão da sua própria pureza de sangue.

Sistema tal criou inevitavelmente sua contestação, sob a forma do pícaro e da picaresca, que são precisamente o homem e o gênero de vida que constituem a negação radical da honra; sob a forma do mecanismo da fraude genealógica destinado a promover a classificação social de quem não a tinha ou a impedir a desclassificação social de quem desejava continuar vivendo dentro do sistema; e, finalmente, sob a forma dos denominados "tições" ou "livros negros", em Portugal, e "livros verdes", na Espanha, que denunciavam as irregularidades domésticas das grandes casas aristocráticas. Gênero que conheceu uma voga escandalosa, a despeito da política do marquês de Pombal e depois do liberalismo oitocentista, a qual não se extinguira de todo quando, em fins do século XIX, Eça de Queiroz introduziu em *A ilustre Casa de Ramires* o personagem do morgado de Cidadalhe, dedicado, no seu "monte" alentejano e em meio a seu serralho de camponesas, à redação de uma "obra tenebrosa", nada menos do que "uma inquirição sobre as bastardias, crimes e títulos ilegítimos das famílias fidalgas de Portugal".

Fernanda Olival fez o inventário das técnicas de manipulação genealógica destinadas a embair a Mesa da Consciência e Ordens na sua tarefa de "vigiar a reprodução social do patamar nobiliárquico [inferior]":

> acantonar a mácula de sangue através de um casamento preciso, o que permitia limpar um ramo ou mais; recorrer a Castela no entroncamento da família para, de modo mais fácil, a tornar limpa, alegando que na Coroa vizinha assim era considerado esse apelido ou mesmo essa pessoa; identificar ascendentes até um período anterior à expulsão dos judeus nos reinos ibéricos, de forma a realçar a antiguidade do seu credo cristão; explorar homonímias e a existência de segundos casamentos; valorizar determinado ramo, às vezes muito colateral, de modo a destacar um parente com uma posição de relevo no contexto das distinções da época; esquecer, pôr um manto de silêncio sobre um ascendente mal cotado; alegar o aparecimento de novos documentos favoráveis à promoção das linhas em causa; dar realce a tudo quanto no passado da família exibisse a sua fidelidade religiosa (fundação de morgadios ou capelas com cláusulas de limpeza de sangue, entrada de ascendentes em conventos, admissão de parentes — por mais afastados que fossem — no Santo Ofício, ou ter antepassados que faleceram mártires da fé); incluir nos livros de genealogia uma versão sobre as origens de determinada família (que não tinha fundamento), de modo a fazê-la vingar no meio, pois alguns destes pecúlios eram transcritos e circulavam. Em casos mais desesperados, as famílias chegavam a fazer incluir documentos forjados na Torre do Tombo, para conseguirem seus objetivos.[14]

Ao longo deste livro, o leitor terá a oportunidade de constatar o uso de todos ou quase todos os tipos de fraude mencionados acima.

Bartolomé Bennassar ressaltou o verdadeiro drama que, "para grande número de famílias ricas e habituadas ao poder representava a revelação pública de um ancestral judeu". Foi o caso dos Pais Barreto e de Felipe, para quem o sonho de vestir o manto da Ordem de Cristo virou um pesadelo. Em teoria, os depoimentos eram tomados em sigilo, como dispunham os definitórios, em sigilo as conclusões deveriam ser transmitidas a el-rei, mas a simples demora na realização das provanças ou na decisão de Sua Majestade mais cedo ou mais tarde tornava-se conhecida, tanto mais que a discrição nunca foi uma qualidade nacional. Referindo-se a Pernambuco, d. Felipe de Moura já lamentava em 1601 que "a terra é de pouco segredo, [e] por se servirem [os colonos] com negras, logo se publica tudo".[15] Decorridos século e meio, certo cônego da Sé de Olinda proclamava enfático: "São estas Américas terras de pouco ou nenhum segredo".[16] Pela mesma época, o governador conde dos Arcos escrevia do Recife a um amigo brasileiro na Corte:

> Injustamente me gabou Vossa Mercê tanto este país e estou certo que se Vossa Mercê algum dia passar a ele, certamente me não havia dizer o que me disse, porque nem os homens nem as aves nem as plantas merecem gabo nenhum, porque os primeiros falando geralmente deles, sobeja-lhes muito a fidalguia e falta-lhes inteiramente a fidelidade e o segredo, e causa admiração, porque sendo esta terra numerosa de gente, são contadas as pessoas capazes de com verdade poderem dar uma informação, ou para qualquer diligência que necessite de segredo fiá-los deles sem receio de que o publiquem. Também lhes não faz demasiado escrúpulo o confirmarem com juramento em juízo qualquer das suas mentiras, pois isso por cá é coisa mui comum e ordinária. As outras duas partes de que a Vossa Mercê me queixo, que são as aves e as plantas, tanto umas como as outras são bastantemente ingratas ao gosto.[17]

No que havia injustiça, e da grande, pois a tendência não era só da criadagem indígena ou africana, nem apenas da gente da terra. Há muito o cronista Diogo do Couto criticara a incapacidade lusitana de guardar reserva na vida pública como na vida privada: "Já agora na Índia nem ainda nesse nosso Portugal há já discípulos de Pitágoras que guardem silêncio, porque tudo o que se faz é ao som de campas tangidas [...] e o que é pior: que até as maldades, adultérios, torpezas, infâmias, malícias, os mesmos que as cometem são seus próprios pregoeiros".[18]

Ao menos uma das testemunhas na inquirição de Felipe Pais Barreto gozava da fama de terrível língua-de-trapos, defeito a que Francisco Berenguer de Andrade juntara, numa combinação explosiva em meio acanhado, a grande curiosidade genealógica que o levara a redigir uma compilação das famílias pernambucanas de tal modo indiscreta que um parente seu, provavelmente atingido por alguma dessas revelações, encarregou-se de queimar.[19] Contudo, na hipótese pouco provável de que todas as testemunhas houvessem timbrado em manter o segredo que haviam jurado, o próprio comissário, Miguel Correia Gomes, e seu concunhado escrivão, Domingos da Costa de Araújo, tinham suas razões políticas e pessoais para vazar as conclusões das provanças. Nesse mesmo ano de 1704 em que se iniciaram as provanças de Felipe, a "nobreza da terra", à frente um tio do candidato, havia despachado uma representação a el-rei protestando, entre vários abusos cometidos em detrimento dos seus privilégios, contra as pretensões de Miguel Correia Gomes, de Domingos da Costa de Araújo e de outros mercadores, todos de "princípios vilíssimos", a ocuparem os cargos honrosos da república.[20]

Desde finais do século XVII polarizava-se o conflito entre a nobreza da terra e os comerciantes do Recife devido às pretensões da açucarocracia a preservar o monopólio dos cargos de poder local, sobretudo a Câmara de Olinda, barrando o acesso dos comerciantes reinóis, que eram excluídos sob o argumento de não serem naturais da terra e de sofrerem defeitos mecânicos que os incapacitariam para o trato da coisa pública. Os recifenses não participavam das eleições municipais nem como "votantes", eleitores de primeiro grau, nem como "eleitores", que organizavam a lista de nomes a ser incluída no sorteio dos pelouros. A Coroa mostrava-se simpática aos nobres, pois a discriminação em seu favor não era descabida em termos das concepções políticas vigentes no Reino. Mas graças à intervenção dos governadores e de outros agentes régios, nesses anos da virada do século os mercadores obtiveram uma modesta participação nas funções camerárias, usualmente como procurador, a quem cabia zelar pelos bens do Conselho, não sendo contudo escolhidos para os ofícios de maior honra, juízes ordinários e vereadores. Tampouco tivera acolhida da parte de d. Pedro II a proposta de autonomia do Recife, que teria permitido cortar rente a disputa; em compensação, el-rei autorizou o ingresso dos recifenses no colégio eleitoral apenas na qualidade de votantes, desfechando em 1703 uma crise a que d. Catarina de Bragança, regente na enfermidade do irmão, buscou pôr termo, recuando da decisão.[21]

O processo de habilitação de Felipe Pais Barreto teria de ser contaminado pela disputa: do ponto de vista dos recifenses ele vinha a calhar no propósito de desmerecer as pretensões açucarocráticas que buscavam monopolizar o poder local. Se os mercadores do Recife haviam exercido no começo da vida atividades estigmatizadas pelo trabalho manual, ou se o mesmo ocorrera a seus pais e avós, os pró-homens rurais, por sua vez, não estavam livres do defeito bem mais grave de sangue, sem que por isso deixassem de servir na Câmara de Olinda ou na direção da Santa Casa da Misericórdia. Um capuchinho italiano, frei Felipe de Alteta, chegará ao extremo de sustentar que o levante da nobreza em 1710 fora obra dos cristãos-novos da capitania.[22] Só um aguçado espírito de partido poderia transformar numa confrontação de senhores cristãos-novos e mercadores cristãos-velhos a luta entre o engenho e a loja.

Felipe Pais Barreto não podia levar a bem que suas provanças tivessem sido confiadas não a indivíduo que reputasse seu igual, mas a quem, como Miguel Correia Gomes, "ontem nos deu água às mãos e nos serviu à mesa por muitas vezes em casa de seu amo [e futuro cunhado] Domingos da Costa de Araújo, [ou] carregado de alforjes de drogas que, apregoando, vendia pelas portas, e os nossos negros lhe davam agasalho em suas casas", isto é, na senzala, como recordava indignado João de Barros Rego.[23] Talvez Felipe não estivesse a par dos rumores sobre seu lado materno, pois ainda hoje ressoa sincera a indignação com que proclamou sua limpeza de sangue. Ou talvez não lhes tivesse dado crédito, atribuindo-os à inveja que despertava sua família, ou não temesse que as imputações viessem a público. Afinal de contas, como ele não cessava de alegar, vários parentes seus, inclusive pelo costado da avó materna, pertenciam à Ordem de Cristo, como o seu tio-avô José de Sá e Albuquerque, ou como seu falecido primo, d. Luís de Souza; ou haviam ingressado no clero, como outro primo, Pedro de Melo e Albuquerque, que chegará a cônego da Sé de Olinda; ou como seus irmãos Diogo Pais Barreto e Francisco Barreto Corte Real, o primeiro, religioso da Congregação do Oratório no Recife, muito da devoção dos comerciantes reinóis, o segundo, clérigo secular. A admissão dessas pessoas verificara-se após as investigações de praxe sobre sua pureza de sangue. Ele mesmo, Felipe, ocupava havia mais de vinte anos funções militares e de gestão municipal, como capitão e sargento-mor das ordenanças do Cabo e, por duas vezes, vereador de Olinda.

Felipe Pais Barreto terá certamente consultado o tio-avô, José de Sá e Albuquerque, o linhagista da família e havia muito cavaleiro da Ordem de Cristo. Tudo não passaria de uma conjura de inimigos que haviam propositadamente confundido um ramo colateral com o ramo de que o candidato descendia. Como na conhecida expressão castelhana *esos son otros Perez*, os parentes comprometedores que lhe foram atribuídos eram outros Sá Maia. O velho Duarte de Sá, fundador da estirpe, tivera na terra um irmão chamado Melquior ou Belquior, que se casara com a viúva de Francisco Nunes Vitória. Seu filho Domingos de Sá Maia, por sua vez, casara-se com uma filha bastarda de Francisco Nunes com uma cristã-nova. Do matrimônio nascera um primo homônimo do bisavô de Felipe, Antônio de Sá Maia. A explicação engenhosa, como costumam ser as explicações dos genealogistas, sobretudo quando advogam em causa própria, tinha ademais a vantagem de ser plausível. Dos netos de

Melquior, sabe-se que, à época, residiam em Muribeca, sendo que um deles, Domingos Maia de Sá, surge nos documentos como escrivão e credor dos primos ricos.

Citando Felipe Pais Barreto, devido ao "ódio, ignorância ou equivocação", estava "padecendo [ele] e toda a sua família e geração uma tão grave injúria e defeito, sendo a família mais nobre e principal daquele Estado [do Brasil]". Neste como em tantos outros casos, a habilitação às ordens militares transformara-se em terrível armadilha. Como mencionado, a concessão do hábito de Cristo pelo monarca precedia as provanças, a aceitação definitiva do candidato ficando na dependência dos resultados da investigação. A simples demora na tramitação do processo ou o silêncio acerca dos seus resultados já criavam a suspeita de decisão desfavorável, acarretando, por conseguinte, dano seguro à honra e reputação do agraciado e dos parentes. Era queixa costumeira a de que as delongas da Mesa da Consciência prejudicavam o interessado; e quando escasseavam os argumentos para que el-rei dispensasse o defeito, restava-lhe o embaraço a que se expusera. O problema podia ser igualmente grave para os mercadores, pois sendo invariavelmente limpos de sangue, viam-se na contingência de ganhar a fama imerecida de converso devido à associação, no imaginário anti-semita, da condição de negociante e de cristão-novo.

Persuadido ou não da justiça da sua causa, Felipe Pais Barreto acusava diretamente o comissário Miguel Correia Gomes e o concunhado, Domingos da Costa de Araújo, "inimigo capital" dele, Felipe, de haverem urdido a maquinação. Ambos teriam escolhido a dedo as testemunhas, entre pessoas que lhe eram desafetas ou que ignoravam sua ascendência, trocando a linhagem inaugurada por seu trisavô Duarte de Sá por uma linha colateral, "porque neste [isto é, Felipe] nem em nenhum dos seus descendentes houve nunca até o presente o defeito que se imputa, sendo só os descendentes de outro Antônio de Sá os que o têm". A acusação não era gratuita. Os comissários influenciavam decisivamente as provanças, a começar pela escolha dos depoentes, fisgados num grupo reduzido, e, no decurso da inquirição, alvos do suborno e da coação. Há pouco na Bahia um desses comissários fora mesmo esfaqueado por um candidato prejudicado.[24]

Que Felipe Pais Barreto se apresentasse como vítima de uma conspiração de mascates enriquecidos, embora sua família tivesse sempre mantido relações estreitas com eles, ao contrário de outras famílias da nobreza da terra, dá a medida da gravidade do antagonismo entre mazombos e reinóis. O sectarismo político atingia toda a população: segundo o padre Gonçalves Leitão, "pais e filhos, maridos e mulheres, irmãos, enfim amigos e parentes, e do mesmo modo brancos e pretos, grandes e pequenos, machos e fêmeas, eram nas opiniões por uma e outra parte tão diversos e encontrados que se não dava meio de poderem concordar".[25] A discórdia envenenaria, ainda anos depois da guerra dos mascates, a objetividade das testemunhas convocadas a depor nos processos de habilitação às ordens militares. Em 1716, outro comissário da Ordem de Cristo, Francisco Alemão de Mendonça, confessava a el-rei que não lograra chegar a qualquer conclusão relativa à pureza de sangue de certo agraciado, decorrente de que "nesta terra se acham duas parcialidades com o maior ódio, em que entram todos, desde o menino até ao velho".[26]

Consoante Felipe Pais Barreto, a inimizade resultara de incidente em que se envolvera com Domingos da Costa de Araújo,

> sendo [ele, Felipe] vereador mais velho na Câmara da dita capitania, no tempo em que se lhe fizeram as suas inquirições pelos cavaleiros que nela costumam tirar, que são o sargento-mor Miguel Correia Gomes e o capitão Domingos da Costa de Araújo, parentes muito chegados e opostos a todos os naturais da terra, por serem eles desse Reino. E servindo um dos sobreditos de vereador mais novo e querendo eleger para almotacel a um mascate de baixa esfera que vivia e sempre viveu de andar pelas aldeias vendendo bagatelas com côvado e vara, por o suplicante não querer consentir na dita eleição em que o dito vereador mais novo se mostrava com empenho, se armaram de razões

[isto é, discutiram acaloradamente], de que resultara lançá-lo o suplicante aos empurrões pelas escadas da Câmara, por cujo respeito lhe ficara sempre o suplicado com ódio, de que pretendia vingar-se por meio tão inaudito como o de o infamar de cristão-novo, sendo o suplicante conhecidamente de limpo sangue e das mais principais e qualificadas famílias da dita capitania, sem que houvesse nunca em tempo algum fama ou rumor em contrário.

O desforço físico parece ter culminado uma sessão particularmente agitada da Câmara de Olinda. No decurso da vereação destinada à escolha de dois almotacéis, Domingos da Costa de Araújo opusera-se a vários nomes propostos pelos colegas, insistindo em que ambos fossem selecionados entre mercadores do Recife. Entre os nomes aventados encontravam-se os de várias "pessoas de qualidade", ou seja, indivíduos pertencentes à nobreza da terra, inclusive o sargento-mor Antônio Pais Barreto, tio e sogro de Felipe.

O almotacel policiava o comércio, fiscalizando os pesos e as medidas e os preços dos víveres, o que tinha uma importância crucial para o comércio reinol e para os produtores rurais. Estes últimos, como sublinhou o cronista do partido da nobreza, é que saíam perdendo com a designação de mascates, que se arranjavam para que "os gêneros conduzidos a mercado pelos matutos se taxassem em preço mui baixo e os que vendiam os mascates taberneiros se estimassem em subido preço".[27] Posto em minoria, como único representante dos homens de negócio, Domingos da Costa de Araújo retirou-se da sessão, altura em que deve ter ocorrido o incidente na escadaria, em que, espadaúdo e de estatura avantajada, Felipe deve ter levado a melhor. Seus colegas mandaram autuar Domingos por desobediência e contumácia, intimando-o a regressar, ao que ele respondeu debochativamente que iria à reunião da tarde, uma espécie de dia de são Nunca, pois as reuniões realizavam-se exclusivamente pelas manhãs.

Quando do seu recurso à Mesa da Consciência contra a decisão que o rejeitara, Felipe Pais Barreto anexou a ata da reunião da Câmara de Olinda de 24 de abril de 1706, data em que as suas provanças já estavam concluídas havia mais de um ano. Das duas, uma: ou ele baralhou propositadamente os fatos, fazendo passá-los por anteriores à inquirição, ou ocorreram dois incidentes distintos. Nada impede tampouco que a animadversão tivesse preexistido à investigação, de modo que não há por que impugnar seu argumento de que fora vítima de um acerto de contas. Seja como for, Felipe mexera em casa de marimbondo, pois Domingos da Costa de Araújo pertencia a um clã mascatal, a "família dos quatro cunhados", tão solidária quanto os Pais Barreto. Ela ficara assim conhecida "porque João Fernandes Silva, João da Rocha Mota, Domingos da Costa de Araújo e Miguel Correia Gomes, homens ricos e honrados, que eram muito amigos, casaram no mesmo dia com quatro irmãs, por voto que fizeram, na peste a que chamaram males ou bichas que houve em Pernambuco pelos anos de 1686, de casarem com donzelas limpas, bem-educadas e pobres, cujo voto parece que Nossa Senhora abençoou, porque esta família se tem aumentado com distinção". As irmãs eram filhas de obscuro portuense que militara na guerra holandesa e se tornara "mercador de loja aberta", ou comerciante a varejo.[28]

Para desgosto da nobreza da terra, os quatro cunhados, terríveis *upstarts*, haviam ascendido à Ordem de Cristo pouco antes. Como Joaquim de Almeida, espécie de patriarca do partido mascatal, eles haviam sido os primeiros beneficiários da política advogada pelo Conselho Ultramarino, mas a que a Mesa da Consciência ainda resistia, em favor da nobilitação de comerciantes de grosso trato. Eles pensavam naturalmente que a nobreza concedida pela benevolência régia, mas adquirida pelos próprios méritos, era tão boa quanto a nobreza herdada da gente de Olinda, embora não lhes repugnasse fraudarem suas provanças para se fazerem passar por parentes de veteranos da guerra holandesa cujas folhas de serviço haviam comprado por uma ninharia aos seus filhos e netos empobrecidos. Embora em Portugal os tratadistas do século XVII ainda se mostrassem apegados à noção medieval de que a nobreza se transmitia pelo sangue, sendo assim "natural", já havia quem defendesse a superioridade da "nobreza civil" ou "política", concessão do príncipe. Idéia que só será plenamente aplicada pelo marquês de Pombal, que usou o enobrecimento e o acesso às ordens para estimular os negócios, dispondo, por exemplo, que uma quota mínima de ações das Companhias de Comércio que fundou desse direito automático à obtenção de hábitos.[29]

Os quatro cunhados eram cavaleiros da Ordem de Cristo, embora procedessem das camadas mais humildes da população rural portuguesa, como se verificava, usualmente, com os mercadores reinóis; e tanto Domingos da Costa de Araújo quanto Miguel Correia Gomes chegarão a cavaleiros fidalgos da Casa Real. Mesmo Domingos, a cujos avós Borges da Fonseca se refere como tendo pertencido à governação da vila de Lanhoso, tivera em Pernambuco "princípios vilíssimos". O pai e o avô paterno de João Fernandes Silva haviam sido almocreves; a mãe e a avó paterna, padeiras. O pai de João da Rocha Mota fora alfaiate e os avós tinham vivido "de seu trabalho", entenda-se, de ofício manual. O pai de Miguel Correia Gomes também fora alfaiate e depois contratador do imposto do vinho do Porto, uma marcada promoção econômica, de vez que sua mãe, avó de Miguel, fora cabaneira, isto é, jornaleira assalariada do campo ou simplesmente mulher pobre que vivia em choupana. Em vista de tantas origens mecânicas, a Mesa da Consciência resistira quanto pôde ao arrivismo do quarteto, que além dos serviços prestados à Coroa na capitania, onde eram "dos principais moradores", tratavam-se à "lei da nobreza", isto é, tinham cavalo de montaria e criados, para não mencionar os filhos, sobrinhos e outros parentes que haviam ingressado nas ordens religiosas.[30]

A despeito das patentes de milícia, de haver sido contador da Casa da Moeda de Pernambuco e de ter herdado por dote os serviços militares de um tio da mulher, o "mecanismo" de João da Rocha Mota era de tal ordem que teve de recorrer nada menos de quatro vezes contra os sucessivos vetos que a Mesa da Consciência opôs às suas pretensões. Trata-se de um recorde em termos da documentação da Ordem de Cristo relativa a Pernambuco, embora, como demonstrou Fernanda Olival, "na prática, [...] os ofícios manuais [já] eram [então] copiosamente dispensados pelos monarcas portugueses, embora nem sempre com grande facilidade", na dependência de "um amplo conjunto de fatores que iam desde o tipo de mecânica à negociação de contrapartidas, como se tornou corrente a partir do último quartel do século XVII". Basta dizer que na primeira metade do Setecentos a dispensa por defeito mecânico atingiu 43,8% do total das dispensas na Ordem de Cristo. Havendo a Coroa transformado a dispensa num mecanismo arrecadatório, o candidato podia obtê-la caso pudesse pagar a multa ou proporcionar compensação, como fez outro dos cunhados, João Fernandes Silva, que arcou com a manutenção de cinco cavalos na guerra da sucessão da Espanha.[31]

II. 1708-11

FELIPE PAIS BARRETO RECORREU da decisão régia que lhe negara o hábito da Ordem de Cristo. O requerimento que apresentou não está datado, mas deve ser de 1708, ou, o mais tardar, de 1709. Nascido nos primeiros sessenta anos do século XVII, ele era quase um cinqüentão, idade estatutariamente limite para ingresso na Ordem, muito embora el-rei dispensasse liberalmente a exigência. Alegando intriga dos desafetos, que teriam explorado maliciosamente a homonímia entre seu bisavô e o outro Antônio de Sá, Felipe solicitava que se procedesse a nova averiguação, "não só para servir ao conhecimento da verdade como para se castigar exemplarmente os transgressores dela, para que não haja outros que tão animosamente se atrevam a um tão execrando excesso", leia-se, para que já não surgissem mascates que ousassem enlamear a honra da nobreza da terra. Solicitava por fim que, dessa vez, as provanças fossem realizadas em Lisboa, entre os naturais de Pernambuco que ali habitavam, "de todo estado e condição que sejam, que deponham a verdade sem ódio nem paixão".

A questão ficaria na Mesa da Consciência pelos cinco anos seguintes. Tradicionalmente, os candidatos não aceitavam um primeiro não por resposta, mesmo quando inquinados de "defeito de sangue". A Mesa, geralmente mais rigorosa do que o monarca na aplicação das regras, mostrava-se refratária, em princípio, a concordar com segundas diligências, que poderiam abrir a porta ao suborno das novas testemunhas. Mas como o interessado insistisse, entabulava-se o que Fernanda Olival chamou de "processo negocial", o qual, por vezes, podia prolongar-se por anos a fim. Por outro lado, o pedido de inquirição em Lisboa, baseando-se no princípio jurídico, herdado do direito romano, de que o indivíduo tinha duas pátrias (a *patria sua* ou própria, ou seja, a terra que habitava, e a *communis patria*, vale dizer, Lisboa, "pátria comum" dos portugueses, como Roma fora outrora dos súditos do Império), também era mal vista pela Mesa em casos como o de Felipe Pais Barreto, devido à mesma preocupação relativa à veracidade das provanças.[1]

Enquanto isso, o antagonismo entre a nobreza e os mercadores ia deflagrar o conflito civil em Pernambuco. A hiperbolicamente chamada "Guerra dos Mascates" constituiu à primeira vista uma disputa em torno da autonomia municipal do Recife; e nesse sentido mais parece um episódio saído das páginas de compêndio de história medieval. Não é preciso ler Max Weber ou Henri Pirenne para concluir que por trás desses embates escondem-se tensões socioeconômicas que extrapolam os aspectos jurídicos da contenda. Ao longo da segunda metade do Seiscentos, a capitania vivera no rescaldo do quarto de século da guerra holandesa. Tendo confiscado os louros da vitória sobre os invasores, a nobreza da terra adotou uma atitude de exclusão e de aparteísmo perante a camada de imigrantes reinóis que, enriquecendo-se na terra, ascendiam à condição de negociantes de grosso trato. A partir dos anos 1650 ocorreu a degringolada dos preços do açúcar no mercado internacional, decorrente da concorrência antilhana, e isso no momento em que se tratava de reerguer o sistema produtivo destruído pelos anos de guerra. Entre 1680 e 1689 o preço do açúcar brasileiro equivalia a apenas 1/3 do que fora três decênios antes. Por sua vez, o comércio reinol monopolizando o crédito usurário aos engenhos, a exportação de açúcar e o abastecimento de gêneros de primeira necessidade (para não falar nos lucrativos contratos de arrematação de impostos) transferia os ônus da crise para o setor produtivo.

Em breve, a mascataria já não se contentava em ganhar dinheiro, querendo também escalar as posições de poder local, de modo a ter voz no capítulo: a Câmara de Olinda, os postos de administração e de comando das milícias, os cargos menores da burocracia régia; como também de prestígio social, não menos cobiçadas: confrarias e irmandades religiosas, a Santa Casa da Misericórdia, os hábitos das ordens militares, as funções de familiar do Santo Ofício. A nobreza opôs resistência tenaz a essas pretensões, que julgava descabidas da parte de indivíduos que conhecera outrora pesando e medindo, práticas envilecedoras, por trás dos balcões das lojas ou mascateando pelos engenhos. Não menos obstinada vinha sendo a oposição da Câmara de Olinda a qualquer medida que redundasse em benefício do Recife que, desde o "tempo dos flamengos", crescia e prosperava às custas do velho burgo fundado por Duarte Coelho e incendiado pelos holandeses, mas que, na sua decadência e pobreza, continuava a ser capital de Pernambuco, cidade episcopal e senhorio do Recife, cujos habitantes deviam pagar impostos sem direito à representação no poder que os regia, isto é, a Câmara de Olinda. Por intermédio de seus representantes — o governador, o ouvidor geral, o juiz-de-fora, o provedor da fazenda real —, a Coroa procurava arbitrar os conflitos de todo gênero que nasciam dessas circunstâncias. Durante a regência e o reinado de d. Pedro II (1668-1706), as regalias da nobreza e da Câmara permaneceram em boa parte incólumes, graças inclusive à incapacidade do aparato estatal português para controlar a vida de uma colônia das dimensões do Brasil, mas com a descoberta das minas e com o reforço da autoridade régia, tais condições se estavam modificando em sentido menos laxista.

Aumentando a pressão do comércio recifense, d. Catarina de Bragança, regente durante o impedimento do irmão, decidiu (1705) que os negociantes tivessem acesso às funções municipais, desde que fossem de grosso trato, sem assistirem "em loja aberta, [nem] vendendo, medindo e pesando ao povo qualquer gênero de mercancia", só o fazendo mediante seus caixeiros. A concessão não os contentou. D. Pedro II faleceu no ano seguinte e, com a aclamação de d. João V, a atitude da Coroa infletiu-se em favor do comércio reinol, cuja aliança apresentava-se mais proveitosa à extensão dos poderes da Coroa do que o particularismo local encarnado pela nobreza da terra. Resolveu-se portanto admitir os mercadores na governação sob a forma mais radical que consistia em dar autonomia municipal ao Recife. A execução da medida foi confiada ao governador Sebastião de Castro e Caldas, cuja vocação de régulo e cuja preferência ostensiva pelos compatriotas serviria de faísca no paiol que se chamava Pernambuco. A situação degradou-se notavelmente não só em decorrência da oposição da nobreza mas do apoio que ela recebeu do bispo, d. Manuel Álvares da Costa, e de autoridades judiciárias desavindas com o governador. Arrastando-se a querela relativa à fixação dos limites do novo município, que devia incluir as freguesias açucareiras ao sul do Recife, verificaram-se em outubro de 1710 a tentativa de assassinato de Castro e Caldas e as represálias que ordenou, a que se seguiram o levante das milícias rurais sob o controle dos olindenses e a fuga do governador para a Bahia.

Entre novembro de 1710 e junho de 1711 a nobreza fez e desfez: anulou a emancipação do Recife, demitiu os reinóis dos cargos públicos e apresentou uma série de reivindicações, à sombra do governo interino do bispo. Não o conseguiu, porém, sem antes superar o racha entre uma facção minoritária, disposta a ir às últimas conseqüências se a metrópole não lhe aceitasse as exigências; e outra, moderada e majoritária, que preferiu empossar o prelado, designado por el-rei para assumir em caso de sucessão. A reação do comércio reinol preparou-se em surdina. Em junho, o Recife rebelou-se, sustentado pela tropa de primeira linha ali aquartelada e regimentos de henriques e camarões. Sob a batuta da nobreza, os milicianos da cidade e do interior submeteram o Recife a apertado cerco, que após dois recontros bélicos sem lograr romper o impasse militar foi suspenso em outubro com a chegada do novo governador, Félix Machado. Instruído pela Coroa a dar uma lição definitiva à nobreza ele devolveu a autonomia aos recifenses e levou a cabo uma repressão que incluiu a prisão e confisco dos bens dos chefes do partido de Olinda, vários deles processados e enviados a Lisboa. Um terceiro levante, em resposta à política do governador, esboçou-se na mata canavieira, mas teve fôlego curto. O governo de D. Lourenço de Almeida (1715-1718) logrará em parte reconciliar os ânimos, mas como assinalou C. R. Boxer, entre a nobreza a amargura da derrota "permaneceu latente por muitos anos".[2]

Felipe Pais Barreto envolveu-se na luta que dividiu sua parentela, levando-o a mudar de lado. Quando, decorrido um século, o padre Dias Martins lhe conceder as galas de mazombo libertário, o fará com as devidas reservas, pois "o procedimento deste pernambucano foi incompreensível, a ponto que foi chamado pela nobreza 'Jano de duas faces'". O oratoriano acusa-o de "paixão pelos mascates", o que era injusto; de haver encabeçado o complô contra João de Barros Rego, o *condottiere* olindense; de haver desencaminhado seu primo Antônio de Sá e Albuquerque, capitão-mor de Muribeca; e de escapar às retaliações de Félix Machado. O cronista atribui a versatilidade de Felipe antes à fraqueza do que ao oportunismo, de modo que ele se salvara na undécima hora ao pelejar valorosamente pela causa de Olinda no recontro do engenho São José, que se saldou por uma vitória da nobreza. Feitas as contas, "a glória de Ipojuca deve apagar quaisquer sombras no painel do ilustríssimo Felipe Pais Barreto".[3]

O levante da nobreza em outubro de 1710 viera encontrá-lo como sargento-mor das milícias do Cabo, cargo que exercia havia dezessete anos, sob as ordens do irmão morgado, que era o capitão-mor. A atitude de João Pais Barreto foi de dissimulada simpatia pela causa do Recife, e quem o diz são as próprias fontes mascatais. Na lista que o governador Castro e Caldas enviou a el-rei, acusando os inimigos e louvando os fiéis, os dois irmãos estão entre estes últimos: "o sargento-mor do Cabo, Felipe Pais Barreto, que lhe chegaram a tirar [do cargo] por não querer concorrer [para a sedição] e o capitão-mor da mesma freguesia [...] que o levaram preso e por força".[4] Os cronistas recifenses são unânimes em elogiar o comportamento de ambos. Um desses relatos assevera que o morgado era "pessoa bem conhecida por leal e confidente a Sua Majestade, pois nunca se soube que em coisas dos conjurados desse penada".[5] Outro reconhece que João Pais, "por não convir no que eles [revoltosos] queriam, padeceu inexcessivos trabalhos e moléstias".[6] O morgado só marchou com sua tropa contra o Recife sob ameaça da nobreza, procurando moderar o radicalismo dos momentos iniciais da revolta, se é que não cogitou de bandear-se para os mascates. A milícia do Cabo compartilhava suas tendências, aderindo à insurreição "mais por força do que por vontade, porque se houveram com toda a mansidão e boa inclinação, pois defendiam muitos estragos que os mais tentavam fazer",[7] como seja as ordenanças da ribeira do Capibaribe e de Goiana na sua exaltação antiportuguesa.

Quando do levante da nobreza, Felipe Pais Barreto seguiu portanto o irmão morgado, cuja orientação era também a dos primos, Cristóvão Pais Barreto, capitão-mor da freguesia do Una, e D. Francisco de Souza, oficial do terço do Recife. Foi o levante dos mascates em junho de 1711 que o empurrou para o centro dos acontecimentos devido ao assassinato do morgado meses antes, às mãos de soldados paulistas do terço dos Palmares, comandado por Bernardo Vieira de Melo, um dos cabeças do partido da nobreza.[8] As relações entre os Pais Barreto e os Vieira de Melo haviam sido sempre estreitas, remontando ao período anterior ao domínio holandês, quando Antônio Vieira de Melo, tronco da linhagem, possuía o melhor partido de cana do engenho Velho. Com a invasão batava o 1º morgado retirou-se, mas Antônio permaneceu na terra mesmo quando o engenho foi confiscado e vendido a um oficial batavo, ao mesmo tempo que adquiria nas redondezas a pequena fábrica de açúcar que ficou conhecida por "molinote de Antônio Vieira". Quando da insurreição luso-brasileira de 1645, Antônio elegeu-se vereador da recém-constituída Câmara de Olinda, sendo sargento-mor do distrito após a restauração pernambucana. Nos anos 1660 ainda o encontramos (ou será seu filho homônimo?) como lavrador do engenho do morgado. Que as famílias continuaram amigas indica-o o fato de João Pais de Castro, o 3º morgado, e seu primo, o mestre-de-campo d. João de Souza, terem apadrinhado o casamento de uma filha de Antônio. Nos começos do século XVIII nada parecia ter ensombrecido a antiga relação, pois o morgado assassinado era compadre de André Vieira de Melo.[9]

Este, segundo a explicação corrente, mandara eliminar João Pais Barreto para vingar a honra ultrajada pelo adultério do morgado com sua mulher.[10] O episódio teve enorme repercussão, servindo de tema aos poetas, um dos quais escreveu a "Xácara funesta à morte de d. Ana de Faria e Souza". O Recife viu na alegação de crime passional uma invencionice destinada a vingar-se do morgado pela sua atitude por ocasião do levante da nobreza e a assegurar a adesão da milícia de uma das mais importantes freguesias. Morto João Pais, buscara-se dar foros de verdade à falsa imputação, sacrificando-se também d. Ana. Tudo teria começado, aliás, pela intriga clássica de uma escrava, de cuja delação aproveitara-se d. Catarina Leitão para cevar seus rancores de sogra. Os Vieira de Melo teriam pensado primeiro em interná-la no Recolhimento da Conceição, mas a dignidade da família exigia muito mais. O marido não estaria convencido, aliás, da culpa da consorte, só por fraqueza concordando com a medida radical impingida pelos pais. Como d. Ana estivesse grávida, aguardou-se o parto. Nascida a criança, tentou-se envenenar d. Ana, mas a peçonha não lhe fez mal mesmo quando misturada a um caldo de galinha, colocada nas narinas e até "em parte que [...] por pejo se não declara mas bem se entende", como escreveu delicadamente um cronista.

Ordenou-se então que se lhe abrissem as veias, mas o sangue teria estancado misteriosamente. Contudo, tal era o empenho de d. Catarina Leitão que, "obrigada de uma rústica mão, [d. Ana] inclinou como flor a tenra garganta e esperou o golpe de um garrote que lhe deu a sogra". Sua inocência ficaria confirmada anos depois, ao abrir-se sua sepultura na igreja do convento franciscano de Ipojuca: seus despojos permaneciam incorruptos, prodígio que só não foi divulgado na época para poupar a memória dos criminosos, então já falecidos de morte súbita, como se castigo fosse: Bernardo e André Vieira de Melo na cadeia do Limoeiro, em Lisboa, para onde foram despachados em conseqüência não do crime, pois a devassa dera em nada, mas à sua atuação na guerra dos mascates; e d. Catarina sufocada, não como o marido, pelas emanações de um fogareiro, mas "por causa de alguma esquinência ou inflamação do bofe ou asma". Loreto Couto, que despolitizou a tragédia silenciando as alegadas vinculações com o levante da nobreza, aduz que a sogra sucumbiu "no mato entre as feras, como fera", para onde fugira a fim de escapar à repressão do governador Félix Machado.[11]

Felipe Pais Barreto era o sucessor óbvio do morgado no comando da milícia do Cabo, cujo controle podia ser decisivo para a sorte do levante da nobreza, pois, como acentuou um cronista anônimo, a freguesia era "a principal de todas [...] tanto no território como fazendas e melhores engenhos, bem assentada e bem merecedora de ser uma formosa vila", dispondo de "bastante gente [...] e carece de mui poucas horas para dentro dela pôr em campanha mil homens armados". Felipe, porém, como o irmão, tornara-se suspeito ao partido de Olinda, e d. Manuel Álvares da Costa, títere da nobreza, designou o candidato dos facciosos, certo pró-homem que a devassa sobre o assassinato de João Pais viria mais gravemente inculpar do que o próprio marido ofendido. O povo do Cabo recusou-se, porém, a aceitar a nomeação, protestando que desejavam Felipe, "em cuja linha[gem] havia andado sempre aquele posto e que para o merecer, além da sua suficiência, lhe bastavam dezessete anos que os governava de sargento-mor". A coisa chegou ao ponto de se pegar em armas em seu favor, de modo que o bispo e os olindenses tiveram de acatar a influência da principal família do Cabo.[12]

Felipe Pais Barreto tinha tanto mais dificuldade em definir-se politicamente quanto sua parentela estava dividida. Os Sá e Albuquerque, parentes pelo lado materno, divergiam: enquanto o tio José, do alto dos seus noventa anos, e o filho Afonso eram partidários acérrimos da nobreza, o segundo filho, Antônio, capitão-mor de Muribeca, inclinava-se para os mascates. A favor destes estavam também os parentes pelo costado paterno, d. Francisco de Souza, seu filho, d. João de Souza, e o capitão-mor de Una, Cristóvão Pais Barreto. Para entender a simpatia dos Pais Barreto pela causa do Recife é preciso lembrar que havia muito eles timbravam em guardar distância de outras estirpes da capitania, sobretudo os Albuquerque e os Cavalcanti. Com o apoio do governador-geral do Brasil, o 1º morgado do Cabo envolvera-se em disputa com a família donatarial, de que resultara mesmo sua prisão.[13] Era como se a descendência do velho João Pais Barreto tivesse procurado, desde o século XVI, encarnar a alternativa à dominação dos netos e bisnetos de Jerônimo de Albuquerque e Felipe Cavalcanti, aliando-se aos agentes da Coroa na Bahia e, depois da guerra holandesa, às autoridades régias em Pernambuco e ao comércio do Recife.

Dessa conduta os Pais Barreto só se desviaram quando da deposição, pela Câmara de Olinda, do governador Jerônimo de Mendonça Furtado (1666), que denunciou o mestre-de-campo d. João de Souza de aproveitar-se da patente em benefício exclusivo dos seus interesses particulares, motivo pelo qual ele, governador, tivera de obrigá-lo a pagar certas dívidas com os homens de negócio do Recife, como fizera igualmente com seus primos, João Pais de Castro, 3º morgado do Cabo, e o irmão deste, Estêvão Pais Barreto, futuro 4º morgado. Ainda mais grave, por configurar uma interferência indébita na ordem privada, Mendonça Furtado interviera pessoalmente numa briga de família. Segundo narra, uma Pais Barreto "tinha amizade de muitos anos e com muitos filhos" com certo primo, e como seus irmãos se recusassem a entregar-lhe seu quinhão da herança paterna, o governador resolveu interferir a fim de conciliar as partes e fazer cessar "o escândalo que geralmente havia disto", do que resultou ficarem "os sobreditos seus desafeiçoados".[14]

A política matrimonial dos Pais Barreto é reveladora. Entre os primeiros anos do Seiscentos e os meados do Setecentos eles se aliam a famílias de posição inferior, ou recorrem a consórcios endogâmicos, salvo no tocante ao primeiro Felipe Pais Barreto, que casara com bisneta de Jerônimo de Albuquerque. Somente na metade do século XVIII detectam-se casamentos de Pais Barreto na sexta e sétima gerações de descendentes de Jerônimo, de Felipe Cavalcanti e de outros troncos quinhentistas. Que a linhagem mais rica da capitania tenha-se abstido, por tanto tempo, de consorciar-se com outros clãs locais dificilmente constitui mera coincidência, sobretudo quando se leva em conta a estreiteza do mercado matrimonial. Ainda em 1817, quando o morgado do Cabo e futuro marquês do Recife, Francisco Pais Barreto, for processado pela sua participação no movimento republicano daquele ano, ele se defenderá com o argumento de que nunca tivera amizade com os Cavalcanti e os Albuquerque, implicados na sedição e "com quem minha família se não ligava por uma pública e reconhecida rivalidade, como é notório".[15]

O "núcleo duro" do partido da nobreza na guerra dos mascates constituía-se precisamente de algumas dessas famílias que os Pais Barreto hostilizavam. O governador Castro e Caldas forçava o traço grosso (pois na apreensão da realidade social, o traço grosso é tão útil quanto a nuance), mas não estava longe da verdade quando afirmava que o levante olindense fora tramado por "uma irmandade de Cavalcanti e seus parciais, que mandavam na governança da Câmara [de Olinda]" e ocupavam os comandos da tropa de segunda linha. Não só os célebres Cavalcanti, de Fornos de Cal, como também os façanhudos Cavalcanti, de Goiana e de Tracunhaém. Ao governador marquês de Montebelo não fora fácil lidar com eles quando das alterações ocorridas em Itamaracá (1692) em decorrência da decisão judicial que mandara restituir a capitania ao marquês de Cascais, herdeiro dos primeiros donatários. Já então os Cavalcanti e os mascates haviam-se confrontado em Goiana, onde se concentrava a representação mais importante, após o Recife, do comércio reinol, que, como os seus congêneres da praça, não estava disposto a se deixar mansamente cavalgar. E, durante a guerra dos mascates, foi em Goiana que o antagonismo da loja e do engenho assumiu aspecto ainda mais feroz que a própria luta travada em Pernambuco.

Para Felipe Pais Barreto, a hora da verdade soou em junho de 1711, com o levante dos mercadores contra o governo de d. Manuel Álvares da Costa. Em vista do seu comportamento no decurso da rebelião da nobreza esperava-se que ele negasse a cooperação das milícias do Cabo ao assédio do Recife, pois embora se propalasse que os homens de negócio lhe teriam perdoado sua avultada dívida, quem na realidade parece ter sido o grande beneficiário da generosidade mascatal foi Cristóvão Pais Barreto.[16]

Felipe, porém, hesitava, pois caso se definisse pelos mascates poderia ser alvo das retaliações do governo de Olinda que, controlando o interior, mandaria pilhar seu engenho e até, quem sabe, assassiná-lo, como tinham feito ao irmão morgado; daí que os primos de Jurissaca (d. Francisco e d. João de Souza) já se tivessem refugiado na praça. Felipe pensou inclusive em manter a neutralidade armada dos seus novecentos milicianos, que permaneceriam de prontidão, a fim de defender a freguesia contra as excursões de ambos os bandos, para só na eventualidade de serem obrigados a tomar partido sustentarem a causa do Recife.[17]

Contudo, no frigir dos ovos Felipe Pais Barreto pendeu para o lado da nobreza, após receber em Garapu, numa noite decisiva, a misteriosa visita de um religioso, que, aliás, por pouco não fora assassinado no trajeto. Portador de "quantidade de papéis", o emissário "gastou a maior parte da dita noite em os ler" para o capitão-mor. O autor das "Calamidades de Pernambuco" confessa ignorar que documentos eram esses, "se eram da nobreza, se do senhor bispo". A primeira hipótese é de que se tratasse da devassa relativa à morte do morgado em conseqüência de adultério, mas sua divulgação em uma sociedade fálica e em termos de honra familiar seria muito mais prejudicial aos Vieira de Melo, cabeças do partido de Olinda, do que aos Pais Barreto. A segunda hipótese é a de que fossem as provanças de 1704-5. Contudo, seus resultados já seriam conhecidos à boca pequena e nem é provável que estivessem arquivadas em Olinda, de vez que os estatutos da Ordem de Cristo previam que não ficassem cópias no lugar onde se tirassem e, quanto aos originais, remetidos à Mesa da Consciência, "se meterão em um cofre de ferro de três chaves, [...] onde estarão sempre em segredo para que nenhuma pessoa possa saber o que nelas se contém".[18] Ninguém garante que Miguel Correia Gomes não tenha mandado fazer um traslado clandestino para usá-lo contra Felipe, mas nessa conjuntura não havia, da parte dos mascates, interesse algum em divulgá-lo para não alienar as milícias do Cabo. Ademais, a missão fora confiada a um sacerdote de Olinda, não do Recife.

Bem mais plausível, a terceira hipótese é a de que a papelada exibida em Garapu se reportasse ao ingresso de parentes de Felipe Pais Barreto na carreira eclesiástica. As inquirições *de genere* guardavam-se na Câmara episcopal de Olinda, estando ao alcance dos partidários da nobreza que desejassem usá-las. Esse tipo de investigação apurava as origens, os costumes e a capacitação dos candidatos ao sacerdócio secular, sendo assim o equivalente das provanças às ordens militares e às familiaturas do Santo Ofício, e como estas, consistia na tomada de depoimentos que afiançassem a pureza de sangue e outras qualidades imprescindíveis ao pretendente à ordenação. A inquirição *de genere* em Olinda e, em geral, no "mundo que o português criou", era objeto de toda espécie de manipulação. Borges da Fonseca reporta, a título excepcional, o episódio de um religioso que tomara ordens malgrado a origem conversa:

> O padre João Pessoa de Almeida foi muito bom estudante e muito bem provido, e foi logo depois da restauração a Portugal e lá pôde ordenar-se, não sei se com licença do cabido, sede vacante da Bahia, que então era a única diocese de todo o Brasil, ou sem ela. Só sei que naqueles tempos próximos à restauração destas capitanias não lhe seria muito dificultosa, porque havia grande falta de clérigos e não menos de estudantes que o pudessem ser. Porém, erigindo-se no ano de 1676 em catedral a igreja do Salvador de Olinda e vindo no ano de 1678 por primeiro bispo desta diocese o senhor Estêvão Brioso de Figueiredo, conhecida a nota de *x n* [isto é, cristão-novo] de que era infamado o dito João Pessoa por sua mãe Joana Soeira, o suspendeu do exercício de suas ordens até que obteve breve de dispensa da Sé Apostólica.[19]

Na realidade, o caso de João Pessoa de Almeida esteve longe de ser único ou raro. Ficaram célebres as irregularidades praticadas pelo cabido de Olinda nos longos períodos de sé vacante em que governava a diocese a seu bel-prazer. No século XVIII, os padres Álvaro e Francisco Gomes, infamados de conversos, promoveram a ordenação de dois sobrinhos, um deles vetado pela Ordem de Cristo. Ambos tiveram também a seu favor a fortuna familiar: "com bispo na terra, este foi enganado pelo provisor ser peitado pelo pai do justificante, que com a mão liberal peitou ao dito provisor, que suposto era religioso não pareceu então pelo escândalo que deu a todos nesta terra". A versão pôde ser confirmada pelo comissário da Ordem de Cristo que examinou na Câmara episcopal as inquirições *de genere* dos tios. No caso do padre Álvaro Gomes, "ordenado em tempo da Sé vaga, onde houve a maior facilidade", desconheciam-se as origens da mãe e avós, seja em Lisboa, donde eram originários, seja na Várzea, em Muribeca e no Recife, onde se dizia haverem vivido. Sua habilitação permitira automaticamente a do irmão e a dos sobrinhos, de vez que o bispado já adotara a dispensa das provanças do momento em que os candidatos podiam alegar parentesco clerical.[20]

As tramóias foram tantas que quando d. José Fialho tomou posse da diocese em 1725 chamou a si os processos de ordenação do decênio anterior. Para preservar as aparências, pretextou-se que o bispo fora informado de que alguns dos sacerdotes não tinham a idade canônica exigida. Mas um ex-ouvidor de Pernambuco era taxativo: o motivo da decisão haviam sido "queixas que achou de estarem alguns habilitados tendo defeito no sangue". Um próximo de d. José Fialho reconheceu melifluamente a veracidade da alegação, aduzindo que o prelado trouxera ordens terminantes do Reino para apurar as denúncias contra certos cônegos, que viriam a ser inocentados, embora ele suspendesse "avultado número de sacerdotes", reputados "indignos do alto ministério que ocupavam", seja por haverem sido admitidos sem exame, inclusive de latinidade, seja por se acharem sob "o impedimento canônico da irregularidade *ex defectu*".[21] O cabido não era, aliás, o único responsável pelos abusos. O bispo d. Francisco de Lima (1696-1704) dera ordens menores a um cristão-novo notório, cujo filho natural lograria ordenar-se, candidatando-se mesmo a uma dignidade da Sé, que só não alcançara graças à delação de um concorrente. O defeito de sangue seria, aliás, "muito vulgar" entre o clero da cidade.[22]

Tudo indica que Felipe Pais Barreto rendeu-se a uma chantagem genealógica. Em 1711, na altura em que foi visitado pelo mensageiro vindo de Olinda, corria ali o processo de ordenação do seu filho João Pais Crisóstomo. O arquivo da Câmara episcopal, onde se guardava esse gênero de documento, já não existe. Pereira da Costa ainda viu o acervo nos anos 80 do século XIX, já então inteiramente à matroca, na biblioteca do convento franciscano do velho burgo; sua posterior transferência para o Palácio da Soledade (Recife) o deu de mão beijada à voracidade do cupim. Perdeu-se assim a inquirição *de genere* relativa a João Pais Crisóstomo.[23] Sem falar no sangue cristão-novo atribuído a Felipe, sua mulher, Margarida Barreto de Albuquerque, era sexta neta de Branca Dias e de Diogo Fernandes, célebre casal de judaizantes do século XVI.[24] Por conseguinte, bastava que a investigação apontasse tais ascendentes para atingir em cheio as pretensões de João Pais Crisóstomo. Se esse costado comprometedor não fora descoberto durante as provanças de Felipe é que, contrariamente às habilitações a familiar do Santo Ofício, elas não incluíam a linhagem da mulher do candidato. Mas nas averiguações em torno do filho a ascendência marrana teria de vir à tona.

Caso João Pais Crisóstomo fosse rejeitado, seria todo o arranjo patrimonial, arquitetado pelo pai, que viria águas abaixo: ao primogênito, o casamento, o engenho e a sucessão paterna no comando das milícias; a João Pais Crisóstomo e ao irmão, Francisco Barreto, talvez mais dotados para as letras ou menos capacitados para a vida prática, a carreira eclesiástica na perspectiva de virem a ser colados em algum rendoso benefício obtido pela influência dos parentes; aos dois filhos restantes, o celibato num partido de cana do Garapu. A ordenação de um irmão deveria abrir o caminho à do outro, sem necessidade, como vimos que já era prática no bispado, de nova inquirição. O futuro das moças seria resolvido pelo matrimônio, aliás medíocre, de três delas, ao passo que a quarta ficaria para tia, vivendo sob a proteção do irmão mais velho, na frustração de um matrimônio que não se fizera com algum primo que a deixara, "esquecida e inconsolável no seu engenho do Cabo", como na frase de

Nabuco. Felipe Pais Barreto, aliás, consorciara muito bem o primogênito, patrimonialmente falando: a nora pertencia aos Mendonça, do engenho da Madalena, embora sua família fosse sabidamente conversa, tendo ramificações na própria comunidade sefardita de Amsterdã.[25]

Destarte, Felipe Pais Barreto aderiu ao partido da nobreza e João Pais Crisóstomo entrará em religião. As duas partes cumpriram a barganha. Ao amanhecer, Felipe pôs-se à frente da milícia do Cabo, que supunha marchar em defesa do Recife. Em Afogados, porém, ele juntou-se às forças que sitiavam a praça e, "o que fez pasmar a todo Pernambuco", reconciliou-se com André Vieira de Melo, contra quem, dias antes, despachara um sicário com a missão de vingar a morte do morgado. Da sua parte, d. Manuel Álvares da Costa não hesitou em afirmar que João Pais Crisóstomo era, pelos quatro costados, inteiro e legítimo cristão-velho. Aliás, se acreditarmos o já citado frei Alteta, d. Manuel Álvares da Costa, "homem muito douto e hipócrita", haveria ordenado também vários conversos, razão pela qual o capuchinho suspeitava também do sangue do prelado.[26]

Sabedora de que seu capitão-mor bandeara-se para Olinda, a milícia do Cabo desagregou-se, muitos regressando às suas casas, outros engrossando as fileiras dos que socorriam o Recife. Em vão, Felipe Pais Barreto procurou persuadir o primo Cristóvão, as ordenanças de Una e os índios de Camarão a mudarem de partido, e como se divulgasse que, caso persistissem, tinha ordens para prendê-los, verificou-se um começo de motim "em que correu bastante risco o dito Felipe Pais, porque tendo a nossa gente essa presunção e notícia, se levantaram e o quiseram matar". A essa altura, Felipe não teria consigo mais de trinta milicianos, provavelmente os lavradores e assalariados do Garapu. O dr. Manuel dos Santos descreveu uma cena humilhante que se teria passado entre Felipe e o bispo governador, a quem fora queixar-se das tropelias praticadas contra os engenhos dos seus primos de Jurissaca. D. Manuel Álvares da Costa lhe respondera:

"Que faz com esse corpo? [Porque era homenzarrão, como lá dizem.] Não é nobre? Teve tanta gente para o fazerem capitão-mor e agora não tem gente para defender seus parentes?". Com estas razões, ficou tão envergonhado o dito capitão-mor que, ao sair para fora, disse que dera [isto é, que daria] 200$000 ou 400$000 por duzentos ou quatrocentos homens da sua freguesia.[27]

Com seu pequeno séquito de fiéis é que Felipe Pais Barreto lutou na batalha de Ipojuca. Mas às vésperas do triunfo seu ânimo voltara a oscilar, participando, com o primo Antônio de Sá e Albuquerque e outros pró-homens, da desastrada conjura destinada a depor o comandante das forças de Olinda. Descoberto o complô, João de Barros Rego, que inicialmente decidira mandá-los presos para a cidade, procurou recuperá-los com uma arenga dirigida a "senhores e parentes, meus amigos e naturais", apelo à solidariedade da açucarocracia frente ao comércio reinol. Os conluiados abjuraram, prometendo acompanhá-lo com sacrifício das próprias vidas. Segundo o padre Dias Martins, Felipe "pelejou com bravura", restaurando seu crédito. "Quem poderá deixar de emparelhá-lo com os insignes heróis que naquela época sustentaram a glória da pátria e o lustre da nobreza pernambucana?", perguntará o oratoriano.[28]

O recontro teve lugar nas vizinhanças do Garapu, no engenho de d. Maria Madalena, onde se haviam entrincheirado as tropas de Camarão e de Cristóvão Pais Barreto. Para a nobreza foi uma vitória de Pirro, pois não se logrou alterar o impasse militar, impedindo-se apenas que o exército de Olinda fosse atacado pela retaguarda e forçado a levantar o assédio que pusera ao Recife pelo lado da terra. Com o desembarque do novo governador, recolheram-se os pendões, levantando-se o cerco como prova de fidelidade à Coroa, enquanto os reinóis entregavam as fortalezas da praça. Félix Machado pôde em breve aplicar as medidas draconianas ordenadas pela Coroa, prendendo os chefes da sedição olindense, vários deles enviados às masmorras lisboetas. D. Manuel Álvares da Costa foi desterrado para o São

Francisco antes de regressar à metrópole. No sul da capitania, as tropas de mamelucos, conhecidas como "camarões", e no norte as de marginais, chamados "tundacumbes", receberam o sinal verde para invadir e pilhar os engenhos da facção nobiliárquica. Os mascates haviam triunfado em toda a linha.

A repressão régia golpeou mais duramente a ascendência social e o poder local da nobreza do se que haviam atrevido a fazer os próprios holandeses e do que ousará fazer, no século XIX, a polícia praieira de Chichorro da Gama. Na época, bradou-se, e com razão, que o despotismo d'el-rei estava indo mais longe até do que a tirania dos invasores heréticos. As autoridades neerlandesas não haviam incitado, como agora Félix Machado, gangues de mestiços e desocupados a roubar as casas-grandes; haviam-se limitado a colocar pelotões nos engenhos para defendê-los das investidas de campanhistas luso-brasileiros ou colocar olheiros nas casas de purgar para controlar o pagamento das dívidas à Companhia das Índias Ocidentais. A invasão de propriedades tinha de abalar as relações entre senhores e escravos e entre senhores e agregados. Que restava da autoridade de um pró-homem a quem uma quadrilha de malfeitores, agindo com as costas quentes das autoridades da Coroa, incendiava impunemente os canaviais, demolia a "moita", destruía os cobres, arrombava o açude, apresava os escravos, apossava-se dos animais e comia as criações? E, o que era muito pior, adentravam nas próprias casas-grandes, no recesso quase sagrado onde viviam as imagens dos santos e as mulheres da família.

A certo homem de prol puseram no tronco destinado ao castigo dos seus escravos. D. Manuel Álvares da Costa foi exposto ao desaire de desfilar pelo Recife debaixo das chacotas dos moleques, sob o olhar complacente das famílias reinóis, que assistiam ao espetáculo do alto dos sobrados. Quem não partiu para os sertões do Ceará Grande ou para as Minas Gerais escondeu-se no mato como negro fujão, vagando feito alma penada noites e noites a fio. Quando presos, eram trazidos à praça em condições humilhantes, algemados ou amarrados, pelas ruas, ao som de caixas, acoimados de inconfidentes, sob os apupos da cabroeira e o escárnio dos mascates. Terminado o espetáculo avacalhador, eram recolhidos não à cadeia, construída, conforme o figurino, em lugar público, com suas grades por onde se podia prosear com quem passava, parente, amigo ou advogado, mas às enxovias da fortaleza das Cinco Pontas, separados de todo contato com o mundo exterior, de mistura com gente de todo tipo e fazendo à vista dela "as operações secretas da natureza, como se foram brutos", na expressão de um cronista. Mais de sessenta pró-homens foram tratados assim, como se fossem os "mais vis e facinorosos negros dos mucambos", isto é, de quilombos como o dos Palmares, os quais, quinze anos antes, também haviam sido arrastados desde as lonjuras da serra da Barriga. A comparação aviltante deve ter ocorrido a muitos para quem, até então, a nobreza da terra havia constituído, por excelência, a variedade local de intocáveis.[29]

III. 1711-5

INCOMPATIBILIZADO COM NOBRES E COM MASCATES, Felipe Pais Barreto achou-se em posição delicada. O partido de Olinda não lhe podia perdoar a atitude dúbia, nem os recifenses o abandono final da causa. "No tempo da guerra", são palavras do autor anônimo do *Tratado*, os olindenses "fizeram deste capitão-mor tudo o que quiseram, e ele obrou tudo o que lhe mandaram, faltando em tudo à lealdade de vassalo como devia e sempre obraram seus parentes". Enquanto os chefes da nobreza eram remetidos para Lisboa ou refugiavam-se no mato para escapar às batidas dos "camarões" e "tundacumbes", Felipe regressava a Garapu. D. Francisco de Souza e Cristóvão Pais Barreto estavam entre os triunfadores da hora e não tardaram em defender o primo. Ambos, lembra o padre Dias Martins, "eram poderosíssimos intercessores; tocar nos seus afilhados seria o maior dos escândalos e de conseqüências melindrosas". O autor pretendia também que Felipe teria protegido seus companheiros de conspiração contra João de Barros Rego; era, porém, esperar demais de quem já dependia da família para salvar a pele. Ao tempo da Independência, a atitude dos Pais Barreto ainda estava viva na memória nativista: frei Caneca, em campanha contra o morgado do Cabo de então, Francisco Pais Barreto, incrimina seus ascendentes de, "unidos aos mascates do Recife por cadeias de prata e ouro", haverem sido "os flagelos de seus patrícios" e "a desconsolação da sua pátria".[1]

A reabilitação de Felipe Pais Barreto será completa para surpresa de muitos e talvez dele mesmo. Em 1712, Félix Machado provia-o na capitania-mor do Cabo, para o qual d. Manuel Álvares da Costa o nomeara no ano anterior, nomeação que o governador considerou inválida. O posto vagara "por deixação de Pedro Tavares Correia", versão cosmetizada do que se passara. Em 1713, d. João V confirmou a designação, tendo em vista ser Felipe "um dos homens nobres daquela capitania" e de se haver desincumbido satisfatoriamente nas funções de milícia e de gestão municipal.[2] O prazo de vigência da nomeação de capitão-mor era de três anos mas na prática tais comandos haviam-se tornado vitalícios, sendo renovados periodicamente no mesmo indivíduo ou na mesma família. Félix Machado procurou, aliás, resguardar as aparências, ordenando a suspensão de vários desses oficiais, inclusive sectários do partido do Recife, por estarem servindo "há muitos anos contra as ordens de Sua Majestade" que haviam estabelecido a regra da trienalidade, determinando também que fossem tiradas suas "residências", isto é, a apuração da sua conduta no cumprimento dos deveres.[3] Escusado aduzir que os cargos continuaram nas mesmíssimas famílias, passando de pai a filho e a neto.

A cerimônia da posse tinha, aliás, certa solenidade. No salão principal do paço do governador, na presença deste, de duas testemunhas e de outras personalidades, postos de joelho o secretário do governo e o nomeado, este, com as mãos erguidas sobre os Santos Evangelhos, repetia, palavra por palavra, o juramento lido pelo burocrata. O novo capitão-mor prometia fidelidade a el-rei; manter a tropa adestrada; fazer a guerra segundo as instruções da Coroa; coadjuvar a ação da magistratura; não interferir na jurisdição civil e religiosa; e, por último, no fito de prevenir a possibilidade de que fossem infletidos em benefício da ordem privada os poderes públicos delegados por Sua Majestade, a promessa, muito descumprida através destes Brasis, de não utilizar os soldados para resolver querelas particulares, "de qualquer qualidade que seja, posto que muito toque e importe à segurança de minha vida ou conservação e acrescentamento da minha honra, nem que toque e importe a algum parente meu, ainda que seja muito chegado, nem a algum meu amigo ou outra pessoa alguma". Compromissos assumidos "sem arte, cautela, engano nem minguante algum" e que constavam do termo de posse devidamente assinado pelos presentes.⁴

Encorajado pela sua reabilitação política, Felipe Pais Barreto sentiu-se encorajado a tocar para a frente o recurso que interpusera em 1708, solicitando a realização, dessa vez em Lisboa, de novas provanças. Em maio de 1713, a Mesa da Consciência reexaminou o pedido e opinou favoravelmente, embora dois dos seus membros divergissem, sustentando que a alegação de inimizade não bastava para justificar o deslocamento da investigação; em Pernambuco mesmo, poder-se-ia encontrar comissário imparcial que se encarregasse do assunto. Na prática das ordens militares, havia presunção de defeito contra o candidato que requeresse inquirição fora dos lugares de nascimento de pais e avós. Ao tempo do domínio holandês, a Coroa abrira exceções para os candidatos de origem pernambucana, em vista das circunstâncias especiais, mas foi somente a partir da segunda metade do século XVIII, na esteira da abolição pelo marquês de Pombal da distinção entre cristãos-velhos e cristãos-novos, que se passou a aceitar liberalmente os pleitos de "pátria comum".

Na Mesa, houve também oposição à reabertura do processo, lembrando-se que as testemunhas da inquirição de 1704-5 haviam sido unânimes a respeito do costado converso de Felipe Pais Barreto. Portanto, não existia razão que justificasse conceder-se o hábito "a quem uma vez foi julgado por cristão-novo, o que, em observância dos definitórios, regularmente se nega, ainda a pessoas de cuja pureza [de sangue] se não duvida". Não se concordava tampouco em que o ingresso de José de Sá e Albuquerque pudesse isentar o sobrinho. A Mesa havia entrementes estudado as provanças do tio de Felipe, verificando as irregularidades que as viciaram. A dispensa da investigação sobre o avô de José de Sá, Duarte de Sá, a pretexto do desconhecimento da sua naturalidade, redundara "em não leve prejuízo da autoridade da Ordem, pelo que agora se vê". Permitir que a mercê fraudulentamente obtida pelo parente servisse agora para coonestar a aceitação do sobrinho equivaleria a justificar um erro com outro. D. João V, que no tocante ao acesso às Ordens mostrou-se mais rigoroso que o pai, preferiu o parecer da minoria da Mesa, vetando novas provanças.

Felipe Pais Barreto não deu o braço a torcer e voltou à carga, preparando o terreno. Para tanto, elegeu-se provedor da Santa Casa, cargo identificado, pela proeminência social, com a condição de cristão-velho, embora seu bisavô Antônio de Sá o tivesse ocupado por diversas vezes. A manobra tinha igualmente escopo local, equivalendo ao desmentido público das murmurações que sua habilitação havia estimulado na terra. A provedoria não perdera o antigo lustre, sendo ocupada por governadores, bispos e heróis da guerra holandesa, malgrado a decadência de Olinda, pois o Recife só terá sua Misericórdia em 1738. Embora no tempo de Felipe os Pais Barreto estivessem mais associados ao Hospital do Paraíso no Recife, fundado por d. João de Souza após a guerra holandesa, o tronco da família, o velho João Pais, exercera vários anos a função, edificando às suas custas o hospital anexo à igreja e dotando ricamente a instituição. Como vários homens principais da capitania, o pai de Felipe, Estêvão Pais Barreto, e o tio, José de Sá e Albuquerque, também haviam sido provedores.[5] À Mesa, Felipe poderá assim alegar que "é certo que o [provedor] não o havia de ser [se tivesse] o defeito que seus inimigos lhe argúem, porque também se lhes tiram suas inquirições mui exatas e não costumam eleger para o tal cargo a quem não tem sangue mui puro e a melhor nobreza daquele distrito".

Ademais, Felipe Pais Barreto reuniu um punhado de certidões comprobatórias da pureza de sangue dos seus familiares eclesiásticos, averiguada mediante as inquirições *de genere* do bispado. Anexou igualmente um auto relativo ao incidente com Domingos da Costa de Araújo. Por fim, obteve do ouvidor-geral, o dr. João Marques Bacalhau, o mesmo que àquela altura era a peça-mestra da repressão contra o partido da nobreza, uma sentença de justificação relativa à sua ascendência, a qual, correspondendo a uma investigação cível, não produziria efeitos jurídicos para a Ordem de Cristo, mas poderia ter sua utilidade a fim de persuadir a Mesa da Consciência a atender o pedido de novas provanças. Aliás, não há que se fiar nesse tipo de atestado. Bastava que, por solicitação do requerente, comparecesse perante um juiz da Coroa um grupo reduzido de testemunhas, escolhidas freqüentemente com a cumplicidade do magistrado, a quem declaravam ser o justificante de origem nobre, filho de pais e avós tidos por tal ao haverem exercido os cargos honrosos da república, pertencido às ordens militares ou tido parentes no clero. Findo o que, a autoridade judiciária exarava a sentença confirmatória.

Como normalmente ocorria com os agentes da Coroa, o dr. Bacalhau viera a Pernambuco fazer o pé-de-meia que o habilitasse a recolher a Portugal com uns bons cobres. Formado em direito canônico por Coimbra, era filho da burguesia de uma pequena vila da Beira Litoral, Tancos, onde seus pais e avós haviam explorado o serviço de barcos para Lisboa. Antes do Brasil, servira de juiz-de-fora de Ponte de Lima (Minho). Embora a Câmara de Olinda o acusasse de haver sido subornado pelos mercadores do Recife quando da devassa que tirou dos acontecimentos de 1710-1, o dr. Bacalhau tampouco mostrou-se insensível às vantagens que pudesse auferir do trato com a nobreza da terra, dizendo-se, por exemplo, que a mulher de Cristóvão de Holanda Cavalcanti conseguira a liberdade do marido e de dois ou três dos seus amigos por dezoito caixas de açúcar.[6] É plausível, portanto, que Felipe o tenha peitado também.

A investigação cível interrogou sete testemunhas: um lavrador de canas do engenho Santo André e um lavrador de roças de Muribeca, ambos, portanto, girando na órbita dos Sá e Albuquerque; o vigário de Nossa Senhora da Luz, tio afim de Antônio de Sá e Albuquerque; dois soldados do terço de Olinda; o coronel Francisco Berenguer de Andrade e o padre Paulo de Terra e Souza, que haviam testemunhado contra Felipe nas provanças anteriores. Todos os depoentes forneceram a teoria oficial da família sobre a confusão entre os Maias cristãos-velhos e os Maias cristãos-novos. O indício mais veemente de tramóia reside na reviravolta do padre Terra e Souza e de Berenguer de Andrade. O religioso era tido na conta de indivíduo versado na história genealógica da capitania, sendo freqüentemente convocado para depor em inquirições. Quanto a Berenguer era realmente indivíduo controvertido, "mau homem e diabólico em fazer manifestos falsos", "um verdadeiro perturbador da república, semeando nela mil cizânias", donde estar respondendo na justiça por nada menos que 62 processos.[7] Segundo Borges da Fonseca, ele fora o autor de um manuscrito genealógico queimado por um parente, "por conter muitas notícias infamatórias, ao mesmo tempo que eram menos verdadeiras algumas delas", sinal de que a maioria seria veraz, malgrado a intenção perversa. Borges atribui a Antônio Ribeiro de Lacerda a destruição do calhamaço comprometedor; noutro passo, não se mostra tão seguro, embora não lhe restasse a menor dúvida de que constituíra ato eminentemente meritório:

> Um irmão ou parente o queimara, porque nem a estes perdoara a acrimônia do seu juízo, de que ainda se conserva bem lembrança, e esta me faz estimável a perda de seu livro, que de nenhuma maneira podia ser útil à república [isto é, à comunidade], porque ordinariamente costuma a credulidade que nasce de gênios pouco propensos à boa fama de seu próximo reputar por verdadeiras as fábulas mais claras, mais monstruosas e mais ridículas.[8]

Para Borges, tratava-se de obra subversiva que abalava o prestígio das camadas superiores da capitania. Que seria da honra e da reputação da nobreza da terra caso se divulgasse a existência de seus avós e bisavós conversos, mestiços ou bastardos?

Ao contrário de Borges da Fonseca, as ordens militares e a Inquisição tinham grande apreço pela fidedignidade de Francisco Berenguer de Andrade. O pai homônimo, de família importante da Madeira e originária da Catalunha, estabelecera-se em Pernambuco no começo do século XVII. Senhor do engenho São Timóteo na várzea do Capibaribe, deve ter passado por dificuldades financeiras, pois vendeu a fábrica, tornando-se lavrador de cana. Contraíra primeiras núpcias com uma descendente de

Jerônimo de Albuquerque, a qual, por outro costado, tinha sangue cristão-novo. O outro casamento, do qual nascerá o segundo Berenguer, que é o que interessa aqui, fora com filha de Antônio Bezerra, o Barriga, cristão-velho, um entre vários irmãos que haviam vindo para a terra em conseqüência, segundo tradição recolhida por Borges, do degredo de pai para São Tomé "por crime grave". Uma irmã do Barriga estivera às voltas com a Inquisição devido à afirmação herética de que a situação de casado era melhor que a de religioso. A família pretendia ter origem nobre, a casa dos morgados de Parede, em Viana do Lima.⁹

O nosso Francisco Berenguer de Andrade não tinha sangue sefardita, mas provavelmente ressentia-se do labéu pespegado à parentela em decorrência do primeiro matrimônio do pai. Outro motivo de ressentimento seu pode ter sido o casamento da meia-irmã, Maria César, com João Fernandes Vieira, que aparecera providencialmente para redourar os brasões da família. Pode-se imaginar os escrúpulos que terão assaltado o velho Berenguer ao concordar com o casamento da filha com um mulato, filho natural de fidalgo da Madeira com certa prostituta conhecida como "a Bem-Feitinha" e que, como se não fosse pouco, começara a vida em Pernambuco como "moço de açougue", adquirindo grande fortuna da noite para o dia graças à proteção de autoridades do governo holandês do Recife, a quem serviu de testa-de-ferro. O consórcio de Maria César deve ter sido acolhido com mais de um franzir de sobrolhos e com muitos debiques; alguns parentes não terão concordado, donde não terem tido o menor escrúpulo em participar do atentado que quase custou a vida a Fernandes Vieira em 1646.¹⁰ Tudo isso deve ter amargurado a velhice do primeiro Francisco Berenguer. A genealogia proibida, escrita pelo filho, registrando os parentescos igualmente duvidosos de linhagens da terra, pode ter constituído retaliação maciça pelas ofensas sofridas pelos Berenguer.

É revelador, aliás, que Borges da Fonseca tenha mencionado Antônio Ribeiro de Lacerda em conexão com a destruição do manuscrito. Os começos da família de Antônio soam como uma dessas histórias mal contadas a que o autor da *Nobiliarquia pernambucana* dava uma demão de verniz respeitável, nem sempre com êxito. A bisavó de Antônio aportara à capitania nos anos 80 do século XVI, em conseqüência do que terá sido, na melhor das hipóteses, uma *mésalliance* e, na pior, um episódio banal de donzela deflorada por marialva de baixa extração. O fato é que ela, segundo Borges moça de boa família, casara-se com soldado de origem subalterna, embora "brioso", o qual, fugindo para o Brasil, deixara-a pejada do avô homônimo de Antônio. A mulher veio-lhe no encalço, expulsa talvez da casa paterna, mas ao chegar o Don Juan falecera, de modo que na terra carente de mulher branca não teve dificuldade em casar-se, e bem, com Pero Dias da Fonseca, senhor de dois engenhos em Ipojuca.[11]

Borges da Fonseca fê-lo "homem nobre", mas a realidade foi outra. Processado pelo Santo Ofício por andar excomungado em punição do não pagamento dos dízimos, em teoria devidos a Deus, na prática embolsados no ultramar por el-rei na sua posição de Grão-Mestre da Ordem de Cristo, Pero Dias da Fonseca identificou-se como cristão-velho, natural de Azurara (Minho). Seu pai fora caixeiro, seu avô materno, sapateiro. A parentela beneficiara-se contudo de uma certa promoção neste Portugal quinhentista aberto aos ventos da expansão ultramarina, tanto assim que um tio seu tornara-se escrivão na Madeira, outro, frade capucho, um terceiro, letrado; um irmão e um cunhado de Pero viviam "de sua fazenda", expressão suficientemente elástica para cobrir variadas condições socioprofissionais.[12] Se Antônio Ribeiro de Lacerda, o neto de herói da guerra holandesa, foi verdadeiramente quem queimou o manuscrito de Francisco Berenguer, pode dar-se de barato que dele constaria versão pouco satisfatória das relações entre "o soldado brioso" e a bisavó de Antônio.

Como o costado paterno de Felipe Pais Barreto não apresentava maior problema, a inquirição cível ratificou-lhe a nobreza, de vez que vários membros seus haviam pertencido à Ordem de Cristo ou ao clero, tendo assim sido já objeto de investigação genealógica supostamente idônea, embora coubesse ter indagado, o que não foi feito, como irmãos seus haviam logrado aceder ao clero. Essa segunda parte da inquirição teve lugar na ermida existente no sítio de São Gonçalo da Praia ou da Paiva, atual praia do Paiva (Cabo), o qual pertencia a d. Francisco de Souza. As testemunhas em número de cinco, entre elas um cunhado de Felipe, todos residentes na freguesia, declararam o que era público e notório, ou seja, que ele estava aparentado com vários cavaleiros da Ordem de Cristo e com alguns clérigos. Destarte, o ouvidor Bacalhau passou sentença de justificação para o efeito de que o capitão-mor do Cabo descendia efetivamente de Duarte de Sá Maia mas que a fama de cristão-novo não procedia dele mas do casamento do seu irmão Melquior. A justiça endossava a tese da homonímia.

IV. 1715-27

EM 1715, FELIPE PAIS BARRETO RECORREU uma vez mais a d. João V, pleiteando a abertura de segundas provanças. Seu requerimento não está datado, mas em dezembro el-rei mandava a Mesa da Consciência reexaminar o pedido. O órgão, como fizera antes, pronunciou-se em favor da pretensão, sem que agora houvesse voto divergente, embora uma anotação discreta no verso do documento registre a desaprovação de um dos membros por não haver o habilitando apresentado fato novo que justificasse nova inquirição. A unanimidade aparente deve ter tranqüilizado os últimos escrúpulos do monarca, que em maio de 1716 atendeu o pedido. Não se conclua daí que a reivindicação estivesse bem encaminhada. Malgrado Felipe concentrar seus esforços ali onde as coisas verdadeiramente se resolviam, isto é, na Corte, a ordem da Mesa para a realização das segundas provanças só será expedida em abril de 1717, decorrido um ano do despacho régio; e, o que é mais intrigante, elas só terão lugar quatro anos depois, prazo excessivo mesmo em termos da lentidão exasperante da burocracia da Coroa.

Teria havido sabotagem da parte dos rigoristas da Mesa da Consciência, instrumentalizados pelos inimigos recifenses do candidato? Qualquer que tenha sido o motivo da delonga (o processo não permite conclusão a respeito), só graças à posse de d. Francisco de Souza no governo de Pernambuco (1721) devido ao falecimento do governador Manuel de Souza Tavares, interinidade que se prolongou por um ano, encetaram-se finalmente as segundas provanças pelas quais se batia Felipe Pais Barreto desde 1705. Normalmente, o bispo deveria ter assumido na falta de governador, mas a Sé estando vacante entre a partida de d. Manuel Álvares da Costa e a chegada de d. José

Fialho (1715-25), a Câmara de Olinda empossou d. Francisco na sua posição de primeira autoridade militar, resolução que, aliás, não se tomara facilmente devido às reservas do partido da nobreza relativamente ao inimigo da véspera.[1]

Felipe Pais Barreto aproveitou-se outra vez da influência da família, dessa vez do ramo bastardo. A filha única do velho João Pais Barreto casara brilhantemente no começo do século XVII com d. Luís de Souza, filho daquele Francisco de Souza, o das manhas, que ocupara o governo geral do Brasil, sendo depois governador das capitanias do sul e superintendente das minas que se propunha a descobrir com a ajuda dos paulistas. A noiva recebera em dote o engenho Jurissaca, no Cabo. Quando da invasão holandesa, d. Luís de Souza (não confundi-lo com o primo homônimo que também foi governador-geral no segundo decênio do Seiscentos) já desaparecera do rol dos vivos, de modo que a viúva emigrou para a Bahia. O primogênito do casal sucumbira no bloqueio do Tejo pela armada de Blake (1650), mas o irmão, d. João de Souza, que ficara em Salvador com a mãe, fora um dos articuladores da insurreição restauradora de 1645 e, após a vitória do movimento, tornara-se um dos mestres-de-campo da guarnição de Pernambuco.

Havendo-se reintegrado na posse do Jurissaca, d. João casara-se com uma prima Pais Barreto, tendo um único filho, que morreu menino, de modo que a herança da família (o morgadio de Jurissaca, a administração do hospital de Nossa Senhora do Paraíso e de sua igreja de São João de Deus, que ele fundara no Recife, a comenda de São Eurício e de São Fins, da Ordem de Cristo, que ganhara em Portugal, e o foro de fidalgo cavaleiro da Casa Real) fora tudo parar nas mãos do filho bastardo que tivera com a viúva de um holandês, bastardia que, em termos de defeito, era facilmente dispensado por el-rei, o que não impediu Borges da Fonseca de eliminá-lo, bem como seu filho, da genealogia dos Souza pernambucanos. Ao ascender ao governo de Pernambuco, d. Francisco de Souza, que subira de soldado raso ao posto de mestre-de-campo, concretizava a aspiração irrealizada do pai. Loreto Couto traçou um perfil favorável do personagem, no qual, após citar Homero quando afiançava que o indispensável para o bom governo dos homens não é o saber, mas a experiência, acrescentava que ele havia "pelo discurso de uma larga idade observado os costumes de seus naturais e tomado o pulso aos achaques da república; e quando chegou ao ponto de governar, o fez com tão acertadas resoluções que conseguiu ser amado com respeito, ser reverenciado com carinho, ser obedecido com vontade e ser, com consolação dos patrícios, temido sem receio".[2]

Do comissário designado para as segundas provanças, Francisco Alemão de Mendonça, pouco se sabe, exceto que já chegara a Pernambuco como cavaleiro professo. Para conseguir seu hábito ele também enfrentara alguns percalços, tendo de alegar os serviços militares prestados pelo pai de modo a ser dispensado do defeito de ter tido por avô o porteiro da Câmara de Chaves (Trás-os-Montes) e por avó uma vendedora de frutas.[3] Ativa ou passivamente, ele participou da manobra pela qual a nova investigação impugnou as conclusões da inquirição de 1704-5. O pivô da manipulação terá sido o padre Manuel da Cunha de Carvalho, coadjutor do Cabo, a quem o comissário designara para secretariá-lo na tomada dos depoimentos, inclusive, o que era mais grave, na tomada dos depoimentos dos "reperguntados", isto é, dos três sobreviventes das provanças anteriores. Estando o trabalho concluído, faltando apenas lavrar-se o auto de encerramento, eis que o sacerdote ausentou-se, não se diz por que nem para que. O religioso designado para substituí-lo declarou-se impedido. Afinal, outro clérigo aceitou o encargo. Provavelmente, a posição de coadjutor de Cunha de Carvalho dera na vista, pois como poderia ter independência suficiente para investigar a primeira autoridade da freguesia? Em Lisboa, a Mesa da Consciência farejará esta e outras irregularidades.

As segundas provanças tiveram lugar apenas na matriz do Cabo, onde residiam todas as testemunhas, ao passo que as primeiras haviam-se estendido a Olinda e Ipojuca. Curiosamente, nas duas ocasiões, não se inquirira em Muribeca, onde os ascendentes suspeitos de Felipe Pais Barreto tinham sido senhores de engenho. Provavelmente, num caso, porque seus inimigos calculariam ser impossível encontrar por aquelas bandas quem estivesse disposto a denunciar o defeito de sangue dos morgados de Santo André e, no outro, porque seus amigos não desejariam correr risco algum. Tampouco ouviram-se moradores de Olinda, onde haviam vivido igualmente os ascendentes maternos. Sem a ênfase com que se tinham expressado as testemunhas da justificação cível e sem se engajarem demasiado na distinção entre os dois ramos dos Sá Maia, as testemunhas de 1721 contestaram que os avós do habilitando fossem ou tivessem fama de conversos.

A orquestração dessas segundas provanças é mais sutil que a da sentença de justificação. O padre Bernardo da Costa "nunca ouvira dizer que o dito Antônio de Sá Maia fosse cristão-novo nem de tal infamado"; conhecera Domingos Maia de Sá, filho ou neto de homônimo, mas não se recordava bem dele por se tratar de gente muito antiga; tratara com seus filhos, "mas não sabia que fossem cristãos-novos, por ser muito menino quando os conheceu, e menos tivera notícia de Lourenço Nunes Vitória", nem de quem os tais descendiam "por serem homens pardos os mais deles e por tais não fez caso de especular sua descendência, digo ascendência". Outra testemunha, Manuel da Rocha, que vivia "de sua agência", lembrava-se dos Sá Maia, mas ignorava suas origens, embora "sempre ouvira dizer que estes tinham parte de cristãos-novos e com esta fama até hoje foram continuando, sendo mulatos e não brancos". O padre Cipriano Pacheco da Silva "tivera notícia de que havia uns pardos ou mulatos fulanos Maia", mas "lhes não especulava a sua geração". Francisco Pereira Pinto, lavrador de canas, "pessoa nobre e fidedigna", "ouvira dizer que um destes Maia casara com uma filha de fulano Vitória, que se dizia ser cristão-novo", motivo pelo qual se haviam negado as ordens sacras a descendente seu. Gaspar Teixeira Homem, "oficial de alfaiate", não conhecera o outro Antônio de Sá, nem sequer "o ouvira nomear nem a sua descendência". Contudo, Lourenço Nunes Vitória não fora tão obscuro assim, como indica sua participação ou de filho homônimo nos torneios organizados pelo conde de Nassau em 1641;

e também sua militância na guerra da restauração.⁴ Quanto a Domingos de Sá Maia, já ficou dito que mantinha relações estreitas com os primos Sá e Albuquerque.

Por fim, o capitão Protásio Gomes Pedrosa, que "vive de sua fazenda de fazer açúcar", informava haver lido em alguma parte que o bisavô de Felipe Pais Barreto, Antônio de Sá Maia, retirara-se para a Bahia ao tempo da invasão holandesa, não podendo, por conseguinte, ter contribuído para a "finta dos holandeses". Este, que parecia argumento de peso em favor de Felipe, não passava de manipulação semântica. Uma das alegações apresentadas nas primeiras provanças fora a de que Antônio de Sá pagara a "finta dos judeus", "no tempo que el-rei de Castela senhoreava Portugal." O rol dos contribuintes de tal imposto transformara-se desde então em fonte de oralidade genealógica. Borges da Fonseca menciona-o de passagem no fito de repudiá-lo quando alerta o leitor, já no prefácio, de que sua obra visava ser o avesso da "finta dos holandeses", a qual servia "de prova a mentiras e maledicências apaixonadas de homens malévolos, indiscretos, que ao mesmo tempo [que] confessam que holandeses fintavam como cristãos-novos a quem bem lhes parecia [...] se querem aproveitar das confusas listas trasladadas do livro das fintas para macularem a quem é objeto da sua paixão ou talvez inveja".⁵

Dessas palavras infere-se que o governo do Brasil holandês havia submetido a comunidade judaica a tributo especial; que ainda no século XVIII circulavam traslados da lista dos que o haviam pago, traslados que tinham sido adulterados para incluir cristãos-velhos que se desejava difamar. Tratava-se, aliás, de prática corrente em Portugal, e em escala bem maior, pois falsificavam-se também, com o mesmo fim, as relações das pessoas que saíam em autos-de-fé. Com base num e noutro gênero de documento, elaboravam-se genealogias de famílias cristãs-novas, razão pela qual, ao abolir a distinção entre cristãos-velhos e cristãos-novos, o marquês de Pombal ordenou que se recolhessem os róis existentes desde o reinado de d. Manuel (1495-1521), como também "as cópias dos mesmos róis que se acharem escritas em livros ou papéis volantes", isto é, folhas avulsas que circulavam largamente. Em Braga, por exemplo, já não se encontraram as listas oficiais, apenas certas memórias genealógicas extraídas delas e, de permeio, uma relação dos judeus de Barcelos batizados à força em 1497 e da sua descendência. Muitas dessas transcrições haviam sido interpoladas a fim de comprometer esta ou aquela família, mas os cristãos-novos pagavam na mesma moeda no fito de aligeirar o peso das taxas a que estavam sujeitos, redistribuindo-o por número maior de contribuintes.[6] Borges da Fonseca conhecia os traslados que corriam em Pernambuco mas não o original. E por uma razão bem simples: nunca houve a chamada "finta dos holandeses", que não discriminavam fiscalmente os judeus. O imposto de que tanto se falava na capitania era o empréstimo compulsório cobrado em 1631 aos cristãos-novos para custear a guerra no Brasil, no contexto dos "perdões gerais" e de outras concessões régias obtidas periodicamente pela comunidade sefardita e destinadas a aliviar a penúria crônica do erário, prática que, adotada desde a criação do Santo Ofício em Portugal (1536), tornara-se freqüente durante os reinados de Felipe III e de Felipe IV, de Espanha.[7]

Nas provanças de Felipe Pais Barreto em 1721 confundiu-se propositadamente a "finta dos judeus" mencionada de forma correta nas provanças de 1704-5, com uma imaginária contribuição paga ao governo holandês do Recife. Destarte, podia-se refutar a condição cristã-nova de seu bisavô, Antônio de Sá Maia, que comprovadamente emigrara para a Bahia em 1635, segundo indicava a crônica de Brito Freyre, não podendo assim ter satisfeito um tributo criado pelos batavos após sua partida.[8] Que a confusão foi intencional sugerem as provanças de Baltazar Gonçalves Ramos, também reputado converso por ser descendente de um dos fintados. E contudo, nessa ocasião, o imposto fora descrito acuradamente como tendo sido lançado ao tempo da guerra holandesa.[9] O engodo para favorecer Felipe funcionou plenamente, pois a Mesa da Consciência não o perceberá, como se depreende do exame a que submeteu a inquirição de 1721.

Todavia, o aspecto mais suspeito das segundas provanças de Felipe Pais Barreto refere-se às testemunhas "reperguntadas". Dos seis depoentes que na primeira inquirição haviam revelado sem hesitar a origem cristã-nova de Antônio de Sá, três eram já falecidas, inclusive o coronel Francisco Berenguer de Andrade, que como aludido retratara-se na sentença de justificação de 1715. Para ouvir os sobreviventes, comissário e escrivão deslocaram-se a Ipojuca e a Olinda, onde residiam Simão Roiz Pinto e o padre Paulo de Terra e Souza. Desdizer-se da declaração prestada sobre os Santos Evangelhos a agentes da Ordem de Cristo não era coisa de somenos.[10] Foi contudo o que ambos fizeram. O sargento-mor Domingos Vaz Gondim, morador no Cabo, defendeu-se alegando que a versão que transmitira dezessete anos antes escutara-a "a algumas pessoas", que não nomeou, "porém que sem ciência certa, por ser muito antigo o dito Antônio de Sá Maia"; e que "antes [e] depois dela [declaração] ouvira a outras pessoas", que tampouco mencionou, ser "falso tal rumor, por ouvir dizer que o dito Antônio de Sá Maia se retirara no princípio da guerra do holandês desta terra para a Bahia e lá morrera, com que ficou [ele, depoente] perdendo a opinião em que algumas pessoas o tiveram, de que pagara para a finta dos judeus". O sargento-mor não saía bem de tudo isso: ou prestara outrora depoimento leviano ou fazia agora uma falsa afirmação, o que era o caso.

Aduzia Vaz Gondim que ao conhecer o tio de Felipe Pais Barreto, o velho José de Sá e Albuquerque, bem como sua parentela eclesiástica, ficara "despersuadido de que o dito Antônio de Sá Maia fosse cristão-novo e [de que] menos pagasse finta". Tratara-se evidentemente de erro em que haviam caído as pessoas "a quem ouvira tal fama, equivocando-se com outros Maias que houvera nesta capitania, descendentes de um fulano Vitória", os quais "eram infamados de cristãos-novos por parte do dito fulano Vitória; e a razão que tem para declarar o referido acima é por ter comunicado com algumas pessoas antigas depois de ter jurado nesta dita inquirição", ou seja, na de 1704-5. Em 1721, José de Sá era já falecido, mas não seria surpresa se tivesse sido uma das tais "pessoas antigas" que tinham "despersuadido" o depoente. O "equívoco" procedera do casamento de um filho de Melquior de Sá Maia, irmão de Duarte de Sá, com uma filha natural de Lourenço Nunes Vitória e de certa cristã-nova, "de quem ainda hoje eram descendentes alguns mulatos que vivem na freguesia da Muribeca", os quais estranhamente não foram inquiridos.

Repetida pelo outro "reperguntado", o padre Paulo de Terra e Souza, a versão forjada por José de Sá triunfava em toda linha. Em fins de abril de 1721, Alemão de Mendonça deu por encerradas as segundas provanças de Felipe Pais Barreto, redigindo relatório em que, conforme aos estilos da Ordem de Cristo, resumia os resultados da averiguação que enviava em anexo, inclusive "os documentos que pude descobrir e não todos os que Vossa Majestade me ordena, porque se não acham papéis antigos senão da restauração desta terra para cá, que há pouco mais de sessenta anos". Além dos testamentos de Duarte de Sá (1612) e de Antônio de Sá (1629), o comissário também anexou a sentença de justificação que a viúva deste último obtivera quando exilada em Salvador. Ele enganou-se, aliás, ao confundir a avó e a bisavó maternas de Felipe. Consoante Alemão de Mendonça, essa sentença dissipava definitivamente as dúvidas, pois, havendo sido dada na Bahia, confirmava a versão de que Antônio de Sá ausentara-se de Pernambuco ao tempo da ocupação holandesa, não podendo assim haver pago a finta que os inquiridos de 1704-5 consideravam a prova definitiva do seu sangue converso. Em resumo: as primeiras provanças tinham-se baseado em informações falsas.

Em Lisboa, vasculhou-se toda a papelada relativa a Felipe Pais Barreto. Somente em fevereiro de 1724 a Mesa da Consciência voltou a examinar o processo, sem contudo ficar convencida pela argumentação de Alemão de Mendonça. Sua atuação desagradou em cheio ao não haver destrinchado suficientemente o parentesco entre os dois ramos da família Sá da Maia. Em questão tão tenebrosa era dever do comissário convocar maior número de testemunhas, pois embora os estatutos fixassem em meia dúzia o mínimo de depoentes, os agentes da Ordem de Cristo tinham competência para convocar outros mais, no caso de ocorrer alguma dúvida, em especial sobre o defeito de sangue, reputado bem mais grave que o defeito mecânico, procedendo com "toda a diligência humana para alcançar a verdade, assim pelo que toca à honra da Ordem como do justificante". A Mesa não parecia suspeitar de Alemão de Mendonça mas do padre Manuel da Cunha de Carvalho, que, como se recorda, servira inicialmente de escrivão.

Daí que ordenasse a Alemão de Mendonça, assessorado por outro cavaleiro da Ordem "em lugar do clérigo que fez esta diligência", proceder à terceira inquirição, compreendendo "todas as testemunhas velhas, fidedignas e noticiosas" residentes em Olinda e arrabaldes. A investigação deveria incidir exclusivamente sobre o costado materno de Felipe Pais Barreto, mãe, avó, bisavós e trisavós, indagando as pessoas que os haviam conhecido ou haviam ouvido falar neles. Idêntica averiguação deveria ser feita no tocante a Melquior de Sá Maia e seus descendentes. Por fim, o comissário deveria desencavar outros papéis que pudessem esclarecer o assunto de uma vez por todas: inventários, autos de partilha, certidões de batismo e de casamento, enfim, toda a parafernália notarial de que dispunha o Antigo Regime para enquadrar a existência de um filho da Igreja e de um vassalo d'el-rei. A missão não era necessariamente impossível, como pretendia Alemão de Mendonça. Sabe-se que a memória genealógica oral alcança normalmente até os bisavós, vale dizer, quatro gerações, ou algo como cem anos. Duarte de Sá falecera em 1612; Antônio de Sá, em 1638: desde que houvesse empenho ainda se poderia apurar a verdade, tanto mais que, sendo a oralidade genealógica especialmente precária, os definitórios da Ordem de Cristo previam punição para quem viesse contar lorotas ou simplesmente se recusasse a testemunhar a fim de encobrir os defeitos de um candidato.

O processo de habilitação de Felipe Pais Barreto termina aqui. Suas terceiras provanças não tiveram lugar; elas serão feitas na última parte deste livro. Será que ele manteve interesse pelo assunto? Da documentação consta recibo, datado de fevereiro de 1725, indicando que seu procurador em Lisboa depositara a quantia correspondente. Ou será que, sem haver lido Quevedo ou sequer lhe escutado o nome, convencera-se da inutilidade da causa? Felipe andava então nos 65 anos, de modo que ainda por cima teria de requerer a dispensa necessária aos postulantes de mais de cinqüenta. Os gastos em que vinha incorrendo havia mais de um quarto de século não eram insignificantes em se tratando de processos que se eternizavam em obras de Santa Engrácia, ou de quem, como ele, dizia enfrentar dificuldades financeiras. É provável, aliás, que as terceiras provanças tampouco tivessem desfecho satisfatório. O período de fins do século XVII a começos do XVIII correspondeu ao de maior influência dos "puritanos" nas decisões da Mesa; então, "bastava a fama para incapacitar, independentemente do fundamento".[11] Quando em 1723 Lázaro Leitão Aranha concluiu sua compilação sobre as práticas vigentes nas ordens militares portuguesas, Felipe já constava do índice alfabético de candidatos reprovados. A essa altura, ele já padeceria dos achaques que o levaram desta vida para a que, consoante suas convicções católicas, acreditava ser a melhor.[12]

Ainda o avistamos em 1726, no seu último entrevero com o comércio reinol. A criação da vila do Recife incorporara as freguesias de Muribeca, Cabo e Ipojuca, deixando-se à Câmara de Olinda as de Jaboatão e da ribeira do Capibaribe, partilha leonina. Felipe Pais Barreto propôs a el-rei a autonomia municipal ao Cabo, tendo como termo as freguesias de Ipojuca e Muribeca, suas vizinhas, com o que os mercadores da praça ver-se-iam reduzidos a exercer sua autoridade apenas sobre a área imediatamente adjacente, como, aliás, fora a intenção original da Coroa. A medida permitiria aliviar as despesas em que incorriam os moradores do Cabo para atender seus pleitos judiciais (o mesmo argumento que os recifenses haviam usado contra Olinda), pois no "miserável estado em que estamos todos os senhores de engenho e lavradores de canas", tais ônus constituíam "uma das principais causas da sua destruição". Felipe sugeria outras providências em favor da classe: que a execução das dívidas se limitasse à metade dos rendimentos e não à totalidade, como era o caso; e que se proibisse a venda de escravos para Minas Gerais de modo a atalhar a carestia da mão-de-obra. Aliás, o orgulho estamental não o abandonara, protestando contra a decisão do bispo d. José Fialho que retirara aos capitães-mores o antigo privilégio de se assentarem em "cadeira rasa", isto é, sem espaldar, durante as cerimônias religiosas, obrigando-os, portanto, a assistirem a missa de pé; e pleiteando que os corpos de guarda e sentinelas da tropa de linha apresentassem armas aos capitães-mores e que seus mandatos trienais fossem automaticamente renovados.[13]

Quanto à ereção do Cabo em vila, de que Felipe Pais Barreto se fez precursor (ela teria de esperar até 1840), el-rei mandou consultar o governador d. Manuel Rolim de Moura. A Câmara do Recife alarmou-se com a idéia e ofereceu a transação, que Felipe aceitou, pela qual ele desistiria do projeto em troca da eleição dos "homens nobres e filhos da terra" para as funções municipais. Contudo, não há indícios de que os mercadores da praça discriminassem a nobreza no tocante a tais cargos, ao menos na mesma escala em que haviam sido discriminados outrora pela Câmara de Olinda. A prosopografia dos vereadores recifenses indica que no período 1713-26 vários senhores de engenho tinham servido, inclusive parentes do próprio Felipe, embora não tivessem participação majoritária.[14] Mas como sua iniciativa se mostrasse incômoda, os homens de negócio concordaram em elegê-lo, armando-lhe uma esparrela. A recusa a assumir as funções camerárias era punida com prisão, a menos que o indivíduo escolhido obtivesse dispensa prévia d'el-rei. Há pouco, Pedro Marinho Falcão, sobrinho de Felipe e seu subordinado como sargento-mor da milícia do Cabo, recusara-se a tomar posse, pois, explicou, "se não havia de assentar [...] em companhia dos homens do Recife", atitude que devia compartilhar com o tio. Quando no Natal de 1727 fizeram-se os pelouros para o ano seguinte, Felipe foi sorteado, mas entrementes, segundo a ata da sessão, deixara de pertencer a um clube menos exclusivo que o da Ordem de Cristo, o mundo dos vivos.

A experiência do capitão-mor do Cabo nas garras da Mesa da Consciência calou fundo na memória da família. Em 1762, José Carlos Pais Barreto obteve sentença de justificação de nobreza; mas somente em 1775, dois anos depois de o marquês de Pombal haver abolido os estatutos de pureza de sangue, é que Estêvão José, 7º Morgado do Cabo e sobrinho-neto de Felipe Pais Barreto candidatou-se ao hábito de cavaleiro da Ordem. Ele foi aceito sem problemas. Embora tetraneto de Antônio de Sá pelo lado paterno, a inquirição realizada no Cabo e em Muribeca foi taxativa relativamente à nobreza de seus pais e avós, "tanto por sua riqueza como por seu trato e emprego". Ademais de se casarem "sempre com as famílias mais ilustres da capitania", "nenhum deles teve defeito [mecânico], porque os seus exercícios foram sempre administrar os seus engenhos de fazer açúcar".[15] As peripécias do processo de habilitação de Felipe Pais Barreto desvendam o que fora um segredo de Polichinelo para seus contemporâneos, mas que se tornou desde então uma realidade, silenciada primeiro, ignorada depois: o sangue sefardita que corria nas veias dos nossos antepassados.

Parte II
BRANCA DIAS
E OUTRAS SOMBRAS

I. 1748-77

No terceiro quartel do século xviii, Antônio José Vitoriano Borges da Fonseca, todo ancho de seus galões, de seu hábito da Ordem de Cristo, da sua condição de familiar do Santo Ofício e de sócio da Academia Brasílica dos Renascidos, redigia pachorrentamente a *Nobiliarquia pernambucana* nos vagares de oficial do Exército d'el-rei, o senhor d. José i, e depois de governador, durante dezesseis anos, da capitania do Ceará Grande. Para tanto, ele escarafunchara em tudo o que era livro ou manuscrito antigo em Pernambuco, em casas-grandes de engenho, igrejas, conventos, irmandades, cartórios, Câmara episcopal de Olinda, Santa Casa da Misericórdia, Câmaras municipais. Nada lhe dava tanto prazer como dispor laboriosamente na folha em branco a sucessão biológica das principais famílias da terra, de quem ele mesmo descendia pelo lado materno, identificando os antepassados de contemporâneos seus, amigos ou inimigos, de quem lhe era indiferente ou de quem apenas conhecia de nome ou de bom dia. Esse ofício, porém, também tinha seus ossos. Aqui e ali, uma vez ou outra, surgiam irregularidades domésticas disfarçadas em pontos obscuros e histórias mal contadas: bastardias, filhos de padre, mulatice, sangue do gentio da terra, e, o que era muito mais grave e melindroso, um avô ou bisavó cristã-nova. Escolhos que era preciso sortear num trabalho do gênero, pois da pena de Borges, homem prudente e sisudo, não sairá uma indiscrição capaz de comprometer a honra de um dos graúdos da capitania.[1]

Daí o escrúpulo do autor ao numerar e rubricar cada folha, "diligência que fiz para que, pelo tempo adiante, não houvesse quem quisesse aqui escrever as suas mentiras e atribuir-mas". Precaução inócua, haja vista as dilacerações, rasuras e interpolações que o manuscrito da *Nobiliarquia pernambucana* sofrerá no decurso do período quase centenário em que esteve depositada no convento de São Bento em Olinda, o que foi denunciado pelo padre Miguel do Sacramento Lopes Gama. O jornalista de *O Carapuceiro*, que nos anos da Regência deblaterara contra a perversão dos velhos e bons costumes patriarcais e, "conciliador" declarado, movera guerra à direita "caramuru" e à esquerda republicana e federalista, corrigira a rota nos anos 40 ao redigir outro jornal, *O Sete de Setembro*, em que investia com ímpetos praieiros contra o "partido da ordem" e a oligarquia Rego Barros-Cavalcanti. Num dos artigos de combate político em que levava ao ridículo as pretensões nobiliárquicas dessas famílias, como, aliás, fizera outrora frei Caneca, Lopes Gama afirmava que o manuscrito de Borges, então ainda sob a guarda dos beneditinos, continha "folhas arrancadas e outras substituídas".[2] Dos quatro códices da *Nobiliarquia* só resta o último, a edição da Biblioteca Nacional do Rio de Janeiro (1935) tendo sido preparada com base na cópia especialmente feita outrora para o historiador cearense, barão de Studart.

Examinando esse quarto códice, J. A. Gonsalves de Mello verificou a falta de várias folhas, cujo conteúdo não é possível determinar. Mas graças às anotações de um dos copistas ele pôde repertoriar os acréscimos e interpolações. Do trabalho conclui-se que as folhas substituídas de que falara Lopes Gama correspondiam na realidade aos manuscritos de informação genealógica que Borges da Fonseca utilizara, anexando-os ao próprio texto; ou então a aditamentos destinados a atualizar um ou outro trecho, no desejo de "entroncar bem" a parentela. Veja-se, por exemplo, a genealogia dos Regueira. Para essa recente família mascatal, o tiro saiu pela culatra, pois houve quem logo percebesse a intrujice, aduzindo no início do século XIX a observação preconceituosa: "Não têm lugar aqui estes assentos; foi descuido".[3] E contudo, os Regueira, alguns dos quais já agraciados por el-rei, não tinham menos direito de constar da *Nobiliarquia* do que outras linhagens mascatais que Borges incluíra em função mesmo da obtenção dessas dignidades. Ao menos no tocante ao que interessa aqui, as origens cristãs-novas de famílias pernambucanas, as manipulações não comportariam nada de grave, tanto mais que confessadamente Borges tratara do assunto com discrição. Para que censores póstumos se o próprio genealogista já se encarregara da censura?

Pois nada irritava tanto Borges da Fonseca quanto as imputações de sangue sefardita que circulavam oralmente a respeito de famílias da nobreza da terra. Com razão, Elias Lipiner denunciou o "genealogicídio" perpetrado por frei Jaboatão na Bahia e por Borges em Pernambuco, consistente em escamotear as ascendências conversas de linhagens importantes de ambas capitanias. Ao passo que o franciscano operou mediante a omissão sonsa, Borges foi além, negando de pés juntos fatos insofismáveis.[4] Obviamente eles compartilhavam os preconceitos anti-semitas do seu tempo, embora em Portugal a conjuntura já mudasse, graças à política do marquês de Pombal. Mas mesmo após a legislação pombalina que proibiu a discriminação entre cristãos velhos e novos, os antigos valores persistiam. Tampouco os confrades metropolitanos de Jaboatão e de Borges, ou de Pedro Taques, em São Paulo, podiam dar-se ao luxo, mesmo que quisessem, o que não era evidentemente o caso, de proclamar em seus escritos os avós comprometedores desta ou daquela família, se bem que a maçonaria dos genealogistas trocasse confidencialmente esse gênero de informação. O tema pertencia às conversas particulares ou à literatura difamatória. Somente Cristóvão Alão de Morais, autor da *Pedatura lusitana* e considerado precursor da "genealogia científica" no Reino, "disse as verdades doesse a quem doesse", pagando o preço de ter sua obra marginalizada até o século XX, quando encontrou "quem, pensando como ele, teve o desassombro de a publicar". Contudo, mesmo Alão ou Filgueiras Gaio atreveram-se a tais excursões "sem pormenor e de forma vaga".[5]

A atribuição de ancestral sefardita criava inimizades irreconciliáveis e até querelas judiciárias suscetíveis de severas penas. Quando Luciano Gameiro ganhou seu processo contra Luís de Freitas e Farias, que o infamara de sangue converso, o réu foi condenado a desdizer-se de público e ao desterro no Ceará, perdendo sua patente de sargento e indenizando o ofendido.⁶ É certo que tais litígios tinham o inconveniente de propagar a calúnia, mas em Pernambuco eles foram menos incomuns do que deixa supor a obra de Borges da Fonseca; e em ao menos dois episódios as vítimas tiveram ganho de causa junto à Relação da Bahia, a despeito da notoriedade que haviam adquirido e do fato de parentes seus terem sido rejeitados para as ordens militares. Resta indagar se a relutância de Borges teria motivos genealógicos. Seu processo de habilitação e o do seu pai à Ordem de Cristo e a familiar do Santo Ofício nada descobriram, embora, pelo lado materno, ele descendesse de um andaluz meio misterioso, com nome de personagem de teatro espanhol, Luís Lopes Tenório, que passara da América hispânica a Pernambuco, onde possuiu engenhos, retirando-se para a Bahia ao tempo da invasão holandesa. Após seu falecimento, a família regressou a Sevilha, onde nasceu a avó do genealogista, que seguiria já mulher feita para a capitania (onde ficou conhecida por "a Castelhana"), para reintegrar-se na herança dos parentes. A inquirição feita sobre a mãe de Borges em Sevilha (1715) confirmou a origem cristã-velha desse costado.⁷

Pedra de toque da atitude de Borges é a obstinação com que negou que Branca Dias tivesse deixado descendência em Pernambuco. Mas quem foi Branca Dias? Na história e na lenda, houve duas ou mesmo três Brancas Dias, que não se compaginam. Rodolfo Garcia procurou refazer a trajetória da Branca Dias lendária, que se bifurcou geograficamente. Na literatura, ela surgiu em drama escrito em meados do século XIX por autora pernambucana, Joana Maria de Freitas Gamboa, como Branca Dias dos Apipucos, judia rica que, no começo do Setecentos, e por temor à Inquisição, teria atirado a prata que possuía a um riacho das vizinhanças do Recife, que ficaria conhecido como riacho da Prata. Aí o personagem sumiu para reaparecer na Paraíba, onde vivera até ser queimada em auto-de-fé lisboeta, sacrifício representado em painel que existiu no convento de São Francisco daquela capitania e glosado por escritores da terra como Carlos Dias Fernandes.[8]

A Branca Dias histórica, que é a que interessa aqui, ficou por conta de J. A. Gonsalves de Mello, que reconstituiu cuidadosa e exaustivamente sua história. Como tantos dos nossos colonos quinhentistas, Branca Dias fora natural de Viana da foz do Lima, onde, pela década de 1520, casara com Diogo Fernandes, também cristão-novo, comerciante de tecidos. Por volta de 1540, fugindo a algum problema com o recém-criado tribunal do Santo Ofício, Diogo estabeleceu-se em Pernambuco, obtendo uma data de terra na várzea do Capibaribe. No Reino, Branca Dias, denunciada pela mãe e pela irmã, foi presa, mas tendo abjurado viu-se livre sob a condição de permanecer em Portugal, de onde veio a fugir com a filharada ao encontro do marido, a menos que tenha sido degredada, segundo a versão corrente no século XVI. Havendo um levante de índios destruído o engenho de Diogo, se é que ele chegou a montá-lo, o casal instalou-se em Olinda, onde Branca Dias abriu pensionato para as filhas dos colonos. Várias de suas alunas é que, já adultas, denunciariam à Inquisição os ritos que haviam visto serem praticados outrora na casa da rua dos Palhais. Branca Dias faleceu depois de Diogo, em 1588 ou 1589. Quatro anos depois, o Visitador chegava a Pernambuco, ordenando a prisão de membros da família, embarcados para Lisboa, para onde teriam sido despachados igualmente os ossos da matriarca, a fim de serem queimados.

Consoante Gonsalves de Mello, Branca Dias e Diogo Fernandes tiveram três rapazes e oito moças. Daqueles, casou apenas um, e o fez com cristã-velha; outro fez carreira militar a serviço da Espanha; o terceiro, aleijado de nascença, ficaria conhecido pela proeza de escrever com os pés. Das meninas, todas casaram, exceto a mais velha, celibato a que ficou relegada, em terra de mulher branca escassa, por ser débil mental além de sofrer o defeito físico que lhe valeu o apelido de Alcorcovada. Suas sete irmãs consorciaram-se nove vezes, duas com cristãos-novos, duas com indivíduos de condição ignorada, e cinco com cristãos-velhos que distavam de serem uns troca-tintas, pois como realçou testemunha do processo, todas se haviam casado "muito bem e quase todas com homens do governo da terra e cristãos-velhos". Mesmo a filha bastarda que Diogo Fernandes tivera, Briolanja, nome de heroína de romance de cavalaria, casou-se com certo cristão-velho que, de carpinteiro, ascendera a senhor de engenho.[9]

A prática corrente na comunidade marrana em Portugal e no Brasil podia privilegiar o casamento com cristãos-velhos, desestimulando-o com cristãos-novos. Destarte, a filha consorciada endogamicamente perdia o direito ao dote que, em compensação, era concedido à irmã que se aliava exogamicamente. Andresa Jorge, uma das filhas de Branca Dias casada com converso, consorciou as suas com cristãos-velhos, salvo uma delas que não foi dotada. Andresa, informava d. Felipe de Moura, "era mui aparentada por aliança com muitos cristãos-velhos e principais desta vila [de Olinda] e do governo dela", orgulhando-se de "tratar e conversar com a principal gente desta capitania mui familiarmente e a viu sempre desejosa de casar suas filhas com cristãos-velhos e afastar-se da gente da nação".[10] Declaração contrária à teoria propagada pelo anti-semitismo da época, segundo a qual o cristão-novo só casaria exogamicamente no fito de converter o cônjuge cristão-velho à religião de Moisés. Ao contrário, subjaz à atitude de Branca Dias e de sua família o conflito entre a fidelidade confessional e a ambição social.

Apesar de tudo isso, na *Nobiliarquia pernambucana* só se encontram quatro alusões ao prolífico casal. Tratando da sucessão de Agostinho de Holanda e Vasconcelos, Borges da Fonseca menciona sua filha Brites Mendes de Vasconcelos, chamada a Nova, para distinguir da avó paterna, Brites Mendes, a Velha, consignando ademais que ela casara-se com Felipe Dias Vaz que certos papéis velhos davam como filho de Diogo Fernandes e de Branca Dias. E concluía o genealogista, cortando rente a questão melindrosa: "Só foi feliz este matrimônio em não haver sucessão dele, como nunca houve em Pernambuco, de Branca Dias". A estória não foi bem assim; e isso para se dizer o menos.

Borges ignorava, ou mais provavelmente fingia ignorar, que Branca Dias deixara descendência na terra entre algumas das melhores famílias, inclusive pela descendência de Agostinho de Holanda e Vasconcelos, ele próprio e não a filha Brites casado com uma neta de Branca Dias, Maria de Paiva, filha de Baltazar Leitão Cabral e de Inês Fernandes, como registra Borges, que não identifica, contudo, os pais de Inês.[11]

Ainda no século XVIII, o fantasma da cristã-nova quinhentista continuava a assustar. Leiam-se, por exemplo, as provanças de Brás Barbalho Feio para ingressar na Ordem de Cristo. As testemunhas são unânimes em apontá-lo como descendente, pela linha materna, da célebre marrana. Fê-lo, inclusive, um seu parente, que se expressou de maneira bastante categórica: Brás "era tataraneto de Agostinho de Holanda, casado com uma neta de uma Branca Dias, que viera degredada pelo Santo Ofício por judia e que, por ter muita fazenda, casara as filhas e netas como quis", razão pela qual Agostinho fora ostracizado pelos parentes. Outra testemunha aduzia que a avó materna de Brás tivera um tio que, durante o domínio holandês, freqüentara regularmente a sinagoga do Recife, seguindo para os Países Baixos após a restauração pernambucana. A documentação inquisitorial confirma a veracidade de tais depoimentos, de vez que em 1594 Maria de Paiva declarava ao Visitador ser cristã-nova, na verdade, meia cristã-nova, como o marido se apressou em retificar.[12]

Pela mesma época, começos do século XVIII, o esqueleto de Branca Dias voltou a sair do armário em conexão com as provanças de Manuel Carneiro da Cunha a familiar do Santo Ofício, processo que será examinado adiante. Há também notícia de uma neta homônima de Branca Dias. Quando em meados do século XVII Fernão de Melo e Albuquerque requereu o hábito da Ordem de Aviz, declarou-se, pelo lado paterno, neto de João Pereira da Cunha e de Branca Dias. Devido à guerra holandesa, suas provanças tiveram lugar em Lisboa, onde se ouviu gente de Pernambuco domiciliada ou de passagem no Reino. As testemunhas divergiram, umas dando Branca por pessoa que "tinha alguma coisa de nação", mas sem ser tida publicamente por tal, outros afirmando desconhecerem o assunto, razão pela qual a Mesa da Consciência achou melhor encomendar investigações na capitania e na Bahia. O assunto morreu por aí. Como indicam as pesquisas de Gonsalves de Mello, existiu uma filha de Diogo Fernandes e de Branca Dias casada com um vago João Pereira e depois com Antônio Barbalho, cristão-velho da governança de Olinda. Contudo, ela não se chamava Branca, mas Violante Fernandes. Aliás, Fernão descendia de Jerônimo de Albuquerque e de Felipa de Melo por via materna, o que indica que, em finais do Quinhentos e começos do Seiscentos, a família donatarial já se misturara à progênie da famosa conversa. Curiosamente, Borges da Fonseca, que se ocupou com vagar da sucessão de Jerônimo, dá Fernão como filho de Diogo Pessoa, sobre o qual não pesava qualquer suspeita de sangue israelita.[13]

Em toda essa estória de Branca Dias, o que perturbava sobremaneira o genealogista pernambucano eram as relações dela com Brites Mendes de Vasconcelos, matriarca do século XVI, que Borges, como mencionado, chama de Brites Mendes, a Velha, para distingui-la da Nova, bisneta de Branca Dias, que ele insistia ter sido apenas nora de Branca. Aproveitando-se desse parentesco, "têm feito os malévolos e faltos de critério inumeráveis argüições com que pretenderam injustamente macular não só muitos ramos desta nobilíssima família [Holanda de Vasconcelos], [...] porém ainda outras muitas famílias que a malévola ignorância quis livremente compreender". Discreto, ele, porém, não as nomeia. De outra feita, Borges volta à carga: "Primeiramente, havemos de assentar por certo que a família dos Holanda, desta capitania de Pernambuco, [...] é limpíssima na sua origem, nem me persuado que à vista de tantos familiares do Santo Ofício, cavaleiros das ordens militares, clérigos, religiosos e ministros, quantos procedem de Brites Mendes de Vasconcelos (a Velha), haja ainda quem, com cega barbaridade e tenacidade, siga a opinião contrária, que bem teve seu grande (mas irracional) séquito na minha pátria, na qual só tenho encontrado genealógicos de orelha". Destarte, era toda a descendência de Arnal de Holanda e de Brites Mendes de Vasconcelos que se achava sob suspeita, devido apenas a um "vago rumor", imputação irrelevante caso se tratasse de um casal de colonos qualquer e não de quem, como assinalava Borges, procedia "a maior parte da nobreza de Pernambuco e também algumas ilustres casas da nossa Corte".[14] Por conseguinte, Brites Mendes *não podia ter* origem conversa.

As origens do casal ficaram irremediavelmente confundidas pela lenda. Na terra, atribuía-se naturalidade neerlandesa a Arnal, nativo de Utrecht. Depondo perante o Visitador, seu filho Cristóvão declara-se "meio flamengo", o que confirmaria a versão, de vez que flamengo e holandês eram então praticamente sinônimos. Outro filho de Arnal, o já citado Agostinho, diz que seu pai fora "alemão de nação",[15] o que se poderia explicar pelo fato de que até a primeira metade do século XVI os Países Baixos haviam sido parte do Sacro Império Romano Germânico. Borges da Fonseca endossará a informação, catada na *Corografia portuguesa* do padre Antônio Carvalho da Costa, de que Arnal ou Arnoldo, como ele grafa, fora filho de um barão tedesco, Henrique de Holanda, com uma holandesa, irmã do papa Adriano VI (1522-3).[16] O padre, contudo, nem menciona sua vinda para o Brasil nem fornece o nome de sua mulher. Na realidade, Adriano de Utrecht não teve irmã, apenas irmãos; e Carvalho da Costa não tinha a reputação de autor idôneo, pois, como pretenderá Antônio Caetano de Souza, "não soube nada de genealogia", incorporando dados menos verdadeiros que pessoas interessadas lhe impingiam.[17]

O provável é que esse Arnoldo não tenha sido o nosso Arnal. Note-se que seus filhos não referiram ao Visitador tão exaltante ascendência, limitando-se Agostinho a informar que seu pai fora "dos da governança desta terra", isto é, exercera os cargos municipais de Olinda. Por que um neto de barão do Sacro Império e sobrinho-neto de um papa calaria suas origens diante do Santo Ofício? Tanto Felipe Cavalcanti quanto Sibaldo Lins haviam mencionado a condição patrícia de seus genitores em Florença ou Augsburgo.[18] Conforme ao que se dizia na terra, Arnal teria sido um dos colonos que acompanharam Duarte

Coelho a Pernambuco. Há excelentes motivos, inclusive cronológicos, para duvidar da asserção, embora pareça provável que ele se tenha fixado entre nós ainda em vida do primeiro donatário († 1554), pois confrontados com a escassez de elementos sobre os povoadores do século XVI, os genealogistas, Borges da Fonseca inclusive, costumavam assimilar os troncos aqui desembarcados ao longo dos dezenove anos de Duarte na donataria a companheiros da sua viagem inaugural de 1534.

O que se sabe acerca de Brites Mendes de Vasconcelos é também nebuloso. No século XVIII, ela era dada como lisboeta de nascimento, filha de um camareiro do infante d. Luís, irmão de d. João III, e de uma aia da rainha d. Catarina, de quem a mulher de Duarte Coelho fora dama. A estória da vinda de Brites Mendes assemelha-se à relativa a Isabel Fróis, que se mencionará adiante. Só que no caso de Brites, a rainha, não el-rei, a teria confiado aos cuidados de d. Brites de Albuquerque, que, cumprindo o prometido, casara-a com Arnal de Holanda, como fizera com Isabel e Diogo Gonçalves, a quem dotaram "generosamente" com sesmarias, onde ambos casais viriam fundar engenhos de açúcar.[19] A ser verdadeira a afirmação, Brites Mendes poderia ter sido filha natural de algum fidalgo da Corte, talvez do próprio d. Luís, solteirão impenitente, cujo camareiro se tenha prestado à ficção, então comum, de passar por pai da bastarda. Costumeiro era também que os filhos naturais da alta nobreza fossem criados no campo, podendo no caso de Portugal ser enviados às conquistas ultramarinas. Por que os pais de Brites Mendes aceitariam separar-se de uma filha legítima cujo futuro poderia ser mais bem garantido na Corte?

Quando o Visitador aportou no Recife, Arnal de Holanda já era falecido, mas Brites Mendes de Vasconcelos ainda vivia. Em 1598, declarava ter 65 anos, o que a fazia nascida aí por 1533, mas em 1601, dizia ter setenta, havendo portanto nascido em 1530 ou 1531. Eram tempos em que até mesmo os indivíduos de boa posição social não sabiam com exatidão a própria idade, sempre indicada como "mais ou menos" esta ou aquela. É plausível, assim, que Brites Mendes tenha chegado a Pernambuco em idade tenra, na companhia de d. Brites de Albuquerque, em 1535 ou depois, a dar-se crédito à versão de que a mulher do donatário teria chegado posteriormente. Conhece-se a carta de sesmaria passada em favor de Arnal em 1568, decorridos, portanto, catorze anos do desaparecimento do donatário, o que não invalida a hipótese de que Duarte Coelho lhe tenha também concedido outras terras em Igaraçu ou ao longo dos rios Paratibe e Beberibe, nestas várzeas onde se ergueram os primeiros partidos de cana, o que, de passagem, explicaria que Agostinho de Holanda, malgrado residir no seu engenho de Muribeca, detivesse em 1593 a alcaidia-mor da primeira vila pernambucana, que poderia ter herdado do pai. Em Muribeca, Arnal levantou o engenho Santo André que em 1577, já viúva, Brites Mendes vendeu, reservando para si uma data de terra onde veio a construir o engenho Novo, que também alienará.[20]

A suspeita de cristã-nova, que ainda na época de Borges da Fonseca recaía sobre a memória de Brites Mendes de Vasconcelos, é infundada à luz da documentação inquisitorial. Ao Visitador, ela se disse cristã-velha; e com o Santo Ofício não se brincava, passando gato por lebre; uma declaração falsa podia custar caro. Brites era também tida e havida por cristã-velha em Pernambuco, tanto assim que de uma feita foi convocada a testemunhar em substituição a certa mulher de quem se descobrira ser meia cristã-nova. Borges e os descendentes de Brites teriam respirado fundo se houvessem podido consultar os papéis da Inquisição. Mas o alívio duraria pouco, pois Brites esclarecia ter um filho casado com neta de Branca Dias (Agostinho de Holanda e Maria de Paiva), aduzindo haver sido comadre da velha marrana, relação que aos olhos dos canonistas tinha conotações de parentesco. A amizade entre ambas datava da chegada de Branca, cujo internato ela freqüentara. Se foi esse o caso, Brites se teria furtado a depor contra a antiga mestra, ao contrário do que haviam feito várias ex-alunas. O mais provável, contudo, é que os rumores sobre sua origem conversa resultassem da existência de outras quatro Brites Mendes indubitavelmente cristãs-novas.[21]

A ansiedade de Borges de Fonseca era explicável: *se* Brites

Mendes de Vasconcelos tivesse sido conversa, era a reputação da nobreza da terra que iria de águas abaixo, comprometida aos olhos de seus inimigos de classe, os mercadores do Recife, de origem invariavelmente "mecânica" mas de sangue irrepreensivelmente limpo. Tão limpo que, diante dos fidalgos de Olinda, eles deviam experimentar o mesmo sentimento de superioridade que, na peça de Lope de Vega, os labregos de Fuente Ovejuna sentiam frente aos cavaleiros da Ordem de Calatrava, que mandavam na aldeia mas viviam sob a suspeição de ascendência sefardita. Mediante o casamento das suas cinco filhas, Arnal de Holanda e Brites fundaram um verdadeiro sistema clânico, cuja posição econômica, poder político e prestígio social chegariam intactos, como no caso dos Rego Barros, a meados do século XIX. Sua política matrimonial foi bem mais agregadora que a de outros troncos duartinos até mais prolíficos, como Jerônimo de Albuquerque, ou mais ricos, como João Pais Barreto. Na geração de Borges, seria difícil encontrar família açucarocrática de importância em cujas veias não corresse o sangue de Arnal e de Brites.[22]

Sua estratégia matrimonial nada teve de insólita. Grosso modo, no primeiro século de colonização, 2/3 dos matrimônios de filhas de colonos foram contraídos com reinóis; o terço restante, com mazombos. As solteiras de procedência reinol eram geralmente de condição subalterna. A época não era de sutilezas: uma mulher de família estava ou sob o poder do pai ou do marido ou do filho ou do irmão; ou retirada no Recolhimento da Conceição em Olinda, como as filhas solteiras de Jerônimo de Albuquerque. A celibatária, livre de qualquer dessas tutelas, era simplesmente a prostituta, a ponto de a expressão "mulher solteira" conotar freqüentemente a fêmea marginal, de vida incerta, que por vezes também aparece na documentação inquisitorial acusada de feitiçaria e de ser dada a outras artes igualmente perigosas. A menos que fossem fazer carreira no Reino ou na Índia, os filhos dos colonos quinhentistas achavam-se na contingência de casar com mazombas, ao passo que suas irmãs podiam ser alternativamente destinadas a mazombos ou reinóis, estes mais comumente preferidos. A exogamia sob a forma da aliança com o reinol constituía naturalmente a tendência predominante, embora a endogamia entre os naturais da capitania já começasse a operar no derradeiro quartel de Quinhentos. Detecta-se igualmente a prática de duas famílias casarem reciprocamente os filhos, herança dos costumes matrimoniais na Europa, inclusive entre a gente do campo, no propósito de cancelarem-se mutuamente os dotes.[23]

II. 1535-1773

COMO ESPERAR QUE FOSSEM raros na Colônia, carente de mulher branca, os casamentos mistos tão freqüentes no Reino? Em Portugal como na Espanha, houve penetração de sangue judaico na alta nobreza e inclusive na própria Casa Real: o infante d. Luís teve d. Antônio, prior do Crato e pretendente ao trono, com uma linda judia de Évora. Se a mãe de Fernando de Aragão foi realmente de raça de conversos, os últimos reis da dinastia de Aviz teriam também ascendência sefardita, para não falar dos Habsburgos madrilenos, que reinaram em Portugal, todos descendentes do rei católico. Há muito, Mendes dos Remédios chamou a atenção para o assunto, lembrando o escrito em que no século XVIII Alexandre de Gusmão procurou tirar as ilusões aos chamados "puritanos", um punhado de grandes famílias portuguesas que, julgando-se isentas de defeitos de sangue, praticavam uma endogamia rigorosa. Após recorrer ao cálculo aritmético segundo o qual cada indivíduo contaria, até o vigésimo grau de parentesco, com 32 milhões de ascendentes, o paulista indagava irônico: "Quisera me dissessem os senhores puritanos se têm notícia que todos fossem familiares do Santo Ofício. E porque os não havia nesse tempo, se a têm ao menos de que eles fossem puros".[1] Os apertos patrimoniais da aristocracia estimularam especialmente as alianças entre linhagens fidalgas e cristãs-novas, como ocorreu após a derrota de Alcácer-Quibir (1578), quando "muitas famílias nobres para refazerem as suas casas abaladas pela derrocada financeira consentiram nos casamentos mistos".[2]

Por que então as famílias principais do Brasil preservariam melhor a condição de cristãs-velhas, de que nem todas podiam se gabar no tocante ao tronco reinol que as fundara? E, caso o tivessem querido, o que não aconteceu, por que teriam mais êxito que a nobreza do Reino? Na Colônia, no século XVI sobretudo como também depois, o desequilíbrio demográfico entre os sexos regulava o mercado matrimonial. Com base nas fontes inquisitoriais de fins do Quinhentos, estimou-se que, entre os colonos, prevaleceria uma relação de 3,7 homens para cada mulher; que na Bahia ela diminuía para 2; que, em outras capitanias devia girar em torno de 3,8, mas que em Pernambuco podia chegar a 9,8. Ainda no conjunto do Brasil, a relação entre homens e mulheres seria da ordem de 2,8.[3] Dissimetria tão marcada corresponde às fases iniciais de povoamento, embora a desproporção pernambucana derive parcialmente de distorções intrínsecas à documentação utilizada, a única, aliás, disponível para a época. Mesmo descartado esse fator, ainda teríamos uma relação demasiado alta, resultante de que o maior vigor da economia açucareira na capitania atraiu para ela parcela mais substancial da emigração portuguesa. Em Olinda, por exemplo, uma série de atividades subalternas eram monopolizadas por reinóis do sexo masculino, antes de se tornarem nos séculos XVII e XVIII relegadas aos escravos ou à população mestiça mas livre de ambos os gêneros.

Por conseguinte, a portuguesa ou a filha de português era um bem escasso. Das referências contidas nas fontes inquisitoriais (1593-5), concluiu-se que, entre a população masculina da capitania, a percentagem de casados era de 48%, ao passo que, entre as mulheres, atingia 90%. Como conseqüência desse desequilíbrio, verificava-se o casamento tardio dos homens e o prematuro das mulheres, redundando na grande diferença de idade entre cônjuges. Enquanto para o Brasil 73% das mulheres casavam antes dos vinte, a proporção de solteiros nunca é inferior a 50%, salvo a partir dos trinta anos de idade. Ademais, apenas 20% dos colonos casados deslocavam-se com suas famílias para Pernambuco, percentagem que para o Brasil era de 40%.[4] Nessas circunstâncias, os chefes de família achavam-se na posição relativamente confortável de escolherem seus genros em faixa razoavelmente ampla, menos do ponto-de-vista da origem social, a cujo respeito não se podia ser muito exigente, que da fortuna ou posição adquirida na terra. Para os filhos, a situação era simetricamente a oposta, devendo competir com os reinóis pela conquista do mesmo estoque reduzido de mulheres, donde o número significativo de solteirões, dos que entravam em religião ou se engajavam na carreira militar fora do Brasil: em termos de mercado matrimonial, a partida do solteiro, mesmo casado fora da capitania, equivalia ao celibato, pois limitava também o número de candidatos ao matrimônio.

Dado o número reduzido de mulheres brancas, atenuou-se na Colônia, ainda mais que no Reino, o preconceito contra o casamento entre cristãos-velhos e novos. Como seria de prever, as alianças de cristão-velho com cristã-nova tornaram-se três vezes mais freqüentes do que entre cristão-novo e cristã-velha. Em muitos casos, a noiva conversa nascera de anterior casamento misto, tendo, portanto, metade ou um quarto de sangue judaico. Alguns dos cristãos-velhos mais poderosos ou mais ricos de Pernambuco consorciaram-se com mulheres que eram um quarto, metade ou inteiras cristãs-novas. Outros deram suas filhas a conversos, desde que acaudalados ou em vias de o serem. Curiosamente, os comerciantes cristãos-novos de Olinda é que parece haverem encarado com reserva a aliança com famílias da terra, menos talvez por restrição racial ou religiosa do que pela incompatibilidade do matrimônio com a existência nômade que levava a grande maioria deles. Muitos terão feito como João Nunes, o principal homem de negócio da vila nesse final do Quinhentos, ao amigar-se com uma reinol, concubinato banal que só se tornou escandaloso devido a que ele a tomara arrogantemente ao marido cristão-velho. Do momento, porém, em que se sedentarizava em senhor de engenho ou lavrador de cana, o cristão-novo optava por casar na terra. Se o casal converso fixava-se entre nós em caráter definitivo, o provável é que os filhos viessem a casar indiferentemente com cristãos-velhos ou novos, a exemplo da prole de Branca Dias e Diogo Fernandes.

O mesmo ocorria *a fortiori* com os rebentos de matrimônios mistos. Veja-se o caso de uma família de Itamaracá: Gaspar de Almeida, cristão-velho, casou com Violante Pacheca, cristã-nova. Duas de suas filhas fizeram-no com cristãos-velhos; uma terceira, com um senhor de engenho converso, Simão Soeiro. Uma das filhas de Soeiro casou com um cristão-velho, nascido de uma preta da Guiné; outra, com um lavrador cristão-novo; ainda outra, com cristão-velho e juiz ordinário da vila da Conceição.[5] Se o apego à fé ancestral impunha a endogamia, esta podia ser impraticável. Mesmo os fidalgotes vianenses não desdenharam o matrimônio com marranas. É conhecida a ascendência dos colonos oriundos de Viana da foz do Lima no conjunto da açucarocracia *ante bellum*, como já acentuara o autor do *Sumário das armadas*, narrativa coeva da conquista da Paraíba: segundo ele, compunha-se de vianenses "a maior parte dos melhores de Pernambuco".[6] Fenômeno compreensível quanto se tem em vista o que afirmou frei Luís de Sousa na sua descrição de Viana na segunda metade do século XVI: que a nobreza da sua vila e termo, "contra o costume das mais terras de Portugal", entregava-se intensamente à atividade mercantil, no caso o comércio das "terras novas do Brasil".[7]

Um desses vianenses de Pernambuco foi Álvaro Velho Barreto, cristão-velho. Sua condição de "fidalgo de geração" é dessas que não davam lugar a dúvidas, sendo confirmada por vários conterrâneos durante o processo que o Visitador lhe moveu por blasfêmia. Seu avô paterno fora pároco no rio Lima e houvera seu pai "em uma mulher, cujo nome não sabe, da casta dos Barretos", o que deixa entrever aventura de clérigo com moça de boa posição social; ela, por sua vez, também era filha de padre com mulher igualmente distinta de Viana — os ingredientes enfim de uma boa novela camiliana. Álvaro fixara-se na capitania como sócio de parentes ricos de Viana, consoante ele mesmo declarou a dois jesuítas que foram vê-lo em busca de donativo para o Colégio de Olinda. Posteriormente, ele adquiriu o engenho do Meio, na várzea do Capibaribe, que, ao falecer, deixou à família. Na terra, ele casara com Luísa Nunes, que "tinha raça de cristã-nova"; e ao menos um dos seus filhos casou-se também com mulher de costado converso.[8]

Nada disso impediu que as filhas de Álvaro Velho Barreto fossem cobiçadas pelos rebentos de outros fidalgotes vianenses, tão cristãos-velhos quanto ele, a exemplo de Domingos Bezerra. Este, também "fidalgo de geração", fixara-se em Pernambuco pelos anos 1550, mas não tivera começos fáceis. Residindo não em Olinda, mas em Beberibe, possuía roçado de milho, ganhando a vida como lavrador de mantimentos, pois ainda não se inaugurara a fase dourada da expansão açucareira. Se ele ascendeu à condição de senhor de engenho, isso se deveu ao casamento tardio com Brásia Monteiro, cujo pai fundara na Várzea o engenho de São Pantaleão. Foi assim, quase cinqüentão, o que naquele tempo era já a velhice, que ele melhorou de vida.[9] Toda sua prosápia não foi suficiente para conseguir a mão de uma moça de sangue converso, filha de Álvaro Velho Barreto, para seu primogênito, Francisco Monteiro Bezerra. A propriedade de uns pães de açúcar revelou um ajuste de contas de outra natureza. Segundo Álvaro, "todos os ditos Bezerras querem mal a ele, réu, porque não casou uma sua filha com um filho do dito Domingos Bezerra". A família levara tão a mal a recusa que o candidato desdenhado promoveu uma assuada no engenho de Álvaro, com o concurso de "muitos homens brancos e escravos", além de "todos seus parentes e apaniguados". Álvaro e os seus reagiram à mão armada, o que redundou na morte de familiar de outro proprietário vianense. Ele livrou-se da acusação de homicídio, mas malquistou-se com quase toda a colônia vianense de Pernambuco, pelo que teve de obter carta de seguro.[10]

Os próprios descendentes de Jerônimo de Albuquerque aliaram-se a famílias cristãs-novas ou meias cristãs-novas; e quando se fala em Jerônimo, está-se falando do povoador por antonomásia, do "pai fundador", referência última de toda a genealogia pernambucana e mito integrador da nobreza da terra, tanto vertical, na sucessão das gerações, quanto horizontalmente, na coesão das parentelas. Antes que Bento Teixeira o cantasse na *Prosopopéia*, Jerônimo tratara de cultivar sua legenda, declarando em seu testamento (1584) que o sobrinho e terceiro donatário, Jorge de Albuquerque Coelho, "sabe muito bem que o estar esta sua capitania no estado em que está, depois de Deus fui eu".[11] Fora ele, com efeito; e não o cunhado, Duarte Coelho, que ao falecer ainda a deixara insegura, nem os filhos deste que, se haviam expulsado ou submetido a indiada hostil, dos montes Guararapes ao rio São Francisco, só o haviam logrado graças à autoridade do tio junto aos colonos e às tribos amigas e à sua experiência da "guerra do mato". Jorge de Albuquerque Coelho não pensaria assim: o autor da relação do naufrágio (1601), por ele encomendada e publicada, dá-lhe o crédito exclusivo da conquista de Pernambuco.[12] Mas a descendência de Jerônimo persistiu na reivindicação; e sua filha Isabel, em requerimento de sesmaria ao primo donatário, alude ao pai como "primeiro e principal povoador desta capitania".[13] O mesmo diriam os netos e os netos dos seus netos que a pobreza rondava e a quem ameaçavam continuamente as ondas de imigração reinol, capazes de varrê-los socialmente.

Os genealogistas, que a partir da segunda metade do século XVII esforçaram-se por reconstituir a descendência de Jerônimo de Albuquerque, tiveram dificuldade de pô-la em pratos limpos, malgrado ou, ao invés, devido ao interesse que o assunto despertava. Borges da Fonseca afirmou que ele tivera onze filhos do seu casamento com Felipa de Melo, oito da sua união com Maria do Espírito Santo e cinco das suas aventuras com brancas e índias, ao todo 24 filhos. Contudo, ao listar os rebentos de Felipa, só identificou cinco, o que leva a crer que os demais teriam morrido na infância ou caído no esquecimento genealógico, resultante talvez de não haverem tomado estado ou de haverem trocado Pernambuco pelo Reino ou por uma carreira colonial, como fizeram irmãos seus. Ademais, sabe-se que teriam sido nove ou dez os filhos tidos em outras mulheres e não apenas os cinco mencionados por Borges. Não se cobre, porém, aos linhagistas uma exatidão que nem Jerônimo tinha, tanto assim que em seu testamento confessa haver tomado equivocadamente por filha certa mameluca parida por escrava sua, aduzindo acerca de outra mestiça, criada em sua casa e tida como sua filha, que só Deus sabia a verdade.[14]

A ignorância do pai era compreensivelmente maior nos filhos. Segundo Pero de Albuquerque, os irmãos e meio irmãos que lhe deixara Jerônimo teriam sido "trinta e tantos, [...] dos quais dez eram legítimos [...] e os mais com ele são filhos bastardos que o dito seu pai houve em brasilas". Pero computou seguramente os vivos e os mortos, pois seu irmão Salvador de Albuquerque fornecia um total que se aproxima do de Borges da Fonseca: Jerônimo tivera com Felipa oito filhos, "quatro machos e quatro fêmeas", além dos que tivera com as índias, que "foram muitos [os] que já morreram, e ora só são vivos entre machos e fêmeas, treze ou catorze". Tanto Pero quanto Salvador desconheciam avós e tios paternos e maternos, exceção de d. Brites de Albuquerque, que "foi senhora desta terra".[15] Ambos não estabelecem ademais qualquer distinção entre os filhos em Maria do Espírito Santo, que segundo a tradição teriam sido legitimados, e os demais ilegítimos, distinção que surgiu posteriormente quando a descendência da índia tabajara firmara sua posição social. O próprio Jerônimo timbrara em casar dois dos seus rebentos na índia Arcoverde com duas irmãs da sua mulher legítima, com o que eles se tornaram seus cunhados, numa demonstração pública de que seus mamelucos eram tão bons e tão nobres quanto os filhos de d. Cristóvão de Melo. É provável que se tratasse também de despique contra o sogro, com quem suas relações deterioraram-se a ponto de, no final da vida, descambar no anátema que lhe reservou no testamento, negando categoricamente que, durante a minoridade do seu primogênito, o morgadio passasse às mãos de d. Cristóvão ou de "coisa sua" ou de "parente seu", "por justos respeitos que a isso me movem". Mas mesmo assim o sogro, mais moço que o genro, viria a herdar uma parcela do engenho que, com tanta luta, Jerônimo plantara na várzea do Beberibe.

Aliás, as filhas de Jerônimo de Albuquerque com Maria do Espírito Santo casaram-se melhor do que suas meias-irmãs legítimas. Estas fizeram-no com cristãos-novos, aquelas com cristãos-velhos. Se em primeiras núpcias Felipa de Melo fora mulher de Diogo Martins Pessoa, cristão-velho, filho de colono estabelecido no começo do povoamento, em segundas casou-se com Pero Lopes de Vera, almoxarife e feitor da fazenda real em

Pernambuco, de onde transitou para o senhorio de três engenhos. Lisboeta, de quem Borges da Fonseca informa ter sido "homem nobre", era, na realidade, reputado cristão-novo e, quando da invasão holandesa, chegou a ser preso por colaboracionismo. Consolidado o poder neerlandês, ele continuou à frente das suas propriedades, embora sua mulher se retirasse para a Bahia, aonde ele também se instalaria após a insurreição luso-brasileira de 1645. Desse segundo matrimônio de Felipa, assegura Borges não ter havido sucessão, mas seu primogênito do primeiro enlace, João de Albuquerque Melo, casou com a irmã do padrasto, cristã-nova, portanto, de quem teve filhos, a respeito dos quais o genealogista se apressa em explicar que tampouco haviam deixado descendência, o mesmo que havia assegurado a respeito de Branca Dias e que era inteiramente falso.[16]

No tocante às filhas de Jerônimo de Albuquerque com Maria do Espírito Santo, já Rodolfo Garcia observou que, entre os maridos, "há nomes da melhor prosápia: dois fidalgos estrangeiros e quatro portugueses bem nascidos".[17] Uma delas casou-se duas vezes. No tocante aos bastardos, dois casaram em família com sua cota de sangue converso. Do primeiro, segundo Borges da Fonseca, não teria havido sucessão; do outro, o genealogista registra três filhos, sem mencionar casamento. Tal desinteresse leva a crer que ele estaria perfeitamente a par da condição étnica desses netos de Jerônimo. A existência de cristãos-novos na prole do patriarca é, aliás, menos saliente com respeito à descendência dos ilegítimos do que dos legítimos. Destes, houve quem fosse impedido de ingressar nas ordens militares, malgrado os serviços prestados na guerra holandesa, como ocorreu a Fernão de Melo Albuquerque, devido à origem do pai, e a Máximo de Melo e Albuquerque, "da nação hebréia pela parte paterna e materna".[18] Foi também na sucessão legítima de Jerônimo que se originaram os problemas que atormentaram Felipe Pais Barreto. Mas em vão o leitor manuseará a obra de Borges à procura de Máximo; e quanto a Fernão, já se indicou que o linhagista lhe pode ter atribuído outra paternidade por confundi-lo com homônimo.

O cristão-novo endinheirado podia casar nas melhores famílias da capitania. Aí mesmo está o caso da neta de Jerônimo de Albuquerque e de Fernão Soares da Cunha. Segundo Borges da Fonseca, Fernão procedia de "nobilíssima família de Viana, donde veio com seus irmãos [...] e com seus primos". Mas devagar com o andor, que o santo é de barro: a documentação inquisitorial conta história bem diferente. Sua condição de converso era notória, pois sua mãe fora supliciada pelo Santo Ofício. Fernão se terá fixado em Pernambuco nos anos 1570, primeiro como comerciante em Olinda e depois fundando dois engenhos em Jaboatão. Ele, contudo, não abandonou suas atividades mercantis, mantendo sua casa de comércio na loja, isto é, no andar térreo da sua residência de Olinda. Sedentarizado, casou-se com Catarina de Albuquerque. Fernão, que já casara um filho ilegítimo ou de casamento anterior com uma filha de Cosmo Roiz, também senhor de engenho, faleceu antes de 1611, de vez que então parentes seus acusavam o médico Manuel Nunes de tê-lo envenenado "para efeito de se casar (como casou) com d. Catarina de Albuquerque [...] com quem lhe tinha cometido adultério". A alegação não foi aparentemente confirmada, de vez que em 1623 Manuel Nunes achava-se à frente da sua propriedade e, quando da invasão holandesa, Catarina ainda vivia na casa-grande do engenho que herdara de Fernão e que ela legará à filha do seu segundo casamento com Manuel Leitão.[19]

A despeito das denúncias de judaísmo feitas outrora contra Fernão Soares e seu irmão, Diogo Soares da Cunha, eles não foram incomodados pela Inquisição, certamente devido a que, no tocante às delações relativas a "touras", como a que ele possuiria em casa, o Visitador tinha ordem de limitar-se a registrá-las, deixando a decisão ao Conselho do Santo Ofício em Lisboa.[20] Ademais, as imputações não tiveram nem a gravidade nem a reiteração de tantas outras, se é que haviam realmente permanecido fiéis à crença ancestral; e ao contrário de muitos cristãos-novos, os dois irmãos abstiveram-se de se mostrar agradáveis ou espertos, acusando outros conversos. Fernão Soares só compareceu perante o Visitador quando convocado em conexão com processo contra terceiro. No de blasfêmia de escravo seu, que o acusou de maus-tratos, ele sequer foi chamado, encarregando-se Diogo de prestar as explicações necessárias. Embora se pudesse tratar de manobra para cristão-velho ver, um dos engenhos de Fernão dispunha de capelão e de capela dedicada a Nossa Senhora do Rosário, o que não é detalhe irrelevante, pois ao tempo da ocupação holandesa nem todas as fábricas estavam dotadas de ermidas, como indica a cartografia batava.[21]

Uma filha de Fernão Soares com Catarina, meia cristã-nova portanto, casou com seu tio Diogo Soares, inteiro cristão-novo. Do matrimônio, nasceria Fernão Soares da Cunha, igualmente casado em família conversa, a de Fernão do Vale, senhor do engenho São Bartolomeu (Jaboatão), marido de Constância Manelli, filha, segundo Borges da Fonseca, de "nobre florentino, parente mui chegado de Felipe Cavalcanti". Fernão do Vale esteve entre os marranos que aderiram à dominação batava; e com Sebastião de Carvalho foi redator da carta anônima alertando o governo do Recife para a preparação da revolta luso-brasileira de 1645. Quando ela eclodiu, Fernão acolheu-se à proteção do genro, que se distinguirá na guerra contra o invasor. Borges da Fonseca procurará reabilitar-lhe a memória, afirmando que como Fernão vivera "com muita riqueza, [...] excitou sumamente a inveja dos malévolos, porém falsa e injustamente, como sabem os que examinam essas matérias com uma verdadeira crítica e imparcialidade, o que eu mostraria com os mais fortes fundamentos, convencendo a leveza da contrária opinião, se isso fosse preciso para os créditos [da família], que do povo se não deve fazer caso". Ora, as fontes neerlandesas hoje conhecidas confirmam amplamente as acusações feitas na época por frei Manuel Calado sobre o colaboracionismo de Fernão, as quais, como se vê, haviam transitado das páginas de *O Valeroso Lucideno* para a tradição oral, exemplo a mais da sua fidedignidade quando confrontada ao bom-mocismo genealógico.[22]

Outra neta de Jerônimo de Albuquerque, Simoa de Albuquerque, também casaria com cristão-novo, de cujo matrimônio nasceria a mãe de d. Maria César, mulher de João Fernandes Vieira.²³ A despeito de toda a sua fidalguia, Jerônimo não tinha aversão a esses casamentos mistos, como tampouco o fez o mais ilustre dos seus parentes, Afonso de Albuquerque, o Terríbil, no tocante às alianças entre portugueses e indianos. Criado no Portugal de d. Manuel e dos primeiros anos do reinado de d. João III, Jerônimo ainda partilharia a relativa tolerância que prolongara, na sua mocidade, a do crepúsculo da Idade Média. Residindo em Pernambuco desde a fundação da capitania, não se deixara porventura submergir pela preamar anti-semita, institucionalizada pelo Santo Ofício. Homem prático, compreenderia que no povoamento de terra nova não havia lugar para exclusivismos, tendo-se de recorrer a gregos e troianos; as discriminações vigentes no Reino só serviriam de estorvos no Brasil. Por fim, Jerônimo teria também certa indiferença machista pela etnia das mulheres com quem dormia.

Ainda no tocante à sua prole, conhece-se melhor a descendência do primogênito tido em Maria do Espírito Santo, o Jerônimo de Albuquerque que viria acrescentar o Maranhão à Coroa e esta a seu nome. Como ocorreu com boa parte da descendência do "branco cisne venerando", como o chamou o poeta Bento Teixeira, o segundo Jerônimo viu-se reduzido a uma herança que, instituído o morgadio em João de Albuquerque, relegara os demais filhos, legítimos ou não, a uma data de terra que pouco valia, a menos que se dispusesse dos recursos com que levantar engenho ou fundar partido de cana. Como vários dos irmãos, o segundo Jerônimo deve ter sobrevivido alienando o que lhe coubera nas sesmarias do pai em Sirinhaém e na várzea do Capibaribe, ou à sombra da proteção do primo donatário, Jorge de Albuquerque Coelho, até que obtida a nomeação de capitão-mor do Rio Grande do Norte (1603), conseguiu erguer o engenho Cunhaú. Mas só aos sessenta e tantos é que ganharia celebridade, à frente dos seus índios na expedição que expulsou os franceses do Maranhão (1614), onde, como fizera no Rio Grande, premiara-se, e aos seus, com generosas concessões territoriais. Quando da invasão holandesa, o segundo Jerônimo já falecera, mas um filho homônimo sucumbiu em combate, e os dois outros,

Antônio e Matias de Albuquerque Maranhão, também participaram da luta e, após a derrota, separaram seus caminhos. Antônio de Albuquerque Maranhão se estabelecerá definitivamente em Lisboa, casando-se com uma bastarda da nobreza da Corte, aí morrendo, informa Jaboatão, "com opinião de virtude, pois como tal se notou crescer a cera que serviu no seu enterro".[24]

Quanto a Matias de Albuquerque Maranhão, emigrou para o Rio de Janeiro, de onde regressará após a restauração pernambucana, governando a Paraíba e reintegrando-se na posse de Cunhaú. No Rio, Matias possuíra ou arrendara engenho ou partido de cana como sócio de Antônio, em Portugal, e casara-se com Isabel da Câmara, filha de Pero Gago da Câmara e de Isabel de Oliveira. Muitos anos depois, tendo um dos filhos de Matias, Antônio de Albuquerque da Câmara, obtido o hábito da Ordem de Cristo, a Mesa da Consciência pôs uma pedra em cima do assunto em vista da inquirição feita no Rio (1688) segundo a qual a avó materna do candidato era filha de uma mameluca criada em casa de um padre. Até então, tudo bem: também Antônio e Matias haviam sido netos da índia Arcoverde, o que não obsta a que ganhassem comendas das Ordens militares, pois o defeito de "gentilismo" nunca constituiu obstáculo de monta para o acesso a elas, embora a Mesa da Consciência se pudesse mostrar refratária a premiar um índio de quatro costados, a menos que se tratasse de alguém, como d. Antônio Felipe Camarão, com um passado de serviços notáveis à Coroa. No tocante às provanças de Antônio de Albuquerque da Câmara pelo lado paterno, não podendo ser feitas no Rio Grande do Norte "pela distância e risco de andar o gentio levantado" (era a época da guerra do Açu), efetuaram-se na Paraíba, onde nada surgiu que desabonasse a ascendência do candidato. A dificuldade residia no costado materno, de vez que o pai de Isabel de Oliveira, Lopo Fernandes Carneiro, meirinho do mar, vivera infamado de cristão-novo.[25]

O assunto só será esclarecido na geração dos netos de Matias de Albuquerque Maranhão, por ocasião das provanças relativas a três deles para ingresso na Ordem de Cristo. A inquirição no Rio (que André de Albuquerque tentou evitar, fazendo sua avó paterna passar por natural de Pernambuco), apontou pela segunda vez as origens conversas de Isabel da Câmara. A fama que cercava a família era "constante nesta cidade", embora "se não fale com toda a publicidade por estes tais serem homens apotentados, nobres e aparentados nesta praça e ricos". Lopo Fernandes Carneiro tivera a alcunha de "o Judeu da Lancinha", "por andar em algumas sextas-feiras do ano com uma lança às costas por partes esquisitas da cidade". A família não hesitava em recorrer às pressões e ameaças. Certo religioso queixava-se de que a Companhia de Jesus usava dois pesos e duas medidas no recrutamento dos seus membros, vetando o ingresso de cristãos-novos, mas aceitando outro neto de Isabel da Câmara, o padre Jerônimo de Albuquerque, "por ser de família autorizada e bem procedido", embora, para não dar na vista, o despachasse para uma remota aldeia de índios, onde já assistia havia nada menos de trinta anos. A essa altura, as provanças no Rio tiveram de ser suspensas devido à prisão, pelo Santo Ofício, da mulher de um dos comissários da Ordem de Cristo.

O episódio cheira a tramóia: a suspensão pode ter sido manobra de intimidação sobre o comissário ou maneira de eliminá-lo do inquérito. Nomeados substitutos, realizaram-se as provanças, mas quando iam ser enviadas a Lisboa, ocorreu a invasão francesa (1710-1), quando se queimaram os documentos. Do Reino, veio ordem para reiniciar a tarefa. Em vão, um dos novos comissários procurou vencer as hesitações do outro, o qual, devido à enfermidade de que viria a falecer, foi protelando o assunto. Por essa ocasião, morrera também uma das testemunhas-chave do processo destruído. Verdade no Rio, mentira em Pernambuco. Aqui, os inquiridos asseguravam que Isabel da Câmara "era da mais nobre e limpa família daquela capitania, segundo foi sempre voz pública", "ainda que natural" do Rio, reserva sugestiva de que em Pernambuco predominava a noção de que muitas das famílias gradas da Guanabara contavam com ascendentes conversos, caso típico de rir-se o coxo do aleijado e o sujo do mal lavado. O mesmo afirmava-se na Paraíba.[26]

Pela mesma época, segundo decênio do século XVIII, vinha à tona a ascendência de outro neto de Matias de Albuquerque Maranhão, Nicolau Aranha Pacheco. Seu avô homônimo, a quem se dava naturalidade pernambucana, militara na guerra holandesa e fora mestre-de-campo na Bahia, nascera na verdade em Arcos de Valdevez (Minho). Ao obter em 1639 o hábito da Ordem de Cristo, a investigação o apontara como descendente de cristãos-novos pelo costado paterno, embora a família fosse das principais da vila. O velho Nicolau, que se achava em Lisboa reivindicando a recompensa dos seus serviços militares, atribuía tudo ao "grande ódio e inveja que inimigos de seu pai tiveram a seus merecimentos por demandas e brigas que com seus parentes tiveram". Ele não entrou em detalhes, mas decorridos oitenta anos, quando de outra inquirição em Arcos relativa a seu neto, ainda circulava a versão segundo a qual a querela resultara de haver o pai do velho Nicolau recusado a uma das testemunhas a mão de sua filha Leonor, que "é tradição foi sumamente formosa". Nicolau-avô apelara a d. João IV, efetuando-se novas provanças: dos 23 depoimentos colhidos ao todo, nada menos de quinze confirmaram a origem sefardita da sua família. Ele continuou insistindo, mas a Mesa da Consciência, inflexível, só via uma saída: tendo em vista os serviços prestados no Brasil, el-rei poderia autorizá-lo a solicitar ao papa a dispensa do defeito de sangue, que, desde o reinado de d. Sebastião, os reis não podiam, diferentemente dos demais defeitos, relevar. Normalmente, porém, os candidatos preferiam desistir da honraria a passar pelo desdouro de admitir a verdadeira origem. Assim procedeu esse primeiro Nicolau.[27]

A descendência de Matias de Albuquerque Maranhão e de Isabel da Câmara só será reabilitada por um bisneto, Pedro de Albuquerque da Câmara, filho do segundo Nicolau Aranha Pacheco, que falecera no decurso do processo de habilitação. Pedro, tabelião em Salvador, reivindicou o privilégio de "pátria comum", a realização das provanças apenas em Lisboa como capital do Império, mas não foi atendido, de nada lhe valendo nem o título de fidalgo escudeiro da Casa Real, como fora seu pai, nem as certidões que atestavam a limpeza do seu sangue, inclusive a sentença de justificação tirada na Bahia e as habilitações *de genere* de parentes seus, como o tio cônego e o jesuíta que a Companhia mantivera arredado no sertão. A fama de sangue converso do ramo baiano continuava bem viva. Os obstáculos à pretensão de Pedro já não procediam da bisavó carioca; no Rio, o Lancinha estava de todo esquecido: "não achamos", informava o comissário, "notícia pessoal do dito sujeito por todas as pessoas mais antigas e qualificadas desta cidade e ainda das de fora"; nem encontrara rastro dele nos registros de irmãos de ordens terceiras e de batizados e casamentos.

Teria sido o nome do Lancinha objeto de expurgo promovido pelos seus descendentes ou simplesmente engolido pelo tempo? Tudo o que o comissário pôde averiguar é que Matias de Albuquerque Maranhão viera moço para o Rio, casando-se com Isabel da Câmara, cuja família "é de limpo sangue [...] e por tal havida, reputada e tida", tanto assim que dera "muitos frades, clérigos, párocos e alguns cavaleiros da Ordem de Cristo", além de haver "ocupado os lugares desta república". É certo que, como mencionado, não há que levar a sério as inquirições *de genere*, ao menos em se tratando de filhos de poderosos locais. Quando nos primeiros anos do século XVIII um parente de Pedro de Albuquerque da Câmara, Matias, ingressara no clero, a investigação fora conduzida em Goianinha (Rio Grande do Norte), onde se localizava o engenho Cunhaú; mas quem seria suficientemente temerário para duvidar, nas barbas do pai, da pureza de sangue do filho, mesmo na hipótese de haverem chegado até lá os ecos de uma fama que, tempos antes, não aportara sequer a Pernambuco? Mesmo no Rio, onde a pecha ainda vivia por então, Matias não tivera problemas com a inquirição *de genere*.

Para Pedro de Albuquerque da Câmara, surgiram outras dificuldades na Bahia, devido a uma avó paterna, neta de Francisco Fernandes da Ilha, sogro do primeiro Nicolau Aranha Pacheco, os quais, por esses mesmos anos, um correspondente de Borges da Fonseca descrevia como "pessoas de notória qualidade", o que não convenceu o cristão-velho que se recusou a dar a Pedro uma filha em casamento. Os Ilha, Ilhoa ou Ulhoa constituíam uma rica família marrana do Recôncavo desde finais do século XVI. Mas em 1760, quando a Mesa da Consciência examinou a papelada relativa a Pedro, os tempos eram outros, de modo que ela assentiu na concessão do hábito, pois "não pode prevalecer aquela fama tão debilitada sem causa [sobre] a posse antiga de pureza em que o justificante se acha".[28] Neste como em outros casos de linhagens reabilitadas, a satisfação durava pouco. O que a Mesa da Consciência dava, ao passar um atestado de pureza de sangue a Pedro de Albuquerque da Câmara, o marquês de Pombal tirava, ao decidir que isso de defeito de sangue não tinha a menor importância para a posição social do indivíduo; e ao obrigar os "puritanos" da alta nobreza a aceitar alianças, que haviam até então rejeitado, com famílias de ascendência conversa. Doravante, seus descendentes poderão bradar, parafraseando o personagem da farsa vicentina, que cedo já não haveria cristãos-novos: todos seriam d'el-rei! Nos últimos anos do século XVIII, o padre André de Albuquerque Maranhão entrava sem bola preta no clube exclusivo dos familiares do Santo Ofício, clube que para sobreviver vira-se na contingência de substituir a obsessão do marrano pela do libertino e do pedreiro livre.[29]

III. 1535-1773

É INEGÁVEL QUE CERTAS FAMÍLIAS locais tidas por conversas não o eram. Já em 1646 pretendia-se que "o Brasil é terra em que se descobrem as faltas [isto é, os defeitos de sangue] com mais facilidade e o tem por uso".[1] Eis o que asseveravam dois personagens que haviam estado em lados opostos da guerra dos mascates. Segundo o ouvidor José Inácio de Arouche, "no Estado do Brasil e Pernambuco, muitas pessoas são reputadas por cristãs-novas sem certeza alguma de o serem, principalmente indo seus descendentes deste Reino", isto é, de Portugal; e o governador Félix Machado, que cultivava veleidades de genealogista, admitia que o melindroso tema era abordado leviana e abertamente, embora, usualmente, se tratasse de pessoas que efetivamente tinham defeito de sangue.[2] O passatempo não estava limitado às camadas dominantes pois na medida em que a exclusão operava sobre todos, ele interessava ricos e pobres, mazombos e reinóis. Não é pequeno o número de gente modesta e até humilde que desfila como testemunhas nas inquirições das ordens militares e familiares do Santo Ofício, mostrando-se tão bem informada acerca de parentescos comprometedores quanto os depoentes linhajudos; ou que encontramos veiculando versões desabonadoras ou opinando sobre sua validade, como aquele "crioulo forro, de toda a capacidade e estimação e veterano" que declarara que "quem fez ao Baltazar [Gonçalves Ramos] judeu, que tinha sido fama falsa".[3]

Verdadeira ou não, a suspeita de converso colocava o indivíduo na obrigação de limpar o nome da família de que o seu dependia. Mas nem sempre sendo factível distinguir a verdade e o seu contrário, a Mesa da Consciência tendia a preferir a versão ao fato, exceto se o candidato dispusesse de recursos e de conexões suficientes para levar a briga adiante. Não os tinha provavelmente Miguel Ferreira Rebelo, sargento-mor do terço dos Palmares em começo do século XVIII, filho de oficial reinol que militara contra os holandeses e casara na terra. Decorridos sete anos na ignorância da conclusão a que haviam chegado suas provanças, ele viajou a Lisboa, onde foi informado de sua rejeição, de vez que seu costado materno tinha fama de cristão-novo. Miguel resolveu fazer sua própria investigação. O avô Jorge Lopes de Moura, cognome que adquiriu porque "sendo menino, antes de ir para Pernambuco, vira em uma manhã uma moura encantada", casara-se em Olinda com Isabel Cardoso, de cujo irmão, Manuel Cardoso, apelidado de "Arrevessa Toucinho", procederia a nomeada, pois

> achando-se o dito [...] muito repleto por ocasião de um banquete a que assistiu na vila de Igaraçu e sendo provocado a vômitos, entre eles largou um pouco de toucinho e erroneamente se começou a divulgar que era cristão-novo por lhe não admitir o estômago toucinho, a que os judeus tinham asco.[4]

No imaginário cristão-velho, a preferência pela carne de porco era critério de aferição de sangue puro, como indicam as fontes literárias da época (Cervantes, Lope de Vega ou Quevedo), a ponto de até mesmo pessoas de origem conversa, como o humanista espanhol Arias Montano, fazerem questão de comer torresmo na presença de estranhos, de modo a desmentir a reputação em que eram tidos. A da família de Miguel Ferreira Rabelo ficara marcada mediante um simples apelido. Em fins do século XVI, vivia em Olinda um comerciante converso, Manuel Cardoso de nome, residente na rua da Serralheira. A fama barrou, portanto, o acesso de Miguel à Ordem de Cristo, embora não houvesse prejudicado a ordenação de parente seu em tempo de sede vacante.[5]

Embora a homonímia fosse freqüentemente pretextada pelos candidatos suspeitos, como fizera Felipe Pais Barreto, ela podia arranhar injustamente a honra de famílias cristãs-velhas. Veja-se o processo de Francisco de Mendonça e Sá.[6] Seu avô, o lisboeta Diogo Tomás de Ávila, residira em Pernambuco em meados do século XVII, casando-se na terra onde exerceu o cargo de mamposteiro da bula da Cruzada, isto é, de encarregado da venda de indulgências papais cuja receita financiava o resgate de cristãos capturados pelos mouros. Pela mesma época, vivia no Recife um tabelião chamado Diogo Tomás Sepúlveda. A homonímia custaria caro aos descendentes do outro Diogo. Segundo o testemunho de d. Domingos do Loreto Couto à Ordem de Cristo, "suposto se espalhasse uma voz contra a limpeza de sangue do justificante", tratava-se de equívoco: dizendo-se de Sepúlveda "ser cristão-novo com o ridículo fundamento de ter o nariz demasiadamente disforme, pela semelhança dos nomes, pelo curso dos anos vieram a confundir um e outro Diogo Tomás e aquela fama que caía sobre o Sepúlveda a puseram no Ávila".

É possível que o labéu tenha estimulado a inclinação migratória da família. Um filho de Diogo Tomás Ávila, Luís de Mendonça e Sá, estabeleceu-se na Paraíba, onde entrou para a Misericórdia e ocupou o cargo de almoxarife da fazenda real, mas não conseguiu praticar no foro devido à sua nomeada. Havendo-se malquistado com Bento Bandeira de Melo, escrivão proprietário da mesma fazenda real, este não o poupou. Como uma tia de Luís se houvesse casado no ramo desta família "a quem chamam de Itamaracá", primos pobres dos Bandeira paraibanos, estes procuravam manter à distância os parentes comprometedores. O certo é que Bento declarou aos inquiridores da Ordem de Cristo que nem Luís nem seus pais tinham reputação de nobreza, não havendo exercido jamais quaisquer funções municipais. Além do que, "sabe por ouvir dizer geralmente em toda esta capitania [da Paraíba] que Luís de Mendonça e Sá era tido e havido por cristão-novo e que [...] tinha também casta de mulato em quarto grau", imputação que considerava fundada "por lhe ver o cabelo muito frisado e carapinhado", tendo igualmente sua mulher "fama de cristã-nova".

Uma filha de Diogo Tomás de Ávila, Isabel, também deixou

Pernambuco, pois seu pai a despachou para Lisboa "para que a metessem freira em alguns dos conventos", mas ela, mudando de rumo, casou-se com um funcionário da Junta de Comércio. Um dos filhos de Luís de Mendonça e Sá conseguiu ser admitido à Ordem do Carmo na Paraíba, mas outro só pôde receber ordens sacras no Rio de Janeiro depois que um sobrinho seu, bisneto portanto de Diogo Tomás, as obteve mediante um controvertido processo de habilitação *in genere* que se tentou impugnar junto ao bispo de Olinda. Embora a investigação tivesse concluído que houvera realmente erro de pessoa em decorrência da homonímia, o candidato não recebeu as ordens maiores, "por ter deflorado uma sua parenta, de que foi querelado pela justiça secular e preso".

Contudo, a grande vítima da fama imerecida de Diogo Tomás de Ávila foi um terceiro neto, Francisco de Mendonça e Sá. Nascido na Paraíba, vivera alguns anos em Lisboa, fixando-se depois em São João d'El-Rei, onde foi escrivão da ouvidoria da comarca do rio das Mortes. Dali passou ao Rio de Janeiro, onde seu nome foi riscado da lista da Ordem Terceira do Carmo, na esteira da inquirição feita em Pernambuco "por se dizer que tinha nota de cristão-novo", retornando a São João. Negociava então com escravos, trazendo-os em partidas para as Minas e, consoante testemunha nas suas provanças, "comboiando-as a cavalo no seu cavalo, com quatro pajens escravos que o acompanhavam, negócios que costumam fazer naqueles Estados [do Brasil] os homens mais nobres com foros de fidalgo e cavaleiros da Ordem [de Cristo]". Provavelmente, há exagero na afirmação, mas em princípio o comércio de escravos, ao contrário do comércio a retalho, não inabilitava, certamente por assimilação ao comércio em grosso, que tampouco estorvava. Em Pernambuco mesmo, havia, entre outros, o exemplo de Manuel Correia de Araújo, que dono de uma loja de tecidos no Recife, enriqueceu no comércio da costa da Mina e de Angola, para onde mandava seus barcos.[7]

Tendo reunido um bom pecúlio, Francisco de Mendonça e Sá tornou-se proprietário de lavras. Sua nódoa de cristão-novo chegara também a São João d'El-Rei mas não o impediu de ingressar na Ordem do Carmo e de chegar a prior da mesma. Vivendo à lei da nobreza, resolveu livrar-se de uma vez por todas da pecha que havia quatro gerações atenazava a família. Sua habilitação à Ordem de Cristo levou anos e anos, envolvendo provanças em Pernambuco, Paraíba, Portugal e Minas, mas a Mesa da Consciência terminou aceitando a alegação de homonímia e dispensando o impedimento de idade, pois então (1768) o candidato já passara dos cinqüenta anos. A Mesa também fez vistas grossas à carência de informações sobre as origens de Diogo Tomás de Ávila, que o neto declarara natural da freguesia de Santa Justa em Lisboa, onde não se lograra descobrir "nem a mais leve notícia" a seu respeito. Por fim a Mesa ignorou depoimentos dados na Paraíba, onde houve quem lembrasse que o sogro avistara Diogo na sinagoga do Recife ao tempo do domínio holandês.

Alguns decênios antes, a fama de converso, mesmo imerecida, teria bastado para rejeitar-se o candidato. A carência de dados sobre Diogo Tomás de Ávila foi suprida com o argumento de haver sido vereador em Pernambuco e de haver prestado serviços na guerra da restauração, "pelo que se mostra ter trato nobre"; e consoante as noções locais de nobreza, duplamente nobre.[8] Ora, bem examinada, a certidão da câmara episcopal de Olinda que abonou a pretensão (documento interessantíssimo, pois indica que em meados do século XVIII ainda se utilizavam as crônicas do período batavo como probatórias na emissão de instrumentos jurídicos), não autoriza semelhante conclusão. Ela declara que a folhas tantas do *Valeroso Lucideno* constava o nome de Diogo entre os homens principais que haviam firmado o ato de aclamação de João Fernandes Vieira como chefe da insurreição em 1645[9] e que, em várias atas da Câmara de Olinda, "se acha sempre assinado como pessoa das primeiras do povo e das que seguiam a lei de Deus [...] e em todas as partes em que se acha o seu nome, está para a parte de cima dele uma cruz", prova da sua condição cristã-velha.

Da descrição de tais atas, porém, deduz-se não corresponderem a sessões regulares da Câmara, mas a convocações extraordinárias dos "homens bons" para decidir sobre circunstâncias de caráter excepcional, prática lusitana (em Pernambuco mesmo ainda ocorreu à época da Independência) e também espanhola (*cabildo abierto*). Elas não provariam, por conseguinte, que Diogo Tomás de Ávila houvesse sido vereador, função enobrecedora. A certidão sustentava ainda que, havendo os cristãos-novos, segundo o *Valeroso Lucideno*, aderido ao domínio holandês, a mera presença de Diogo entre os signatários da aclamação de Fernandes Vieira significava não ter tido reputação de converso, inferência apressada quando se sabe que muitos marranos deixaram-se ficar na terra, mesmo quando apontados como colaboracionistas, como no caso, já aludido, de Fernão do Vale.

A concorrência em torno das honrarias fazia-se, aliás, de acordo com certa especialização socioprofissional. Como a atividade mercantil achava-se desde sempre associada ao cristão-novo, o comerciante cristão-velho, tão logo prosperava, buscava ingressar no grupo de familiares do Santo Ofício, vale dizer, o parafuncionalismo inquisitorial de delatores, o que lhe permitia, ademais de desfrutar de certas regalias, dispor do mais categórico atestado de pureza de sangue a que se podia aspirar. Entre 1640 e 1746, 60% dos familiares da região compreendida no bispado de Olinda eram comerciantes; 64% concentravam-se no Recife e 86% eram reinóis.[10] Muito embora a condição de familiar não conferisse o mesmo brilho social proporcionado pelo hábito das ordens militares ou pelo título de fidalgo da Casa Real, o respectivo processo de habilitação era sabidamente mais rigoroso no tocante ao sangue, pois abrangia também a mulher do candidato, enquanto tolerava o "defeito mecânico", que sequer averiguava. Contudo, ao libertar o mercador da suspeita de sangue, seu gênero de vida deixava pairar a presunção do outro defeito, podendo comprometer ambições maiores, de vez que, feito familiar, o "mercador de sobrado" partia à conquista dos hábitos de cavaleiro, assaltando o reduto que a açucarocracia teria preferido preservar como sua *chasse gardée*.

Se a nobreza da terra absteve-se de disputar a função de familiar, o desinteresse deveu-se não só à apreensão com a rigidez das inquirições do Santo Ofício em matéria de sangue, mas também com a recusa em ombrear-se institucionalmente com mercadores reinóis. Somente a família Carneiro da Cunha demonstrou ao longo de três gerações um interesse desusado em penetrar em tal clube, atitude que, como se verá, era perfeitamente compreensível. Os troncos da linhagem haviam-se fixado em Pernambuco nos derradeiros anos do Quinhentos e primeiros do Seiscentos. João Carneiro de Mariz, filho de desembargador da Relação do Porto e irmão de morgado, originava-se na pequena nobreza minhota. Lavrador de canas em Ipojuca, fora dos que se haviam aproveitado do domínio holandês para ascender à propriedade de dois engenhos.[11] Um dos seus filhos casara-se com uma filha de Pero da Cunha de Andrade, senhor do engenho São Sebastião na várzea do Capibaribe. Um neto de Pero, Felipe Bulhões da Cunha, sofrerá o dissabor de ser rejeitado pela Ordem de Cristo. A inquirição em Viseu, donde procedera o avô paterno, não suscitou dificuldades, mas uma testemunha das provanças pernambucanas afirmou que, embora pelo lado de Bulhões Felipe fosse "muito limpo de sangue, porque bastava que se dissesse que o pai dele era parente de Santo Antônio" (que, no século, chamara-se Fernando de Bulhões), no tocante ao costado materno dizia-se que Pero da Cunha de Andrade tivera "parte de cristão-novo [...] por ser sobrinho de Felipe Sarniche, morador em Lisboa". Ali, um comissário da Ordem efetuou investigação paralela sem nada conseguir averiguar, salvo que Sarniche vivera nas vizinhanças do chafariz de Arroios e possuíra quinta na Outra Banda, que transformara em morgadio, então administrado por um neto residente em Pernambuco, cujo nome não se lograra apurar.

Complicação adicional, Felipe Bulhões da Cunha ignorava a freguesia lisboeta do nascimento de Pero da Cunha de Andrade, mas quando finalmente descobriu que se tratava da dos Mártires, os fregueses mais idosos, devidamente inquiridos, nunca tinham ouvido falar de Pero. A Mesa da Consciência exigiu a certidão de batismo do avô, mas Felipe não pôde apresentar nem este nem qualquer outro atestado, pois como Pero chegara a Pernambuco antes da invasão holandesa, os livros de assentos paroquiais da terra haviam sido queimados no incêndio de Olinda. Alegação, aliás, freqüente, mas que, sendo grosso modo verdadeira, não deixava de convir a quem desejasse esconder um ancestral converso. Pero fora, aliás, figura de primeiro plano em Pernambuco, tanto durante a guerra de resistência como durante o governo de Nassau, em que estivera preso por algum tempo sob a acusação de conspirar contra o governo batavo. Arreliado com a intransigência da Mesa, Felipe acabou desistindo da honraria.[12]

Nesses anos em que Felipe Bulhões da Cunha batia inutilmente à porta da Ordem de Cristo, um bisneto de Pero da Cunha de Andrade, Manuel Carneiro da Cunha, candidatava-se a familiar do Santo Ofício.[13] O pai homônimo era um dos próhomens da terra: senhor do engenho do Brum, capitão-mor da várzea do Capibaribe, vereador e juiz ordinário em Olinda, coronel de cavalaria das ordenanças e provedor da Misericórdia. E, contudo, o pai, em vez de solicitar a graça régia para si, preferiu, pelo sim, pelo não, solicitá-la para o filho. Certamente tinha em mira colocar um ponto final nos rumores sobre a origem cristã-nova da família, a que os lances do processo de Felipe de Bulhões haviam dado cunho de veracidade. Como já se assinalou no tocante a Portugal, "era nas famílias onde havia fama de cristã-novice que a obtenção de cartas de familiares do Santo Ofício era mais apetecida e onde mais esforços se faziam para as conseguirem",[14] entenda-se, nas linhagens que se acreditavam injustamente infamadas, pois as que estavam ao par das suas verdadeiras origens não se atreveriam a tanto.

Manuel Carneiro da Cunha filho serviu provavelmente de cobaia genealógica. Moço de vinte e poucos anos, que ainda vivia solteiro sob o pátrio poder, sem ocupação alguma, trouxera de Coimbra o canudo de bacharel em direito canônico, que lhe permitiria alternativamente ingressar numa carreira civil ou na eclesiástica; e uma filha natural, a qual se criava não na casa-grande do avô, mas na de um amigo da família. Antecipando as dificuldades com o ancestral Pero da Cunha de Andrade, o pretendente munira-se de uma árvore de costados especialmente preparada por um linhagista da Corte, Manuel de Carvalho de Ataíde, que dava Pero como natural de Lisboa, filho de fidalgo madeirense que fora cavaleiro da Ordem de Cristo, e neto de moço fidalgo da Casa de d. João III, e de sua mulher, camareira da rainha d. Catarina, versão que Borges da Fonseca adotará mas na qual não cabe confiar, pois já veremos a pouca credibilidade de que como genealogista gozava o pai do futuro marquês de Pombal. Era prática corriqueira a consulta aos genealogistas da parte de pretendentes às ordens militares e a familiar do Santo Ofício. Eles podiam participar das provanças ou redigirem parecer visando o esclarecimento de pontos obscuros, razão pela qual a Coroa vigiava a produção linhagística, sobretudo as obras impressas, de vez que as manuscritas eram numerosas a ponto de criarem uma verdadeira dor de cabeça para a Mesa da Consciência ou para a Inquisição.[15]

Dessa vez, porém, a assombração não se chamava Pero da Cunha de Andrade mas Sebastião de Carvalho, avô materno do candidato. Borges da Fonseca, que mantinha relações estreitas com os Carneiro da Cunha, afirmou que Sebastião nada pretendera da Coroa devido à inimizade com João Fernandes Vieira por uma questão de terras, que gerara sua pecha imerecida de colaboracionista.[16] Borges queria tapar o sol com uma peneira. As fontes holandesas atualmente conhecidas vieram confirmar amplamente as acusações de colaboracionismo, acolhidas na época pelo *Valeroso Lucideno* e pelo *Castrioto Lusitano*. Ao estalar da insurreição luso-brasileira de 1645, Sebastião fora preso e enviado para Salvador, onde conseguira livrar-se da culpa por sentença do ouvidor-geral do Estado do Brasil, recebendo em 1651 autorização do governador-geral para retornar a Pernambuco, sob a condição de viver afastado do comando do Exército restaurador na várzea do Capibaribe, indo habitar no engenho Escurial, que a sogra possuía em Porto Calvo.[17]

Não foi, porém, a atitude pró-holandesa de Sebastião de Carvalho que causou embaraços a seu neto, o segundo Manuel Carneiro da Cunha. A essa altura, ela estava tão esquecida que até havia quem presumisse que ele fora um dos heróis da guerra. O estorvo consistia em que o primeiro dos três casamentos de Sebastião fora com uma neta de Branca Dias, da qual, segundo testemunha das provanças de Manuel, houvera "muitos filhos e há muita descendência, tidos e havidos por cristãos-novos". Desse matrimônio, Sebastião tivera duas filhas. Mas a mãe de Manuel não procedia dele mas do terceiro consórcio com Francisca Monteira, cristã-velha da gente do engenho de São Pantaleão. O candidato não tinha, portanto, qualquer mancha. Mas no espírito da comissão encarregada da investigação subsistia a dúvida renitente: se Sebastião fora casado com cristã-nova, quem garantiria não ter sido ele também da raça de converso?

O problema residia em que se desconhecia a naturalidade de Sebastião de Carvalho. O neto dizia-o pernambucano; mais de uma testemunha dissera-o nascido na Madeira. Feita a inquirição na ilha, ninguém soubera dar notícia dele. O Santo Ofício resolveu ouvir sujeitos noticiosos em Lisboa, a começar pelo ex-governador Félix Machado, que travara relações com os Carneiro da Cunha ao tempo do seu governo em Pernambuco (1711-5). Outros dois informantes, ambos aparentados com o habilitando, também garantiram a limpeza de sangue de Sebastião. Havendo-se igualmente sustentado que ele fora natural do Crato (Alto Alentejo), realizaram-se ali investigações tão desapontadoras quanto as da Madeira, pois quando o exército castelhano ocupara a vila no decurso da guerra luso-espanhola (1641-68), desbarataram-se os cartórios, sendo poucos os documentos apanhados "pelas ruas, aonde os inimigos iam deitando quantos livros e papéis achavam".

Por volta de 1717, a habilitação de Manuel Carneiro da Cunha estava mal parada. A autoridade inquisitorial confessava que, à vista da incerteza, "me não atrevo a julgá-lo por cristão-velho". Ato contínuo, engrenava uma tremenda catilinária contra os linhagistas que haviam apoiado a pretensão do candidato. Carvalho de Ataíde não era "genealógico que faça fé", como demonstrara sobejamente ao publicar sua obra, que tivera de ser recolhida por conter confusões de "nomes e terras de algumas famílias e por outros erros consideráveis". Tratava-se do livro editado sob o pseudônimo barroco de um fictício abade napolitano, d. Tivisco de Nasao Zarco y Colona e intitulado *Teatro genealógico que contém as árvores de costados das principais famílias do Reino de Portugal e suas conquistas*, pretendidamente impresso em Nápoles em 1712 e apreendido por alvará régio. Outro genealogista do século XVIII, d. Antônio Caetano de Souza, isentaria, porém, Carvalho de Ataíde, atribuindo os equívocos ao impressor, não ao autor que, este, "soube muito bem das famílias do Reino em que fez estudo com aplicação".[18] A má vontade da Inquisição podia ter outro motivo. Em começos do século XVI, circulara em Portugal um manuscrito, aparente fragmento do que constituiria um "livro negro", referindo irregularidades domésticas e episódios nada edificantes das grandes casas aristocráticas e até de inquisidores. O Santo Ofício abriu investigação, tanto mais que na Espanha, como em Portugal, era voz pública a ascendência sefardita de muitos dos seus mais zelosos funcionários. Ao longo do inquérito, várias testemunhas acusaram Carvalho de Ataíde de ser o autor do papel, em colaboração com certo frade, sendo notória a "malevolência de ambos em matéria de família". Carvalho de Ataíde escapou da punição mas não o cúmplice.[19]

Como a vocação genealógica de Francisco Berenguer de Andrade em Pernambuco, a de Manuel Carvalho de Ataíde parecia corresponder a algum ressentimento nobiliárquico. Quando seu filho, o futuro marquês de Pombal, tornou-se ministro de d. José I (1750-77), seus inimigos, que não eram poucos, sussurravam que ele tinha por antepassado certo sacerdote que vivera amancebado com uma africana e outras estórias do mesmo jaez. O certo é que se suspeitava a avó de Pombal, mãe do genealogista, de ter sangue cristão-novo, tanto assim que o noivo estivera a ponto de desistir do casamento para não perder sua posição de familiar do Santo Ofício. A Inquisição terminou reconhecendo tratar-se de rumor infundado. Pedro de Azevedo, que esquadrinhou a ascendência do marquês, levantou dúvidas sobre a própria mãe de Pombal, ao constatar que sua inquirição não constava do processo de habilitação de Carvalho de Ataíde a familiar, "o que fará pensar haver naquela família qualquer inconveniência que obrigasse os seus descendentes, com influência no tribunal, a suprimir as inquirições". Sugeria o historiador português que o escândalo em torno da avó paterna tivesse gerado a mágoa linhagística que explicaria boa parte da ofensiva pombalina contra o Santo Ofício, quando um irmão de Pombal foi feito inquisidor-mor e aboliu-se a distinção jurídica entre cristãos-velhos e novos. Por fim, lembrava Pedro de Azevedo que a nobreza do marquês nada tinha de especialmente brilhante: seus ancestrais haviam sido magistrados com funções de "caráter modesto". Fora Carvalho de Ataíde quem "se encarregou de lançar o lustre na família dos Carvalhos da rua Formosa". Em resumo, o pai de Pombal tornara-se conhecido por suas patranhas genealógicas. Em demanda judicial acerca da sucessão de morgadio, pressionara testemunhas para que lhe passassem certidões destinadas a "entroncar bem" sua família; duas delas confessaram havê-lo feito.[20]

Não o transformemos, contudo, em bode expiatório da máfia a que pertenceu. Braancamp Freire assevera que os genealogistas mantinham "um verdadeiro comércio de informações". "Sendo a maior parte deles nobres ou aspirantes a tal, cuidavam sobretudo da própria prosápia, ou da de seus mecenas e patronos." Braancamp aduzia que

> as novidades muitas vezes não eram achadas, eram fabricadas, bem como os documentos sobre que elas assentavam. E isto fazia-se com todo o descaramento, bem como sem escrúpulo; aquele genealogista a quem a novidade era levada, a aceitava e punha nos seus livros e até delas passava certidões.[21]

A prática linhagística, especialmente estimulada a partir do século XVI pela moda da inclusão nos instrumentos de criação de morgadios e capelas, de cláusulas discriminatórias de descendentes de sangue impuro, não atendia apenas à necessidade de situar o indivíduo e sua família nos estratos privilegiados, mas possuía também utilidades prosaicas por ocasião dos conflitos de sucessão em torno de vínculos, heranças, padroados, comendas, ou da celebração de alianças consangüíneas e de dissoluções matrimoniais, numa época em que inexistia sistema eficiente de registro civil.[22]

A assessoria dada por Carvalho de Ataíde a seus parentes pernambucanos provocou as desconfianças do Santo Ofício. Tampouco parecia convincente o depoimento de Félix Machado, que não era natural de Pernambuco e que presumivelmente repetira a versão dos interessados. Por suspeito foi dado também o depoente que admitira havia conhecido previamente o motivo da sua convocação, sinal de que fora aliciado, em violação do princípio elementar das habilitações segundo o qual as testemunhas deviam comparecer na ignorância da razão da chamada. Ordenou-se, por conseguinte, que nova inquirição fosse feita na terra, confiada ao jesuíta João Guedes, reitor do Colégio de Olinda, que ficou proibido de ouvir as pessoas que haviam deposto na investigação anterior. O padre entregou-se à tarefa com rigor germânico, interrogando indivíduos das mais diversas condições e redigindo um comprido relatório com suas conclusões. Tudo isso em meio às dificuldades que encontrava na sua gestão da Casa devido ao que dizia ser "uma conjura nacionalista" contra os padres estrangeiros como ele, que nascera na Boêmia e cujo sobrenome era o aportuguesamento de Ginzl.[23]

As novas testemunhas declararam basicamente o mesmo que haviam dito os depoentes das provanças de 1710: a família Carneiro da Cunha era limpa de sangue, pois procedia do casamento de Sebastião de Carvalho com cristã-velha e não com a neta de Branca Dias; e sempre havia gozado de tal fama, haja vista os membros seus que haviam sido irmãos e provedores da Misericórdia. Um tio do candidato, Paulo Carneiro, chegara mesmo a reitor da província da Companhia de Jesus no Brasil além de haver sido seu procurador em Lisboa; seu *cursus honorum* incluía também o reitorado dos colégios de Olinda e do Recife, além de "uma morte feliz com muitos sinais de predestinado" ali mesmo em Olinda, para onde se retirara no fim de uma vida repleta de virtudes claustrais e seculares, pois não se distinguira apenas como homem de ação, mas também de oração.[24]

Mas o lustre de tão eminente mazombo era completamente irrelevante para dirimir as dúvidas sobre Sebastião de Carvalho, já que não descendia dele, mas de João Carneiro de Mariz, bisavô paterno do habilitando e único costado seu a não sofrer jamais qualquer impugnação. Por fim, os depoentes de 1718 afirmavam que Manuel Carneiro da Cunha tinha, pelo lado de mãe, casta do gentio da terra em grau remoto. Nem todos, porém, revelaram-se bons conhecedores da história local, de vez que um deles cometeu o dislate de assegurar que Sebastião fora "um dos [homens] principais que concorreram à restauração desta terra", uma leitura pelo avesso da atitude assumida pelo personagem, causada talvez pelo fato de que um irmão seu efetivamente coadjuvara a insurreição luso-brasileira.

Da unanimidade desse coro, destoou uma só testemunha, o doutor Cosme Alonso de Alarcón, outrora condiscípulo de Manuel Carneiro da Cunha no Colégio de Olinda. O doutor Alarcón era da "principal nobreza" de Igaraçu e pai de um jesuíta do quarto voto que deixou renome de orador sacro.[25] É preciso, porém, ler com cuidado seu depoimento, pois teria sido dado à calúnia. Anos antes, metera-se em maus lençóis com o governador Félix Machado, quando este, para acalmar os rancores herdados da guerra dos mascates, baixara uma ordem interditando o uso de "vocábulos malsoantes", vale dizer, as injúrias com que mazombos e reinóis xingavam-se reciprocamente. Alarcón não trepidara então em compor "sátiras infamatórias" (as provanças não esclarecem contra que lado, mas pode-se dar por seguro tratar-se de peça antimascatal), uma das quais circulara largamente em Olinda, causando sua prisão e processo.

Vejamos o que Alarcon declarou ao padre João Guedes sobre a ascendência do seu antigo colega, invocando inclusive as crônicas da guerra holandesa: "seu avô dele [Alarcón] lhe dera muita notícia dele [Sebastião] como também de seu irmão Bernardino de Carvalho, dizendo que, sendo irmãos no sangue, não o tinham sido na lealdade que deviam à sua pátria, porquanto Sebastião de Carvalho fora inconfidente, como consta do livro intitulado *Castrioto lusitano* e com mais clareza do livro *O valeroso Lucideno*". A partir desse ponto, Alarcón começou a pisar terreno resvaladiço:

> Sempre ouvira dizer que tinham [os Carneiro da Cunha] casta de cristãos-novos, explicando-se que, por parte dos Carneiro, seus avós paternos, não tinha o habilitante [...] fama de judeu ou cristão-novo, nem por parte de sua avó materna, [...] senão por parte do avô materno, porquanto Sebastião Carvalho de Andrade e seu irmão Bernardino de Carvalho foram netos de João ou Manuel de Oliveira, que se dizia vulgarmente ser cristão-novo, cuja notícia teve ele, testemunha, porque lendo uns versos que se fizeram no tempo da guerra de Pernambuco, que variamente falavam de todas as gerações [isto é, linhagens], achou nomeado neles a Bernardino de Carvalho e, especulando o sentido do verso, lhe dissera seu avô que era por ter a dita casta.

Sabe-se que versos foram esses, umas décimas satíricas compostas durante a guerra de resistência (1630-7) no intuito de ridicularizar a capacidade militar dos capitães e soldados da terra. Ainda em meados do século XVIII eles corriam em Pernambuco; e Borges da Fonseca, que reproduziu alguns deles no castelhano estropiado em que se repetiam, pois haviam sido seguramente redigidos por algum oficial espanhol desdenhoso das competências bélicas locais, assegurava não haver "pessoa nesta capitania das mais nobres e principais que não conserve cópia da dita sátira, que anda muito em memória", conhecidas de cor e salteado. O genealogista obtivera o traslado em seu poder de certo juiz de órfãos de Igaraçu, muito versado nas curiosidades pernambucanas (terá sido o próprio Alarcón?), possuindo inclusive a glosa explicativa redigida por cunhado de Francisco Berenguer de Andrade.

Como seria de esperar, Borges da Fonseca absteve-se de transcrições constrangedoras, só invocando a referência que louvava um dos oficiais da terra a quem se atribuía sangue indígena (*"Albuquerque, a que llaman Columin,/ hízolo como bueno al fin"*); e para defender a branquidade da família Rego Barros, um de cujos antepassados era descrito como *"hierno del Mulo/, descendiente de Ismael"*. "O Mulo" fora o apelido de Domingos da Silveira, colono de começos do Seiscentos. A alusão à descendência de Ismael dera à família a reputação de mulatice que Borges rejeitava, queixando-se de que, quando alguém ousava disputar, com argumentos lógicos, a veracidade da alegação, os interlocutores contentavam-se em citar a sátira como "texto irrefragável", digno de fé como uma certidão ou outro documento oficial.[26] Contudo, a contra-argumentação de Borges, a da origem minhota de Domingos da Silveira ("como podia Domingos da Silveira ser mulato, sendo natural de Viana?") não parece tão definitiva assim quando se sabe que no século XVI os escravos africanos, embora concentrados em Lisboa e partes do Alentejo, tampouco estiveram ausentes de Entre-Douro e Minho.[27] Mas em Pernambuco forjara-se uma explicação que poupava o amor próprio da família: Domingos tivera uma avó indiana.

Ficou aludido a que certas testemunhas no processo de habilitação de Manuel Carneiro da Cunha lhe haviam atribuído sangue indígena, sendo quinto neto de uma "negra da terra", para usar a linguagem quinhentista. A esse respeito, o doutor Cosme Alonso de Alarcón revelou detalhes tenebrosos: "nenhuma dúvida pode haver de que o habilitante [...] tem alguma casta de gentio da terra, porque a sua avó materna foi bisneta de uma índia, a qual morreu queimada em uma coivara por ordem de sua filha, que não quis ser tida por sua filha". Ocorre que a índia, Maria Raposo de nome, era ascendente não só dos Carneiro da Cunha, mas de outras famílias importantes da capitania. É possível que a versão de Alarcón, que ele garantia ser pública e notória, não passasse de falsificação, mas é curiosa a maneira com que Borges da Fonseca se ocupou do assunto, como se pisasse em ovos. Ele nega que a montante dessas linhagens pudesse estar "uma índia do nosso país, só porque [se] julgou que o apelido de Raposo era indicativo dessa origem". Ora, argumentava, "no Reino, há família nobre do apelido de Raposo", o que evidentemente não excluía a possibilidade de que a uma índia batizada se desse o mesmo patronímico. O autor censurava, aliás, a freqüência de "tais preocupações [étnicas] nos genealógicos da nossa pátria", isto é, de Pernambuco. Dito o que, dava-se ao luxo de uma afirmação ilustrada, a que o autorizava a política do marquês de Pombal tendente a abolir a discriminação contra os indígenas. "É bem sabido [observava o linhagista] que no Brasil muitas famílias tão autorizadas como esta, e algumas de ilustríssima ascendência, tiveram alianças da terra e nem por isso perderam o esplendor com que as veneramos". Mas para que, indagava, "conservar notícias errôneas que só se referem ou por ignorância ou por malevolência?".[28]

As revelações de Alarcón foram o quanto bastou para que o padre João Guedes saísse em campo, realizando pesquisas aturadas em velhos livros de assentos de batizado, casamento e óbito, não fosse ele um alemão dos bons e um jesuíta dos melhores, e não um desses comissários displicentes que, encarregados de alguma provança, só pensavam em se verem livres da prebenda, acolhendo tudo o que se dissesse de favorável da família do candidato, sobretudo quando se tratasse de família amiga ou poderosa. O padre consultou também uma das fontes citadas por Alarcón, certa senhora "virtuosa e mui noticiosa das antiguidades", um daqueles genealogistas orais de que toda linhagem se prezava, mas que Borges esnobava como parentas velhas "de cuja ociosa conversação nos mostra a experiência que só tiram aéreos elogios da própria família e sonhados opróbrios das alheias".[29] Menosprezo que não tinha inteira razão de ser, pois o que ele recolherá na sua obra, fazendo uso do que chamava seus métodos "científicos", acerca dos três casamentos de Sebastião de Carvalho, compagina-se em tudo com o que meio século antes a tal senhora declarara ao comissário.

Padre Guedes identificou, graças a "uns cadernos antigos, em parte rotos e diminutos, da freguesia da Várzea", três diferentes Sebastião de Carvalho, sendo que um deles ainda era vivo. O primeiro do nome e o irmão Bernardino de Carvalho foram os de quem "fala muitas vezes o livro intitulado *Castrioto lusitano*, culpando ao Sebastião de Carvalho de inconfidente", como se podia verificar no parágrafo 21 do sétimo livro. Na segunda metade do século XVII, vivera o segundo Sebastião, neto de Antônio de Oliveira, infamado de cristão-novo, ou seja, o indivíduo que Alarcón mencionara como João ou Manuel de Oliveira, "porque como já havia cinqüenta e tantos anos que era falecido, facilmente se podia esquecer o nome dele". O jesuíta estava na pista certa: havia sérios indícios de que o avô materno de Manuel Carneiro da Cunha fora aparentado a Antônio de Oliveira. "Porém [concluía], não há quem saiba a raiz e o primeiro tronco desse parentesco", pairando "alguma suspeita [...] de que todos eles procedem de uma mulher chamada Branca Dias, que veio ao Brasil quando esta terra começou a povoar-se e teve sete filhas que deram princípio a muitas famílias de Pernambuco e é fama constante dela que foi cristã-nova e por cristãos-novos são tidos e havidos todos aqueles de quem consta serem seus descendentes".

Por conseguinte, se a ascendência paterna de Manuel Carneiro da Cunha era limpa, o mesmo não se podia garantir dos antepassados maternos, "dos quais, assim como não há prova bastante de que foram cristãos-novos, assim também não há prova bastante de que foram cristãos-velhos, mas antes há alguma presunção de que são descendentes da dita Branca Dias pelo parentesco que têm com os que sem dúvida o são". Nesse gênero de questão, todo cuidado era pouco. A cautela teria sido confirmada caso o padre João Guedes tivesse lido também *O valeroso Lucideno*: aí teria verificado que um filho de Antônio de Oliveira casara-se com filha do primeiro matrimônio de Sebastião de Carvalho. As ligações dos irmãos Carvalho com Antônio haviam, na verdade, sido estreitas. Ao tempo do domínio holandês, Bernardino de Carvalho e Antônio de Oliveira eram lavradores de cana do engenho de Pero da Cunha de Andrade; na propriedade vizinha, Sebastião de Carvalho explorava também um partido de cana.[30] Tais relações de vizinhança e amizade explicam que, dos filhos de Antônio, um se consorciasse com filha de Sebastião, outro com filha de Bernardino. Não há indicação de que Antônio fosse de origem conversa, embora sua nora, filha de Sebastião, procedesse efetivamente de Branca Dias. Mas o essencial era que, ao casar-se com gente da nação, Sebastião bem poderia tê-lo sido também.

Quando o jesuíta já ia lacrar a papelada para enviá-la a Lisboa, eis que surgiu o documento salvador, descoberto à ultima hora no fundo de algum contador de casa-grande. Tratava-se do alvará pelo qual d. João IV fizera Bernardino de Carvalho, então súdito do Brasil holandês, fidalgo cavaleiro da Casa Real (1643), donde se inferia que fora natural do Brasil, filho de desembargador da Relação do Porto e neto de outro magistrado, também fidalgo da Casa Real, pertencentes à mesma linhagem de *noblesse de robe* a que pertencerá pelo lado paterno o marquês de Pombal. Como se sabia pelo *Castrioto lusitano* que Bernardino tivera um irmão chamado Sebastião, ficava afastada a suspeita relativa à ascendência materna de Manuel Carneiro da Cunha.

Em Lisboa, a segunda inquirição recebeu parecer favorável à admissão de Manuel Carneiro da Cunha. Embora a naturalidade de Sebastião de Carvalho não estivesse esclarecida, não devia constituir empecilho, de vez que a dispensa podia ser legitimamente concedida nesses casos em que não constava do ancestral procedesse de converso ou fosse reputado por tal. A origem cristã-velha de Sebastião ficara suficientemente provada pelas árvores de costado apresentadas e pelos genealogistas que haviam testemunhado, fontes tão boas como quaisquer outras, de vez que na prática inquisitorial não era novidade "provar-se a limpeza de sangue pelos professores de genealogia que têm livros de famílias e são versados nesta arte". Nesse ponto, sobreveio uma querela de doutos acerca do valor probatório dos nobiliários e dos linhagistas.

Quando das primeiras provanças ele fora contestado, mas agora o Santo Ofício assumia posição oposta, a mesma adotada na Espanha por Juan Escobar del Corro, para quem só se devia negar crédito àqueles tratados genealógicos que visassem apenas expor "as máculas das famílias a fim de as infamar". O autor do parecer não poupava quem escrevera o anterior em detrimento de Manuel Carneiro da Cunha. Se Félix Machado ou Carvalho de Ataíde não eram confiáveis, que se tivesse consultado genealogistas mais idosos, embora a diligência fosse desnecessária, pois se a idade provecta era indispensável a quem informava "de vista e experiência própria", como as testemunhas que depunham nas provanças, não o era para os linhagistas: um linhagista jovem podia ser tão idôneo como quem mais o fosse. As provas fornecidas pelo habilitando afiguravam-se mais que suficientes: Sebastião de Carvalho tivera boa reputação; ele e seu irmão haviam sido "pessoas mui conhecidas neste Reino e no Brasil"; e haviam servido "nas guerras de Pernambuco e deles se faz menção nos livros que delas se escreveram", sendo inverossímil que, caso padecessem de defeito de sangue, o fato passasse despercebido na capitania. Quanto à deposição do doutor Alarcón, era óbvio que ele confundira avô e neto homônimos. Nem se devia fazer muito caso da opinião do padre Guedes quando se recusara muito jesuiticamente a afirmar a origem cristã-velha de Sebastião, só garantindo a limpeza de sangue de Manuel pelo lado paterno devido ao tio religioso da Companhia de Jesus, mas não pelo lado materno, "porque lhe não achou nela outro padre da Companhia".

O parecer sustentava que a descendente de Branca Dias fora a primeira mulher de Sebastião de Carvalho e que a avó do habilitando fora a terceira, indubitavelmente cristã-velha. Nem havia a menor prova de que Sebastião fosse consangüíneo de Antônio de Oliveira, infamado de cristão-novo. Quanto à alegação de ser Manuel Carneiro da Cunha descendente em sexto grau de uma índia, "o gentilismo em grau tão remoto não faz impedimento". Por fim, assinalava-se que "não obsta culpar o autor [do livro] das guerras de Pernambuco ao dito Sebastião [...] de inconfidente, porque este testemunho não basta para o fazer infame, não constando que fosse castigado por este crime". Ao culpado de inconfidência ou de lesa-majestade negava-se naturalmente acesso às Ordens militares e ao Santo Ofício; e como vimos, a Relação da Bahia o livrara de qualquer culpa dessa natureza. Em resumo: Manuel por fim tornou-se familiar.

O desfecho, contudo, não pôs termo às ansiedades da família. As murmurações prosseguiam ao tempo da habilitação de João Carneiro da Cunha, cognominado o Bom, também a familiar do Santo Ofício.³¹ Os irmãos eram opostos em tudo. Enquanto Manuel, arruinado e esquisitão, parece um senhor de engenho de romance de José Lins do Rego, João era eminentemente estimável, realizado e próspero. Havendo o engenho paterno cabido a Manuel, na sua condição de primogênito, João casara-se com uma prima, herdeira de dois engenhos na mata seca. Enquanto Manuel vegetava, "melancólico e retirado da comunicação das gentes", mantendo de portas adentro uma parenta com quem finalmente casaria, João tinha a existência de um açucarocrata bem-sucedido do Pernambuco setecentista: capitão-mor da Várzea e de Igaraçu, duas vezes vereador de Olinda e provedor da Santa Casa em três ocasiões. Se Manuel se arrastava pela bagaceira, "carregado de dívidas e oprimido de credores" (os padres da Congregação do Oratório, tão usurários quanto seus compatriotas mascates), ou às voltas com um genro que lhe furtara a filha e lhe tomaria o engenho, João amealhava uma fortuna estimada em 40 ou 50 mil cruzados, capaz de fazer a inveja de um sólido comerciante do Recife.³²

A despeito desses trunfos, a habilitação de João Carneiro da Cunha encontrou quase tantos obstáculos quanto a do irmão. Ao contrário das ordens militares, as provanças a familiar do Santo Ofício incluíam também as da mulher do candidato, e a de João era sua prima em terceiro grau canônico. A inquirição na Várzea e em Igaraçu, donde era natural o avô paterno de d. Antônia, não havia produzido novidade, mas uma das testemunhas em Jaboatão declarara haver ouvido "dizer a seu pai que d. Jerônima da Cunha [avô materna da habilitanda] [...] estando para morrer, pedira aos filhos que não casasse a sua filha d. Maria da Cunha e irmã dos ditos, com gerações de Gonçalo Novo de Lira, [...] porque se dizia que o dito Gonçalo Novo tinha casta de cristão-novo". Além disso, soubera por certo "homem antigo, noticioso e verdadeiro" que d. Jerônima "tinha casta da terra", sua mãe falaria mesmo "o idioma da terra" ou ao menos "dizia algumas palavras da língua ou em língua da terra". Outra testemunha referira também esta ascendente ameríndia, sem, contudo, poder esclarecer "se era a dita nascida em casa e fiel [isto é, se nascera de família católica], ou se fora batizada sendo adulta ou infiel". O próprio capitão-mor de Ipojuca admitia ter havido "alguma fama que nesta geração havia raça de cristão-novo, originada por se chamarem fulanos Novos", o que induzira o tio da habilitanda, Gonçalo Novo de Lira, a candidatar-se a familiar "para mostrar ser falso o que se dizia, [...] e como se achasse limpo, foi familiar".

Este Gonçalo Novo de Lira, homônimo de pai, avô, bisavô e trisavô, ainda era jovem quando, nos começos do século XVIII, decidiu dar um basta nesse falatório mais que secular. O primeiro do nome, originário da vila da Calheta, na Madeira, exercera em Pernambuco o cargo de tesoureiro e fiscal do Santo Ofício. Seu filho, apelidado o Ruivo, já possuía os engenhos que a mulher de João Carneiro da Cunha viria a herdar. Fora colaboracionista declarado e ao eclodir a insurreição luso-brasileira refugiara-se no Recife holandês, onde, segundo frei Calado, era visto passeando com Sebastião de Carvalho, "com grande desenfado, mui gordos e valentes". Gonçalo reabilitou-se, porém, junto aos restauradores, regressando às suas terras e casando uma filha com o capitão Jerônimo de Faria e Figueiredo, reinol que se distinguira na guerra e que se tornou o autor do primeiro trabalho linhagístico conhecido na capitania, uma difusa genealogia da família da consorte, já motivada talvez pelo propósito de desfazer o incômodo rumor de origem conversa.[33] Rumor compatível com o colaboracionismo do sogro, de vez que, segundo os luso-brasileiros, a ocupação neerlandesa devera-se a uma conspiração de marranos. Outra indicação da esponja passada na atitude de Gonçalo reside no silêncio de Diogo Lopes de Santiago ao escrever a *História da guerra de Pernambuco* por encomenda de Fernandes Vieira. No aspecto delicado do comportamento de certos graúdos da terra, o cronista se mostra prudente, pois ao contrário de frei Calado, que tendo regressado a Portugal achava-se em posição mais confortável para denunciá-los, ele residia na terra onde vivia dos magros proventos de professor de latinidade e primeiras letras em Olinda.

É também sintomática da reabilitação de Gonçalo Novo de Lira a circunstância de já não se aludir às suas inclinações próholandesas no decurso das provanças do seu bisneto homônimo em 1707. Em compensação, continuava vigente a fama cristã-nova da família. Certo lavrador de Goiana ouvira-a a seu falecido pai e a um morador da Taquara. A inquirição na Madeira, porém, concluiu pela origem cristã-velha: o ramo brasileiro é que teria adquirido sangue judaico. Foi Francisco Berenguer de Andrade, cujo pai também fora natural da ilha, quem pôs os pingos nos is, assegurando que a família era inteira cristã-velha, embora por inimizades lhe houvessem atribuído casta de conversa. Funcionário do Santo Ofício, o primeiro Gonçalo fora prejudicado pelos ônus sociais da função ao seqüestrar e leiloar os bens dos presos da Inquisição, inclusive os de Branca Dias, cujos ossos enviara a Lisboa para serem incinerados. Segundo outra versão, a reputação dos Novo de Lira teria resultado de o segundo Gonçalo haver sido "sumamente rigoroso com os escravos", o que persuadiu a gente de que "este homem tão mau deve ser judeu". Ao encerrar a inquirição, o comissário limitou-se a constatar a existência do rumor, a que não dava crédito, confessando não haver conseguido descobrir-lhe "o princípio". "Eu me persuado de ser tudo falso"; e com ele concordou o Conselho Geral do Santo Ofício, que admitiu a familiar o quinto Gonçalo.[34]

As provanças de João Carneiro da Cunha e consorte foram examinadas pelo Conselho em 1733. Malgrado poucas testemunhas, as dúvidas eram várias. Pelo lado de Gonçalo Novo de Lira, os escrúpulos estavam satisfeitos. De tão remoto, o gentilismo de d. Antônia da Cunha carecia de importância; subsistia, porém, o problema de Felipe Bulhões da Cunha. A diligência feita junto à Mesa da Consciência indicou que sua habilitação ficara em ponto morto por mais de dez anos. Algo de errado devia haver por esse costado. A investigação concentrar-se-á agora sobre Antônio de Bulhões, bisavô de João, que tratou de esclarecer o assunto, tarefa árdua, pois Felipe já morrera e na família era ele quem "sabia noticiar a descendência e naturalidade de seus antepassados e tinha os testemunhos e mais papéis de sua antiguidade". João consultara o herdeiro de Felipe, que respondera não existirem "papéis antigos" na casa-grande, desculpa nascida da sua malquerença com João devido ao litígio sobre a sucessão do parente falecido. Tudo o que João conseguiu foi uma carta de Felipe a um sobrinho que reunia a papelada para ordenar-se, insistindo, porém, em que se esclarecesse definitivamente o assunto, "para que não fique eu e a minha descendência com menos opinião da que se conserva nesta terra há muitos anos".

A carta de Felipe Bulhões da Cunha é de grande interesse pelo que revela acerca do alcance da memória familiar nessa época. Seu avô, Antônio de Bulhões, natural de Viseu (Beira Litoral), fora fâmulo do bispo d. Teotônio, cujo rigor no trato da comunidade cristã-nova da sua diocese era a melhor garantia da pureza do sangue de Antônio. "Pessoas antigas" haviam informado que Antônio e o irmão Gabriel Correia de Bulhões se haviam fixado em Pernambuco "muito antes da guerra". Gabriel não teve descendentes e Antônio, apenas um filho, Zacarias, que casou na família de Pero da Cunha de Andrade, e que teve entre outros o próprio Felipe e sua irmã Cosma, mãe de João Carneiro da Cunha. Tais informações eram exatas. No começo do século XVII, el-rei fizera mercê a Gabriel, criado do bispo capelão-mor d. Jorge de Ataíde, do ofício de almoxarife e feitor da fazenda real na capitania. Antônio terá acompanhado o irmão, tornando-se, graças ao dote da mulher, senhor do engenho São João Batista (Jaboatão), depois designado por engenho Bulhões. Quando da ocupação holandesa, Gabriel retirara-se para a Bahia, mas Antônio permanecera à frente da propriedade.[35]

Os Bulhões haviam efetivamente pertencido no começo da vida à clientela de personalidades influentes do clero e da nobreza. Como fazia notar João Carneiro da Cunha ao seu procurador em Lisboa, a condição de criado do bispo que tivera seu bisavô era corroborada por "uma obra em versos que se fez no tempo da guerra", as nossas conhecidas décimas, a qual referia-se a Antônio de Bulhões como "episcopal escudeiro". Criado não tinha então a conotação pejorativa de serviçal, pois nos escalões inferiores da nobreza é que se recrutavam os jovens ambiciosos que pululavam no serviço da Casa Real ou, à imitação desta, no séquito das grandes casas do Reino e das altas autoridades eclesiásticas. O papel de Felipe Bulhões da Cunha confundira, porém, o protetor do avô com são Teotônio, primeiro bispo de Viseu na Idade Média e padroeiro da cidade, de quem d. Jorge de Ataíde fora apenas um dos sucessores. Tanto Felipe quanto Manuel e João Carneiro da Cunha abstiveram-se modestamente de alegar o parentesco com santo Antônio atribuído à família, embora das suas provanças constasse o argumento, tradição persistente ainda no século XX ao menos nos ramos pernambucanos dos Carneiro da Cunha.

Como a informação redigida outrora por Felipe Bulhões da Cunha afirmasse que Antônio de Bulhões fora cavaleiro da Ordem de Cristo, a Mesa da Consciência respondeu negativamente à consulta do Santo Ofício. Feita investigação em Viseu, não se acharam os assentos de batismo de Antônio e do irmão, "ou por incúria dos tempos ou por assistirem as pessoas desta família em alguma quinta ou fazenda", em cuja capela poderiam ter recebido os santos óleos. Tudo o que se encontrou a respeito deles resumia-se a uma procuração passada por ambos em Olinda em 1622. Mas a inquirição concluiu favoravelmente, o próprio comissário havendo conhecido bem a estirpe, que tinha em suas fileiras clérigos, familiares da Inquisição e cavaleiros da Ordem de Cristo. Um terceiro irmão que permanecera no Reino fora jesuíta, abade de Quintela e prior de Santa Engrácia; e as irmãs, as Bulhoas, como eram chamadas, haviam professado no convento de Ferreira.

Quando a habilitação de João Carneiro da Cunha retornou ao Conselho Geral da Inquisição, ainda houve quem não se desse por satisfeito, apontando a irregularidade de não se ter procedido à inquirição na Paraíba, donde fora natural uma avó da habilitanda. Também solicitaram-se novos esclarecimentos à Mesa da Consciência sobre o processo de Felipe Bulhões da Cunha. Novamente constatou-se a falta de informação sobre a naturalidade de Pero da Cunha de Andrade; novamente, mandou-se inquirir na freguesia dos Mártires; e novamente ninguém havia ouvido falar dele nem do primo cristão-novo. Verificando-se que uma única testemunha denunciara outrora a origem conversa de Felipe, o que não podia ser levado em consideração à luz de tantos depoimentos contrários, reconheceu-se implicitamente que ele fora vítima de injustiça, a essa altura irremediável. Em 1737, João Carneiro da Cunha foi aceito como familiar do Santo Ofício. No meio século seguinte, admitiram-se sem problemas nada menos de quatro filhos seus e dois netos, inclusive à Ordem de Cristo.[36]

Como tantos outros, os Carneiro da Cunha haviam sido alvo do que no seu tempo reputava-se acusação das mais graves. Também terá sido esse o caso de Felipe Pais Barreto? A manipulação em seu favor do inquérito de 1720 não corroborava necessariamente a suspeita de sangue converso, pois ele poderia ter driblado uma manobra dos desafetos. Resposta convincente à interrogação só poderá ser dada caso se faça, no lugar da terceira inquirição que não chegou a se realizar, as provanças póstumas do capitão-mor do Cabo. De acordo com o que exigira a Mesa da Consciência em 1723, elas deverão incidir no seu lado materno, mais concretamente, no costado paterno de sua avó materna, o que é o mesmo que reconstituir a história genealógica dos Sá e Albuquerque, morgados de Santo André.

Parte III
PROVANÇAS PÓSTUMAS DE FELIPE PAIS BARRETO

I. 157?-1593

Aos 21 DE SETEMBRO DE 1593, procedente da Bahia, desembarcava no Recife, então uma póvoa que começava a crescer em torno de uma ermida do Corpo Santo e dos trapiches de açúcar, o Visitador do Santo Ofício, Heitor Furtado de Mendoça, o Mendoça sem o segundo *n*, à castelhana, como fazia questão de assinar. Três dias depois, ele subia o rio Beberibe num bergantim que aportou no Varadouro, o porto de Olinda, onde o aguardavam o governador da capitania, d. Felipe de Moura, a Câmara da vila, o vigário da vara eclesiástica, o ouvidor-geral do Brasil, o sargento-mor do Estado, enfim, todas as pessoas gradas da governação da terra, sem falar na massa de curiosos e de desocupados sempre pronta a compor o pano de fundo da cenografia do poder. Com seu séquito de funcionários e criados, o Visitador instalou-se numa casa, alugada ou cedida por algum figurão local, a qual se situava na principal rua do burgo, a rua Nova, cujo traçado correspondia aproximadamente ao da atual rua do bispo Azeredo Coutinho, que vai do oitão da Sé, então igreja matriz do Salvador, à igreja da Misericórdia. Um mês depois, a Inquisição iniciava oficialmente seu mister, com procissão, o Visitador levado debaixo do pálio, missa solene com sermão do provincial da Ordem do Carmo, culminando no juramento da fé por parte das autoridades.

A existência em Olinda era a mesma das suas contrapartes reinóis do mesmo talhe, pois se é certo que a capitania dos séculos XVII e XVIII já se gerava silenciosamente nos confins da ruralidade açucareira, haverá que esperar o choque da guerra e da ocupação holandesas para que a zona da mata passe a ocupar o primeiro plano da cena. Na vila do primeiro século, o depois chamado "alto da Sé" gozava de superioridade inconteste sobre os demais sítios urbanos, preeminência simbolizada pela maior altura relativamente às demais colinas que constituíam o burgo. Era a freguesia do Salvador do Mundo, cuja matriz se transformará na Sé de Olinda quando em 1676 for criado o respectivo bispado. À moda lusitana, que ainda era a medieval, o oiteiro fora o lugar preferido por Duarte Coelho para a fundação da urbe, mercê das vantagens militares e sanitárias. Nele se situavam o centro cívico e religioso, a "torre", isto é, a residência oficial dos donatários havia muito ausentes, a igreja matriz, a Câmara, o colégio dos jesuítas cuja igreja imitava São Roque, que era o *dernier cri* em Lisboa em matéria de arquitetura sacra, a Santa Casa da Misericórdia, a principal rua, originalmente chamada dos Nobres e depois rua Nova, onde residiam as autoridades e a gente de prol, senhores de engenho e comerciantes ricos.

Do outro lado da várzea, por onde corria a rua de João Eanes (atual Prudente de Morais), levantava-se, sobre eminência modesta, a freguesia de São Frei Pedro Mártir, voltada para o sul, onde passava o rio Beberibe e se localizava o Varadouro, porto de rio que colocava a vila em comunicação com o seu porto de mar, a póvoa do Recife. O Varadouro surgiu portanto como o bairro comercial e portuário de Olinda, o equivalente funcional da "cidade baixa" da cultura urbana portuguesa. Ali é que se encontravam a alfândega e os armazéns e onde habitavam as camadas subalternas, pequenos comerciantes e artesãos, muitos dos quais residiam também na rua de João Eanes ou na sua esquina com a ladeira da Misericórdia, os Quatro Cantos, onde também reuniam-se os mercadores em "bolsa", ao ar livre, como ainda era comum até mesmo em cidades européias da época, salvo as mais importantes, que já se haviam dotado de suas "lonjas", edifícios apropriados aos tratos e contratos. Posteriormente, a gente de cabedal viria espalhar-se também por São Pedro Mártir, onde os holandeses já toparão com "muitas belas casas".[1]

"Por mar e por terra [Olinda] tem abundante comércio de todas as coisas", informava um funcionário régio no começo do século XVII: "sendo Pernambuco uma escala tão grande de tantas gentes forasteiras que comem e não criam e que para o mar levam tantas quantidades, nunca falta nada do que se busca, mais ou menos caro conforme ao tempo".² O porto do Recife, assinala outra fonte do período *ante bellum*, "é o mais nomeado e freqüentado de navios que todos os mais do Brasil".³ As lojas de Olinda estavam "colmadas de mercadorias de muito preço, como são toda a sorte de lençaria, sedas riquíssimas, panos finíssimos, brocados maravilhosos, que tudo se gasta em grande cópia na terra, com deixar grande proveito aos mercadores que as vendem". Mercancia de tal qualidade credenciava-a a ser considerada "uma Lisboa pequena". Seu raio comercial chegava ao interior graças aos mascates que, por conta própria ou associados a mercadores olindenses, saíam a vender pelos engenhos e fazendas, com lucros superiores por vezes a 100%.⁴ A despeito dos embargos a que o comércio holandês fora submetido pelo governo de Madri, os navios dos Países Baixos e do norte da Europa, despachados pelos negociantes cristãos-novos de origem portuguesa fixados em Amsterdã, poderiam ultrapassar a casa dos cem, como no período 1587-99, ou o dobro desse número, nos anos 1600-5.⁵ Daí o cosmopolitismo do lugar, "aonde se aprende com muita facilidade toda a polícia, bom modo de falar, honrados termos de cortesia, saber bem negociar e outros atributos desta qualidade". Concorrendo a Pernambuco "diversas condições de gente a comerciar", os colonos "tomam dos estrangeiros tudo o que acham bom", com o que os reinóis "vêm aprender a ele os bons termos com os quais se fazem diferentes na polícia que dantes lhes faltava",⁶ nota de superioridade que não deixa de surpreender na pena de um nativo de Portugal, como Ambrósio Fernandes Brandão, mesmo se já integrado ao meio tropical.

O mesmo autor descrevia nestes termos a estrutura social da colônia:

> Este Estado do Brasil todo, em geral, se forma de cinco condições de gente, a saber, marítima, que trata de suas navegações e vem aos portos das capitanias deste Estado com suas naus e caravelas carregadas de fazendas, que trazem por seu frete, onde descarregam e adubam suas naus e as

tornam a carregar, fazendo outra vez viagem com carga de açúcares, pau do Brasil e algodões para o Reino, e de gente desta condição se acha, em qualquer tempo do ano, muita pelos portos das capitanias. A segunda condição de gente são os mercadores, que trazem do Reino suas mercadorias a vender a esta terra e comutar por açúcar, de que tiram muito proveito; e daqui nasce haver muita gente desta qualidade nela com suas lojas de mercadorias, tendo correspondência com outros mercadores do Reino, que lhas mandam. [...] A terceira condição de gente são oficiais mecânicos, de que há muitos no Brasil de todas as artes, as quais procuram exercitar, fazendo seu proveito nelas. [...] A quarta condição de gente é de homens que servem a outros por soldada que lhes dão, ocupando-se em encaixamento de açúcares, feitorizar canaviais e engenhos, criarem gados, com nomes de vaqueiros, servirem de carreiros e acompanhar seus amos. [...] A quinta condição é daqueles que tratam da lavoura, e estes tais se dividem ainda em duas espécies: a uma, dos que são mais ricos, têm engenhos [...] e os demais têm partidos de canas; a outra, cujas forças não abrangem a tanto, se ocupam em lavrar mantimentos e legumes. E todos, assim uns como outros, fazem suas lavouras e grangearias com escravos de Guiné, que para esse efeito compram por subido preço.[7]

Quando Furtado de Mendoça apresentou à Câmara de Olinda a comissão do Inquisidor Geral do Reino, que o incumbira de "visitar", isto é, inquirir do procedimento dos colonos do Brasil em matéria de ortodoxia católica e de outras ortodoxias, inclusive a sexual, e de sentenciar os culpados em mesa, vale dizer, na companhia de outras autoridades eclesiásticas no tocante às penas leves (além das quais os réus seriam enviados a Lisboa para julgamento pelo próprio tribunal do Santo Ofício), todos ouviram atentamente a leitura do documento e, diz a ata redigida pelo notário inquisitorial, "depois de lida, todos a beijaram e puseram na cabeça" (gesto de veneração e promessa de executar o que nela se ordenava trazido pelos árabes à Península Ibérica), respondendo em uníssono estarem "aparelhados com verdadeiro ânimo para sempre dar toda ajuda e favor ao Santo Ofício e a ele, Senhor Visitador, e para em tudo cumprir a dita provisão como nela se contém".[8] Entre as autoridades municipais que juraram, beijaram e puseram na cabeça o intimidante documento, numa cena que faria as delícias de um etnógrafo estudioso dos rituais do poder, achava-se Duarte de Sá da Maia, o vereador mais velho e trisavô do nosso Felipe Pais Barreto. Quem era, ele mesmo esclareceu ao Visitador ao comparecer meses depois para denunciar o comerciante cristão-novo João Nunes:

> disse ser cristão-velho e ter raça de cristão-novo pela parte de sua mãe, não sabe de que maneira; natural de Barcelos, arcebispado de Braga, filho de Antônio Maia, cristão-velho, tabelião do público e judicial da dita vila de Barcelos, e de sua mulher, Isabel Dias de Sá, que dizem ser de nação de cristãos-novos, não sabe se em todo se em parte, defuntos; de idade de 38 anos pouco mais ou menos, casado com Joana Tavares, cristã-velha, dos da governança desta vila, morador na sua fazenda, freguesia de Santo Amaro.[9]

Duarte não era portanto um troca-tintas que pudesse correr o risco de esconder do visitador sua origem materna, com o conseqüente processo de perjúrio. Já lhe bastaria a posição falsa em que se encontrava ao ser pilhado, a despeito do sangue, no exercício de importante função municipal, muito embora se fechassem os olhos a esse gênero de ilícito, sobretudo quando ocorria no Brasil, onde não se podia ser muito exigente e onde a legislação da metrópole tinha de sofrer, mais ainda do que lá, as atenuações impostas pelas circunstâncias locais.

Ainda está por fazer-se o estudo da implantação dos estatutos de pureza de sangue em Portugal.[10] Segundo C. R. Boxer, a proibição do acesso de cristãos-novos aos cargos públicos "foi rigidamente implementada desde cerca de 1633".[11] Mas a despeito do que afirma o grande historiador, há motivos para descrer da rigidez da restrição, sobretudo no tocante aos indivíduos de sangue misto. Desde logo é evidente que, no tempo de Duarte de Sá, a prática discriminatória vigente no Reino já se estendia à colônia, ao menos no papel, pois desde 1574 havia ordem régia no sentido de que os conversos não servissem aqui "ofício algum da justiça nem de minha fazenda, nem da governança nem regimento das terras nem da ordenança".[12] Considerado um dos "ofícios de honra", o cargo de vereador podia ser o começo de uma trajetória de nobilitação ao cabo de algumas gerações. A ascendência de Duarte de Sá era, aliás, amplamente conhecida na terra; e ao próprio visitador, estando ainda na Bahia, informara-se tratar-se de "meio cristão-novo", o que fazia de sua mãe cristã-nova inteira.[13] Nosso personagem adotou diante de Furtado de Mendoça a postura de afirmar a condição étnica de Isabel de Sá, mas aduzindo ignorar seu grau de conversa; e isso, repare-se, por duas vezes nas poucas linhas da declaração introdutória, transcrita acima, em que os denunciantes identificavam-se perante o Santo Ofício.

Duarte de Sá era efetivamente meio cristão-novo. Sua ascendência materna pode ser reconstituída graças a uma genealogia de conversos de Barcelos (Minho), elaborada com base numa lista de judeus que ali se haviam batizado quando da célebre conversão forçada decidida por d. Manuel em 1497.[14] Em troca do seu casamento com a primogênita dos reis católicos, o que eventualmente lhe poderia, ou à sua prole, abrir caminho ao cetro das Espanhas, o Venturoso consentira em expulsar do território português os sefarditas que aí se haviam refugiado após serem banidos do Reino vizinho (1492), num total calculado entre 80 mil a 120 mil pessoas. Mas como d. Manuel não estivesse disposto a privar o país da operosidade e dos cabedais da comunidade judaica, resolveu matar dois coelhos de uma só cajadada, ou seja, garantir o matrimônio espanhol e reter os refugiados, dando-lhes a opção entre o exílio e o Reino, isto é, a partida para o norte da África ou a conversão ao catolicismo, proibindo que durante os vinte anos seguintes fosse investigada a vida religiosa dos que se passaram a chamar "cristãos-novos", na expectativa de sua integração paulatina no conjunto da população dos que a partir de então intitularam-se orgulhosamente "cristãos-velhos". De autêntica, a conversão não teve nada. Em Lisboa, nada menos de 20 mil pessoas teriam sido coagidas ao batismo por uma turba fanatizada; apenas sete ou oito indivíduos lograriam seguir para o Marrocos a fim de permanecerem fiéis à religião ancestral. Somados aos judeus que já viviam anteriormente em Portugal, cujo número foi mais que duplicado pelos desterrados da Espanha, a comunidade de origem judaica do Reino equivalia a uma décima parte dos seus habitantes, "proporção absolutamente extraordinária na história dos Estados cristãos do Ocidente".[15]

Em Barcelos, apanágio do duque de Bragança, um punhado de famílias judias converteu-se ao catolicismo, ou por terem sido forçadas ou por preferirem a apostasia ao desterro em terras de mouros. Sem ter a importância demográfica ou econômica das grandes judiarias portuguesas de finais do Quatrocentos, como Lisboa e Porto, a de Barcelos não era inexpressiva. Mendes dos Remédios a situou entre as de porte médio. Localizada na rua Nova da vila, ela pagava foro a um morgadio local, a Casa de Aborim, que possuía também o privilégio de cobrar uma taxa de duas patacas e um carneiro por criança do sexo feminino parida por mulher da nação. O morgado mantinha o registro cuidadoso desses nascimentos e, consoante um caderno genealógico ora recolhido à Biblioteca Municipal do Porto, "o judeu que por descuido ou malícia não se ia carregar [isto é, taxar], o senhor da casa de Aborim lhe mandava pôr um escrito à porta, assinado por ele, com o qual o judeu ou judia não podia sair de casa até não [*sic*] pagar o tributo ao dito; e pago, ele lhe tirava o escrito e ficava livre". A certa altura, a judiaria de Barcelos entrou em acordo com o morgado pelo qual se comutou o imposto vexatório por trezentas medidas de trigo. Não tardaria, aliás, a verificar-se a revanche genealógica, ao casar um Aborim com a neta de um desses sefarditas: "estranhando-se-lhe os parentes, se desculpou dizendo que a achara muito formosa e rica".[16]

Aliás, os conversos de Barcelos e de outras comunidades judaicas em Portugal ou na Espanha não se contentaram em casar os filhos em famílias cristãs-velhas. Alguns os encarreiraram para o clero católico graças a depoimentos de que não eram filhos seus ou mudando-lhes o nome dos avós. Outros puseram filhas em convento, fundaram morgadios ou neles sucederam. Houve quem se tornasse abade, cônego, advogado e, para escândalo da terra, ingressasse na Misericórdia local. Certo frei João de Carvalho foi moço para o Brasil e "lá se fez frade", aparecendo em Lisboa como procurador da sua ordem e procriando com uma padeira. O próprio valido de d. João III, o conde da Castanheira, descenderia de um clérigo de Barcelos que tivera um filho com uma moura, não das encantadas, mas das reais, o qual, por sua vez, casar-se-ia com certa judia guapa.[17] Gregório Marañón teria visto no episódio um excelente exemplo da dupla atração sexual que, segundo pensava, o exotismo de mouriscas e conversas exercia sobre o cristão-velho, entediado pela sobriedade beata das mulheres da sua raça.[18] Escusado aduzir que muitos judeus de Barcelos não tiveram o mesmo êxito, dando com os ossos nos cárceres inquisitoriais, saindo em autos-de-fé ou perecendo às mãos do Santo Ofício.

Entre as famílias conversas de Barcelos, achava-se a de Santo Fidalgo e de sua mulher, Ouro Inda, que como outros casais marranos deixaria na vila "copiosa geração e muitos andam na Misericórdia, são dos 'treze' por nossos pecados",[19] na lamúria de quem compilou o citado caderno. Não é possível determinar se Santo Fidalgo era judeu português ou emigrado espanhol, embora Santo, como ensina Elias Lipiner, seja "grafia portuguesíssima de Sem Tov (= Bom Nome), apelido típico adotado pelos sefarditas supersticiosos".[20] Enquanto na Espanha houvera conversões forçadas desde finais do século XIV, em Portugal prevalecera relativa tolerância até a decisão d'el-rei d. Manuel. Quando batizado "em pé" em 1497, Santo, que adotou o nome cristão de Diogo Pires, já era pai de ao menos dois dos seus quatro filhos, Abraão, aliás Gonçalo Dias, e Icer, aliás Gracia Dias, de oito e de dois anos e meio respectivamente, que, como o pai, tampouco precisaram ser carregados até a pia batismal. Gonçalo emigrará para a Madeira; os outros irmãos, Álvaro e Reina, permanecerão no Reino.

Mas é Icer, ou Gracia, que interessa às provanças de Felipe Pais Barreto, pois do seu casamento com o mercador também cristão-novo, Francisco Rodrigues, nasceu a mãe de Duarte de Sá, Isabel Dias de Sá. A partir desse ponto, a genealogia começa a complicar-se. O caderno menciona três filhos de Isabel: "Duarte de Sá, no Brasil; Melquior Maia, no Brasil; Antônio Maia". Contudo, nada diz a respeito das filhas que sabemos haver tido através dos testamentos de Duarte (1612) e do seu filho Antônio de Sá Maia (1629). Não há tampouco alusão ao casamento de Isabel com Antônio Maia, o escrivão do público e judicial de Barcelos. E o que é pior: uma Isabel Dias, provavelmente homônima, surge numa lista de cristãos-novos presos na vila em 1558 como "mulher do mundo" e, acusada de judaizar, condenada a cárcere perpétuo. Como se já não fosse suficiente, punho indiscreto viria apostilhar ao manuscrito original a informação de que a mãe de Duarte tivera também um casal de filhos ilegítimos com Manuel de Faria, senhor da casa da Barreta em Barcelos e do vínculo de Teresa Anes, chamado da Agrela, onde precisamente residiam as irmãs de Duarte. Quanto ao rapaz, o licenciado Antônio de Faria, casou na mesma família de Viana, os Velhos Barreto, que forneceu outros colonos pernambucanos contemporâneos de Duarte: o velho João Pais Barreto, que o leitor já teve o prazer de encontrar, e Álvaro Velho Barreto, terrível blasfemador, com quem ele já correu o risco de topar. Parece entretanto ter ocorrido identificação por homonímia entre a concubina do senhor da Barreta e a mãe de Duarte, que eram primas.

Ao testemunhar perante o Visitador, Duarte de Sá, como citado, informava ter 38 anos "pouco mais ou menos", imprecisão vulgar numa época em que o comum dos mortais ainda não computava a idade com exatidão. Ele teria nascido assim por volta de 1556. Mas ao depor em 1603 na investigação administrativa do governo geral de Diogo Botelho, Duarte atribuiu-se cinqüenta anos, o que faria recuar seu nascimento para 1552 ou 1553, algo que parece bem mais provável. Infelizmente, ele não relatou acontecimentos suficientemente antigos que permitissem datar de maneira aproximada sua vinda para Pernambuco. A única informação a tal respeito é a que registrou Borges da Fonseca, com base nos papéis da família. Duarte embarcara em 1563 rumo à Índia na companhia de um tio materno, Francisco de Sá de Menezes, mas a nau em que viajavam, a "Santa Clara", naufragara no litoral baiano, altura da torre de Garcia d'Àvila, e Duarte sobrevivera agarrando-se a uma tábua da embarcação. Pensando continuar viagem para o Oriente, fora dissuadido pelo governador Luís de Brito e Almeida, que o levou a participar de uma campanha contra os indígenas, provavelmente de Sergipe. Duarte servira como alferes, dando boa conta de si a ponto de ser armado cavaleiro, graças à autorização especial que el-rei concedera ao governador. Em 1577 ele servia como secretário de Brito e Almeida mas em 1580 já residia em Pernambuco, onde ocupava a função de juiz dos órfãos e escrivão da Câmara de Olinda. Em 1584 era capitão de uma companhia de ordenanças que comandaria nos quinze anos seguintes. Quando em 1598 o capitão-mor de Pernambuco partiu para a conquista do Rio Grande do Norte, Duarte, vereador mais velho, partilhou com o bispo do Brasil, d. Antônio Barreiros, a governação da capitania.[21]

Três pontos merecem reparos nesse resumo biográfico que Borges da Fonseca traçou, fundando-se nos papéis de família que lhe havia emprestado Afonso de Albuquerque Melo, descendente de Duarte de Sá. O primeiro diz respeito à sua ascendência e naturalidade. Ao passo que se silencia o nome da avó materna, Gracia Dias, fantasia-se o do marido, o mercador converso Francisco Rodrigues, em João Rodrigues de Sá, fidalgo de cota de armas. Ademais, Duarte é dado como natural de Ponte de Lima, quando, como se verá, seus netos sabiam muito bem que ele era de Barcelos. Já Rodolfo Garcia farejou a manipulação genealógica de entroncar Duarte numa das primeiras famílias da alta aristocracia portuguesa, os Sá de Menezes.[22] De que houve manipulação, não resta a menor dúvida, embora não se tratasse apenas de afagar a vaidade nobiliárquica de uma família brasileira, mas também de destruir os indícios da origem cristã-nova de Duarte de Sá. O segundo ponto relaciona-se ao naufrágio, a cujo respeito Rodolfo Garcia manifestou ceticismo, lembrando que em 1563 Duarte teria apenas sete anos. Temos aqui um falso problema, pois o desastre não ocorreu em 1563, como pensou o historiador, fiado em Borges, mas em 1573, quando Duarte estaria entre os dezessete e os vinte anos.

Existem três relatos do episódio, dois coevos, o terceiro, tardio.[23] Nenhum refere nominalmente os náufragos. Contudo, a *Memória das pessoas que passaram à Índia* inclui os passageiros de condição mas ao ocupar-se das embarcações saídas de Lisboa em 1573, que foram quatro, menciona a *Santa Clara*, mas nem alude a Duarte, que obviamente não era indivíduo importante, nem tampouco a seu suposto tio, Francisco de Sá e Menezes, apenas a d. Tomé de Menezes, fidalgo cavaleiro.[24] Por conter descrição mais rica, é preferível a história do colégio jesuíta de Salvador.

> No mês de julho deste ano [1573], perdeu-se uma nau grande da Índia, cheia de muita riqueza, doze léguas desta cidade [de Salvador] e três da aldeia de Santo Antônio. Aconteceu não estar ali o padre Gaspar Lourenço, que residia naquela aldeia, mas recebendo o recado na aldeia de São João, onde estava com o padre reitor, foi logo com o irmão Estêvão Fernandes remediar a tão grande necessidade. [...] Chegaram à praia onde a nau estava, uma hora antes do amanhecer. Era de cortar o coração ver como se achava aquela gente. Uns com as pernas quebradas; outros despedaçados com os pregos e as tábuas da nau; os demais mortos já e afogados à beira-mar, porque de quatrocentas pessoas somente 150 escapariam, pouco mais ou menos. Estes ficaram tão magros e mirrados com o medo da morte, que não pareciam homens, todos desnudos e mortos de frio por ser tempo de inverno. Procuraram consolar a todos no Senhor, enterrando os mortos e enviando os feridos em redes ao hospital da cidade. Outros foram levados para a aldeia, onde os nossos índios os trataram com muita humanidade, lavando-lhes os pés e partilhando com eles

a sua pobreza. Todos davam graças a Deus por haver-lhes ocorrido aquele desastre em parte onde acharam padres da Companhia, porque se não fosse por sua ajuda muitos mais teriam perecido. Chegando os feridos ao hospital, os nossos foram logo confessá-los e curá-los e pediram-se muitas esmolas pela cidade para vestir e dar remédio aos necessitados. Houve grandes restituições de algumas coisas que se haviam tomado do naufrágio.

O terceiro ponto tem a ver com a época do estabelecimento de Duarte de Sá em Pernambuco. Segundo Borges da Fonseca, uma certidão de 1577 indicava que ele servia então como secretário do governador na Bahia. Trata-se de equívoco de leitura paleográfica ou de outra natureza; ou alternativamente de atestado muito posterior aos fatos. A fixação de Duarte na capitania deve ser anterior de alguns anos, e por uma razão bem simples. Tendo-se casado nela com a filha de um velho colono duartino, já por volta de 1590 sua filha esposava o morgado João de Albuquerque. Quando Cristóvão Pais d'Altro, senhor de engenho na várzea do Capibaribe, denunciou o comerciante João Nunes ao Visitador em novembro de 1591, ainda na Bahia, declarou havê-lo visto "numa boda da filha de Duarte de Sá haverá dois anos pouco mais ou menos".[25] A afirmação pressupõe um prazo mínimo de cerca de quinze anos, quando a idade média da nupcialidade feminina era então superior, como indica a documentação inquisitorial.

Concluindo: não há porque impugnar a presença de Duarte de Sá na *Santa Clara*. Pode-se também aceitar a idéia de uma estadia baiana a serviço do governador entre 1573 e 1574, ano da campanha contra os índios do rio Real. Sua vinda para Pernambuco deve ter ocorrido ou em 1573, quando Brito e Almeida enviou à capitania o doutor Fernão da Silva, ouvidor-geral e provedor-mor da fazenda, com a missão de atacar as tribos da Paraíba; ou em 1574, ao aprestar-se a expedição de doze navios para a conquista da região, a qual resultou em fiasco, de vez que, batida de ventos contrários, ela teve de regressar a Salvador, não sem que um dos barcos conseguisse alcançar Pernambuco.[26] A folha de serviços de Duarte, resumida no processo de habilitação de neto seu à Ordem de Cristo, menciona que ele servira em armadas e até mesmo de capitão de uma galé; e os apontamentos genealógicos de um descendente adiantam que ele teria ficado em Olinda por ocasião de uma dessas viagens.[27]

Quando em 1593 o Visitador chegou a Pernambuco, Duarte de Sá já era, como se viu, senhor de engenho e vereador da Câmara de Olinda, o que significa que em pouco menos de vinte anos alçara-se de rapaz sem eira nem beira em busca da Índia à posição de homem principal da terra, segundo uma trajetória freqüente. A açucarocracia do período *ante bellum* não se compunha majoritariamente, como faz ver uma *image d'Épinal* há muito cultivada, de fidalgotes de origem rural ou de lavradores com o gosto da terra e de pô-la a render, mas de indivíduos procedentes de camadas urbanas, funcionários da Coroa ou cristãos-novos, sem experiência das fainas agrícolas.[28] Quanto à expressão "homem principal", herdada do Reino, ela teve duplo sentido na sociedade brasileira do Quinhentos e do Seiscentos, significando, em primeiro lugar, o colono abastado, que, independentemente e até a despeito de sua origem, havia obtido uma posição de poder e prestígio. Em segundo lugar, "homem principal" denotava os filhos e netos desses colonos, isto é, os membros das "famílias principais" que, a partir da segunda metade do século XVII reivindicarão o *status* de "nobreza da terra". Consoante estudioso do assunto, havia assim, ao lado de uma "principalidade individual", uma "principalidade familiar".[29]

De escrivão da Câmara, ofício que aprendera seguramente com o pai tabelião, Duarte ascendera ao círculo dos "homens principais" que governavam a vila e a capitania, exercendo a vereação por diversas vezes. Sua proeminência local é inegável, como indicam o governo interino em duunvirato com o bispo e o papel que desempenhou na rixa entre o capitão-mor Manuel Mascarenhas Homem e alguns dos pró-homens (1612), ocasião em que Duarte foi deputado para, em nome da Câmara e povo, apelar ao governador-geral Diogo Botelho para que continuasse em Pernambuco até a chegada do novo capitão-mor.[30] Já foi mencionado também que Duarte casara-se com Joana Tavares, filha de João Pires, o Camboeiro, e de Felipa Tavares, conversa por parte de sua mãe, que fora meia ou inteira cristã-nova, fato que Duarte desconhecia ou que escamoteou no seu depoimento ao Visitador. Malgrado Borges da Fonseca apresentar João Pires como descendente de "nobre família", ao testemunhar perante o Santo Ofício este identificou-se como cristão-velho, natural de Salavisa (diocese de Coimbra), de 75 anos, sem aludir a qualquer origem enaltecedora.[31]

Borges da Fonseca considerava Camboeiro um patronímico, rejeitando como estulta a versão corrente na terra de que se tratava de apelido advindo da exploração das camboas entre Olinda e o Recife. Ao apelidar João Pires de o Camboeiro, as fontes inquisitoriais demonstram que muitas vezes a tradição é que está certa. Ele fora efetivamente, não como se alvitrou, o sesmeiro da área palustre de mangues e de camboas preguiçosas do delta do Capibaribe-Beberibe, mas apenas seu arrendatário, que ali se dedicou à exploração da lenha, do sal e dos crustáceos para o consumo de Olinda, arrendamento que constituía uma das principais receitas do município.[32] Fosse como fosse, João Pires enriqueceu, que era o importante para ele, fundando o engenho dos Guararapes, onde, ao tempo da visitação, vivia em companhia da mulher, Felipa Tavares, que, ao contrário do marido, tinha sangue converso. A cada geração constata-se o progresso social dos colonos do Pernambuco quinhentista. A sogra de João Pires casara ao menos duas das filhas com colonos abonados. Por sua vez, João Pires casará as meninas melhor do que havia feito a sogra: Joana, já sabe o leitor, com Duarte de Sá; Isabel, com um filho legítimo de Jerônimo de Albuquerque. O Camboeiro entroncou assim sua descendência na linhagem mais ilustre da capitania e ramo colateral da família donatarial que, na ausência desta no Reino, controlava a governação da terra através dos parentes e aderentes. À chegada do Visitador, João Pires era um patriarca realizado: dois dos seus genros ocupavam outros tantos lugares na Câmara de Olinda. Tudo estava em boas mãos, entenda-se, nas mãos de gente sua.

Pernambuco era uma república de cunhados antes de ser, tempo afora, uma república de primos e uma república de parentes.

Muitos dos rebentos desses matrimônios mistos ingressaram na carreira eclesiástica, como ocorreu ao filho do Camboeiro, Simão Pires Tavares, que surge nos documentos inquisitoriais como indivíduo um tanto ou quanto desajustado: um leitor de Bataillon ou de Américo Castro diria que, sob o verniz do converso, estalava a inquietação religiosa do sefardita. O mesmo Simão confessou sua crise. Não se tratava apenas da propensão à blasfêmia, arrenegando da fé católica, dando-se aos diabos e jurando "pelos tutanos e tripas de Cristo". Casos assim eram corriqueiros. O problema era mais profundo, de vez que ele duvidava da eficácia das indulgências e missas pelas almas dos defuntos, acreditando também na revelação por meio dos sonhos. Sua insatisfação ia além: sua mãe queixava-se de desregramentos como a inclinação pela jogatina e o sadismo com os escravos. Felizmente para a família, tudo ficou entre as quatro paredes do despacho do Visitador, que, com a junta de sacerdotes que o assessorava, concluiu pela inexistência de pertinácia nas dúvidas de Simão, não tendo incorrido, portanto, em heresia formal. O castigo do cunhado de Duarte de Sá ficou, como o de muitos outros, numa repreensão gravíssima e na abjuração *de levi*, com imposição de penitências espirituais e a obrigação de desdizer-se das suas afirmações levianas, quando em conversa se apresentasse casualmente a oportunidade. Reconciliado com a Santa Madre Igreja, Simão conseguiu safar-se, reaparecendo dez anos depois na pele de religioso secular.[33]

Nesses anos de finais do Quinhentos, a primeira autoridade eclesiástica da capitania era o licenciado Diogo do Couto, vigário da vara, tido por cristão-novo. Ao Visitador ele disse desconhecer se o pai fora ou não converso, embora a mãe cristã-velha desmentisse formalmente a origem sefardita do marido. Diogo incompatibilizara-se com meia vila, ao querelar-se com os frades do Carmo; com a poderosa confraria do Santíssimo Sacramento (na qual, aliás, dava as cartas um marrano notório, o mercador João Nunes); com quase todo o clero secular, cujos costumes verberara em sermão, mandando prender um dos padres; e com o inquisidor do juízo eclesiástico, que suspendera de funções. Como tivesse cometido certo deslize teológico numa de suas homilias, foi processado pelo Santo Ofício, a quem confessou os pecadilhos: a quiromancia, as leituras proibidas, como a da *Ropica Pnefma*, de João de Barros, a autorização a terceiros para fazerem o mesmo. Furtado de Mendoça já viera prevenido contra ele em decorrência das alegações de que, devidamente subornado, fazia vistas grossas às práticas judaizantes e de que atuara de maneira suspeita na investigação do caso João Nunes.[34] Afastado da função, eis que Diogo reaparecerá nos primeiros anos do século XVII, como pároco da matriz do Salvador, para indignação do governador geral d. Diogo de Menezes, que denunciou o desrespeito às provisões régias que consistia em manter-se um cristão-novo, que "foi já doido", à frente da "igreja maior de um povo tão honrado como este".[35]

Decorridos trinta anos do Concílio de Trento, o nível do clero secular no Brasil não mudara para melhor se comparado ao da época em que Antônio de Gouveia, "o padre de ouro", escandalizara a capitania com seus desmanchos, sua fama de alquimista e sua intimidade com o segundo donatário. Afinal de contas, como escrevia um antecessor de Diogo do Couto, o padre Manuel Fernandes Cortiçado, a quem também se acusava de converso e de receber peitas dos cristãos-novos, o Brasil "é terra nova", não carecendo, portanto, de "homens que saibam muito", isto é, de sacerdotes versados na sagrada doutrina.[36] Na documentação inquisitorial surgem párocos e capelães de engenho argüidos de amancebamento, inclusive com escravas; de não se darem ao respeito a ponto de se verem descompostos nas ruas por mulheres públicas; de jogarem as távolas nas varandas das casas-grandes; de proferirem blasfêmias ainda piores que as de Álvaro Velho Barreto; de ignorarem teologia; de se reunirem em comes e bebes em que, embriagados, ofendiam o próprio Jesus Cristo com palavras de baixo calão; de darem traques diante das imagens; de quebrarem o jejum antes da missa. O clero secular compunha-se maciçamente de reinóis, tendência que só se inverterá em Pernambuco no derradeiro quartel do Seiscentos, com a criação do bispado de Olinda; e de reinóis de origem modesta: filhos de lavradores, de mercadores, de artesãos. Daí que preferissem a capelania dos engenhos, onde ganhavam o duplo do que venciam os párocos ou mesmo maiores dignidades eclesiásticas, tendo ademais casa, comida e roupa lavada, para não mencionar o que lhes rendia o "pé do altar".[37]

Bem mais elevado era o nível do clero regular e dos jesuítas, donde a consideração de que desfrutavam. O primeiro grupo de franciscanos a instalar-se em Olinda (1585) era capitaneado por frei Melquior de Santa Catarina, da Casa de Bertiandos (Minho), "tão nobremente fidalga", asseverava um cronista da Ordem, "que se prezam de descender dela os maiores títulos da nobreza de Portugal". Do prestígio das ordens religiosas, testemunha a tendência da gente principal da terra de encarreirarem os filhos nas que existiam na capitania, objetivo a que não estivera alheia a acolhida que dispensaram à implantação das "religiões". Narra Jaboatão que, tão logo se abriu o convento franciscano, apresentaram-se candidatos ao hábito, "muitos, filhos dos moradores da vila e de algumas pessoas de maior distinção", criando a necessidade de edificar, no recinto da cerca conventual, uma casa de noviços.[38] O clero regular era visto como portador de uma forma superior de espiritualidade que corresponderia, na esfera do sagrado, à ascendência social das famílias principais. O que parece excepcional no caso da acolhida de Simão Pires Tavares, filho de colono rico, pelo clero secular, talvez se explique pela maior tolerância dos bispos no recrutamento de candidatos de sangue converso.

Não obsta a que, resíduo do Humanismo e da Reforma, ou derivação, ainda menos recente, da cultura popular de fundo rural,[39] o anticlericalismo se manifestasse ao longo do primeiro século de vida colonial com um vigor que o patrulhamento eclesiástico não abafava. Nas fontes inquisitoriais, depara-se com cristãos-velhos a afirmarem que "por frades e clérigos se havia de perder o mundo", ou que os sacerdotes seriam, com os asnos e as cabras, "as maiores alimárias do mundo", "o clérigo porque deixa as coisas boas e toma as más e o asno porque deixa o capim e come o cardo e a cabra porque deixa a terra e sobe a penha". O anticlericalismo não esgotava, porém, a gama de opiniões heréticas exprimidas na terra. Simão Pires Tavares não era o único a descrer da eficácia das indulgências e a suspeitar de que elas serviam ao único fim de arrecadar para a Igreja o dinheiro dos fiéis.[40]

Havia também quem declarasse que a hóstia consagrada não passava de "uma pequena de farinha de Portugal", isto é, de farinha de trigo, ou de "um pedaço de tapioca"; que "Deus Nosso Senhor não estava no Santíssimo Sacramento"; que não se devia adorar os santos e as imagens, mas somente a Deus; e até que "não havia outra vida senão a deste mundo". Freqüentemente, a descrença assumia a forma oblíqua de afirmação de apego ao mundo, vazada em proposição de tipo proverbial que apontava uma origem popular, ou, pelo menos, sua generalização nesse meio. "Neste mundo me vejam a mim bem viver, que no outro não me hão-de ver padecer" soa inegavelmente a refrão, como também a variante: "neste mundo a vissem andar, que no outro não a haviam de ver penar". Outro exemplo desse adagiário para hereges dá-nos o cirurgião da Misericórdia de Olinda que, na casa do sogro, jantando regaladamente uma galinha cozida com uvas, exclamava para os convivas: "comamos nós e bebamos e levemos boa vida, que neste mundo não temos mais que nascer e morrer e não sabemos quando hemos de morrer", provérbio não somente ímpio, mas reputado de coloração judaizante.[41]

II. 157?-1630

DUARTE DE SÁ acumulou uma bela fortuna fundiária que, a despeito dos trancos e barrancos, sobretudo os trancos e barrancos da ocupação holandesa, sobreviveu até finais do século XIX, quando descendentes seus em linha direta ainda possuíam o engenho Santo André, em Muribeca. Duarte, que no fim da vida o encapelará, já o senhoreava em 1593, ou porque o tivesse adquirido ou recebido do sogro, que o comprara a Brites Mendes de Vasconcelos, viúva do fundador, o velho Arnal de Holanda. Nos começos do Seiscentos, Duarte era proprietário de outros dois engenhos na mesma freguesia, o São José ou Novo, também alienado por Brites Mendes, e o Guararapes, que pertencera a João Pires, o Camboeiro, havido talvez dos filhos deste, destituídos do gosto ou de capacidade financeira para geri-lo. Duarte construiu também uma quarta fábrica de açúcar, esta em Sirinhaém, em sesmaria pertencente ao filho, Antônio de Sá da Maia. Ademais, as terras do Santo André foram arredondadas mediante a aquisição de duzentas braças do engenho de Simão Falcão, que lhe vendera igualmente meia légua "do mar para o sertão da testada dos Guararapes", isto é, a atual praia da Piedade. Por fim, Duarte era dono de imóvel na rua Nova, em Olinda, como tantos outros senhores do seu tempo, os quais, oriundos de vilas e cidades do norte de Portugal, ainda não se tinham desvencilhado inteiramente dos hábitos urbanos, vivendo numa ponte aérea entre o campo e o burgo.[1]

A política matrimonial de Duarte de Sá foi igualmente bem-sucedida, selando a integração definitiva da sua descendência no estrato dominante da sociedade colonial. O casamento era o instrumento privilegiado das estratégias patrimoniais e de poder dos chefes de família; e as alianças ao arrepio das normas representavam algo tão insólito que, ainda em meados do século XVIII, Borges da Fonseca não esqueceria de registrar os casos excepcionais em que fulano e beltrana se haviam casado "por gosto" ou "por amores". Duarte consorciou seus rebentos bem melhor do que ele próprio o fizera. Se sua mulher tivera um pai de origem modesta e de mãe conversa enriquecidos na terra, seus filhos ingressaram na linhagem que, a esta altura, fazia as vezes de primeira família da capitania, a prole de Jerônimo de Albuquerque e de seu matrimônio outonal com Felipa de Melo. Já se mencionou que Felipa de Sá casou-se aí por volta de 1589 ou 1590 com o primogênito de Jerônimo, João de Albuquerque, herdeiro de morgadio que soçobrou prematuramente na esteira de uma disputa sucessória que estalara ainda em vida do povoador e de que se recolhem os indícios no seu testamento de 1584, em que anulou o contratado anteriormente com a esposa.

Neste documento, "por respeito dos muitos filhos que depois de ter feito este morgadio houve", Jerônimo de Albuquerque desmembrou do vínculo os terrenos que possuía no Varadouro e na rua Nova de Olinda como também as sesmarias da várzea do Capibaribe e de Sirinhaém, que recebera do cunhado e dos sobrinhos donatários, bens que deviam agora ser partilhados entre todos os filhos, fossem legítimos ou naturais. Quanto ao essencial do morgadio, o engenho de Nossa Senhora da Ajuda em Beberibe, Jerônimo deixava à justiça a decisão sobre se os rebentos legitimados teriam também direito a suceder, em igualdade de condições com os irmãos legítimos.[2] Desconhece-se a solução que finalmente veio a ser tomada mas sabe-se que ao menos estes últimos herdaram parcelas do engenho, cabendo aos meios-irmãos as datas de terra do Capibaribe e de Sirinhaém.[3] O morgadio fora assim substancialmente reduzido, de modo que ironicamente o casamento com a filha de Duarte de Sá resultou providencial para João de Albuquerque.

Com uma ou outra exceção, a prole de Jerônimo de Albuquerque achou-se na penúria ou viveu modestamente, situação que o pai previra ao recomendar ao morgado e aos sobrinhos donatários que a favorecesse "em tudo aquilo que puder e for possível". Ignora-se como se comportou João de Albuquerque em vista da mutilação do vínculo, tanto mais que o pai lhe ordenara arcar com as despesas para completar os dotes das irmãs legítimas que casassem e para doações às que ficassem solteiras. Quanto a Jorge e Duarte de Albuquerque Coelho, terceiro e quarto donatários, não caiu em ouvidos surdos o apelo do tio, que, aliás, tomara a iniciativa, ainda em vida da irmã donatária, de obter outras datas de terra para os filhos. Isabel, por exemplo, que, como sua irmã Cosma, ficou solteirona, entrando ambas para o Recolhimento da Conceição, ganhou de d. Brites de Albuquerque uma légua de terra em quadra nas extremaduras de Jaboatão, metade da qual vendeu aos frades de São Bento, que viriam a herdar todos os seus bens em troca de capela onde enterrar-se na igreja do mosteiro e de uma renda vitalícia em dinheiro ou víveres. Às mãos dos beneditinos de Olinda, iria parar também o quinhão que Isabel herdara de Cosma. Por outro lado, Matias de Albuquerque, como lugar-tenente do irmão donatário, socorreu Isabel com sesmaria na Mirueira, atendendo a que "ficou muito pobre para se sustentar conforme o seu estado e qualidade". Os donatários não discriminaram, aliás, os primos bastardos. Pelo menos um deles recebeu duas léguas no Goitá, outra légua em Tapacurá, ainda outra "em um lugar limite que chamam Tabocas" e "uns chãos devolutos" na vila.[4]

O ramo feminino da descendência de Duarte de Sá extinguiu-se ao cabo de três gerações, já na segunda metade do século XVII. O morgado João de Albuquerque teve apenas uma filha, Maria, a quem casaram com um parente, Francisco de Moura, filho de Alexandre de Moura, governador de Pernambuco (1603-15). As filhas do casal tornaram-se clarissas em Lisboa; e os rapazes seguiram a carreira militar com sua costumeira conseqüência, o celibato. Um deles pereceria com o pai no naufrágio da armada de Manuel de Menezes (1627) no litoral da Galiza; outro, no desastre da nau capitânia de Tristão de Mendonça Furtado (1644) ao largo da praia das Maçãs (Cascais). O último, Alexandre de Moura como o avô, escapou ao fado trágico-marítimo dos irmãos, militando na guerra contra a Espanha no Alentejo e contra os holandeses em Pernambuco, chegando a governador da Madeira.[5]

O destino dos Moura teve muito de atípico em termos de uma família colonial do século XVII. O primeiro a fixar-se na capitania, Felipe de Moura, sobrinho de d. Brites de Albuquerque, casara com uma filha de Felipe Cavalcanti, sendo lugar-tenente da terra ao aportar o Visitador em 1593. Graças a conexões no Reino, onde o tio, d. Cristóvão de Moura, artífice da união com a Espanha, fora vice-rei, e seu filho, d. Manuel de Moura, personalidade influente na Corte de Madri,[6] a descendência de Felipe de Moura adquiriu o brilho cosmopolita conferido pela carreira militar na Europa e ultramar. Um dos seus filhos serviu em Flandres, na Índia e na Bahia; outro governou Cabo Verde; um terceiro passou ao Oriente, onde acabou seus dias; dois mais jovens entraram em religião. Somente as filhas permaneceram em Pernambuco; delas, não dos irmãos, é que procediam os ramos pernambucanos da família.[7] Os Moura tiveram assim carreira bem mais atraente que a de plantar cana, fazer açúcar e gritar com os pretos, mas que, como alternativa à colocação dos rapazes, desaparecerá a partir da segunda metade do Seiscentos, com o fim da guerra de restauração (1640-68) e a contração das oportunidades oferecidas pela Coroa na Ásia e África. Malgrado a guerra da sucessão da Espanha em começos do século XVIII, a atividade das armas encolheu e a rotina da capitania foi raramente quebrada pela aventura de uma expedição em defesa da colônia do Sacramento. Quem tivesse ambição, que fosse estudar em Coimbra para alcançar um posto na burocracia ou na magistratura.

O filho de Duarte de Sá, Antônio de Sá da Maia, também se consorciou, e por duas vezes, com rebentos do casamento de Jerônimo de Albuquerque e Felipa de Melo: primeiro, com uma filha; falecida esta, com uma neta. A despeito do sangue cristão-novo, Duarte tinha cacife para recusar a prole mameluca do patriarca e exigir que o genro e a nora fossem castiçamente lusitanos. Seguramente não tencionava libertar sua descendência da pecha de conversa para que ficasse estigmatizada como oriunda de "negras da terra", as índias e mamelucas que Jerônimo emprenhara. Do primeiro casamento de Antônio de Sá, que foi com Maria de Albuquerque, nasceram ou abortaram nada menos de onze filhos, sobrevivendo apenas uma filha, Lourença, a qual, numa ausência do pai, casou-se "com escândalo meu e de minha mulher e mãe e família", como confessa Antônio no testamento em que a deserdou. É possível que o genro fosse vilão, ao contrário do que afirmará Borges da Fonseca,[8] tendo algum defeito mecânico, pai ou avô que ganhara a vida com as próprias mãos e não, como convinha, com as dos outros; ou, mais provavelmente, que tivesse costado cristão-novo que embaraçasse o sogro, ansioso de livrar-se da fama.

Para satisfação da família, Lourença não teve filhos, de modo que a descendência de Antônio de Sá originou-se exclusivamente do seu segundo casamento, bem mais prolífico que o primeiro, com Catarina de Melo e Albuquerque, sobrinha da sua anterior esposa e filha de Cristóvão de Albuquerque, único dos filhos legítimos de Jerônimo de Albuquerque que teve "sucessão continuada até o presente e com a distinção própria de sua origem", nas palavras de Borges da Fonseca. Cristóvão, que foi alcaide-mor de Olinda e capitão-mor da Paraíba, casara-se com a filha de Simão Falcão, cristão-velho que nos fins do século XVI transitara da provedoria da fazenda real em Pernambuco para a propriedade de um engenho de açúcar, adquirido talvez graças ao exercício da função pública, sabido que esta, sobretudo quando financeira, prestava-se ao enriquecimento ilícito; ou comprado, quem sabe honestamente, mediante os empréstimos a juros escorchantes de algum mercador do gênero implacável de João Nunes, pois, ao tempo do Visitador, Simão era reputado como alguém que devia a Deus e ao mundo: ao mundo, num montante de 12 mil cruzados, soma pingue equivalente ao preço de um bom engenho; a Deus, certa declaração herética pronunciada num rega-bofe de senhores rurais. Na ansiedade de pôr o engenho a render, Simão criticara abertamente o número excessivo de dias santos concedidos pelo bispo do Brasil, de vez que eles "davam opressão e perda" aos produtores, "pois não se faziam tantos açúcares e os negros, não trabalhando, faziam desaguisados" por ocasião das suas danças e batuques.⁹

Antônio de Sá aumentou substancialmente a fortuna herdada do pai, tanto assim que seus haveres serão estimados em 150 mil, 200 mil e mesmo 250 mil cruzados. Dada a propensão do gênero humano para supervalorizar os bens do alheio e desvalorizar os próprios, retenha-se o cálculo mais baixo, o que significa que os cabedais do bisavô de Felipe Pais Barreto eram quase duas vezes superiores à receita anual dos dízimos da Coroa em Pernambuco, Itamaracá e Paraíba, que girava então em torno de 80 mil cruzados. Quando da partilha dos bens de Duarte de Sá, Felipa ficara com o engenho Guararapes, mas as coisas não estavam indo bem para ela e o marido, pois em seu testamento Duarte declarava em nada mais poder ajudar o casal além da pensão anual de 200 mil réis que lhe destinava. A Antônio couberam: o engenho de Santo André, que Duarte e a mulher encapelaram para que nele se rezasse diariamente até o fim dos tempos uma missa por eles; o engenho São José ou Novo; e o que Duarte levantara nas terras do filho em Sirinhaém. O Santo André e o São José eram dois excelentes engenhos de capacidade média, o primeiro movido a água, o segundo a bois. Nos anos 20 do século XVII, a produção de açúcar macho (branco + mascavado) do Santo André achava-se em torno das 5 mil arrobas, e a São José, das 5500 arrobas, patamar em que ainda se situavam ao tempo da ocupação holandesa. O Santo André pagava 3% e o São José, 4,5% da pensão dos engenhos devida ao donatário e cobrada antes mesmo de haver o açúcar sido dizimado. Quanto ao engenho de Sirinhaém, Antônio já o vendera àquela altura.¹⁰

A sucessão de Duarte de Sá deu lugar a uma disputa, pois a filha, cujo matrimônio com o morgado não fora feliz patrimonialmente falando, considerou-se prejudicada pela cláusula testamentária que encapelara o Santo André. Mas a viúva de Duarte logrou conciliá-los mediante a renúncia a seu próprio quinhão da herança, para "ver quietos os ditos seus filhos e não haver entre irmãos ódios nem malquerenças sobre fazenda".

Nos termos do acordo, Antônio de Sá incumbiu-se de saldar as dívidas paternas e de cuidar da mãe, que ficava com o usufruto da residência de Olinda e a quem ele pagaria a pensão anual de trezentas arrobas de açúcar branco. Por fim, reservaram-se 10 mil cruzados para o dote de Lourença, quantia que reverteu a Antônio ao casar-se a moça contra a vontade da família. A composição foi sólida, não deixando seqüela nas relações entre os dois ramos, como sugere a doação que, muitos anos depois, o herdeiro celibatário de Felipa, Alexandre de Moura, fará do engenho Guararapes a seu primo, José de Sá e Albuquerque, filho do segundo casamento de Antônio.[11]

Graças a seus casamentos com a filha e com a neta de Jerônimo de Albuquerque, Antônio de Sá tornou-se proprietário de terras em Beberibe e Paratibe. "A minha propriedade de Beberibe", como ele a menciona no testamento, compunha-se de uma parte do engenho Velho, que Jerônimo levantara em meados do Quinhentos mas que em começos do século XVII já estava de fogo morto.[12] Suas parcelas, Antônio as arredondou mediante a aquisição das que pertenciam a outros herdeiros de Jerônimo, inclusive d. Luísa de Albuquerque, a terceira filha do patriarca enclausurada no Recolhimento da Conceição, mas que, ao contrário das irmãs, não deixara os bens para os frades de São Bento. Nessas terras do antigo engenho, Antônio explorava olarias e fornos de cal, donde a designação por que ficou conhecido o local, exploração que, segundo confessará sua viúva, rendia tanto ou mais que um engenho. Rentabilidade compreensível tendo em conta o crescimento de Olinda e a freqüência com que se caiavam as casas, prática higiênica e estética que, de tão rotineira e leve, continuava a ser no Brasil, como em Portugal, tarefa eminentemente feminina.[13] Antônio possuía também fazendas de criação. No norte das Alagoas, adquirira uma légua de terra em quadra. Do governador Matias de Albuquerque, seu contraparente e compadre, pois levara seu filho José à pia batismal, obtivera duas datas de terra, ambas de duas léguas, a primeira entre os rios Sirinhaém e Camaragibe, e a segunda na ribeira do Tracunhaém, onde já possuía outras tantas léguas em que criava o gado do serviço dos engenhos.

Outro importante quinhão dos bens de Antônio de Sá achava-se sob a forma de objetos de ouro e prata, alfaias como bacias de lavar as mãos, jarros de prata e demais utensílios de uso doméstico. Em 1629, vários deles estavam empenhados, donde a recomendação de serem resgatados em caso de seu falecimento; as pessoas a quem se encontravam penhorados iam desde o cunhado até o taverneiro e o torneiro. As fontes coevas aludem à inclinação da gente endinheirada da terra pelos objetos de prata na decoração doméstica, especialmente baixelas, inclinação explicada em termos de consumo conspícuo, pois "por mui pobre e miserável se tinha o que não tinha serviço de prata", preferência ainda viva em começos do século XIX.[14] No cotidiano colonial, eles serviam também à tesaurização cômoda, sendo facilmente liquidáveis ou penhoráveis em alguma urgência.[15] Que um proprietário com a fortuna de Antônio recorresse ao "prego" não significa, como ocorreria em tempos mais recentes, que ele se encontrasse em posição embaraçosa; apenas que, nas condições coloniais de monetarização escassa, os objetos de prata ofereciam uma maneira rápida de obter liquidez para despesas inadiáveis, o equivalente da caderneta de poupança que se mobiliza hoje numa emergência. Essa forma de entesouramento era, aliás, estimulada pela integração de Pernambuco nos circuitos da prata do Atlântico meridional controlados pelos *peruleros*, que aqui deixavam os *reales de a ocho* em troca de açúcar; e pela presença constante de ourives, designação também usada no sentido estrito de prateiros.[16]

Por fim, a Antônio de Sá pertenciam bens de raiz em Olinda, onde ocupou, após o falecimento da mãe, a casa paterna sita na rua Nova; a residência da rua da Conceição, ali perto, onde viveu até então, quando a alugou ao cunhado; um terreno na mesma rua Nova, para o lado da Misericórdia; outro na parte baixa da vila, à margem do Beberibe; ainda outro na rua da Ponte, a montante do Varadouro. No Pernambuco *ante bellum*, o senhor de engenho das freguesias próximas possuía ou alugava casa em

Olinda, fosse porque, residindo no engenho, passasse as festas de fim de ano na vila, fosse porque vivesse entre o engenho, no período da safra, e a vila, onde permanecia a família e onde devia manter os contatos comerciais, para não falar em que, muitas vezes, tinha obrigações a cumprir como membro da Câmara ou irmão da Misericórdia, fosse ainda porque, habitando o burgo tivesse de supervisionar os trabalhos do engenho, mormente nos meses de moagem, que eram também os de estio e, portanto, de comunicação mais fácil entre cidade e campo. É provável que Duarte de Sá se tivesse enquadrado no segundo caso. Ao Visitador, declarou-se morador no seu engenho embora durante o governo de Diogo Botelho residisse em Olinda. Atarefado na gestão de tantos bens, Antônio de Sá preferiu, em certa fase da vida, arrendar ambos os engenhos, deixando-se ficar na vila.[17]

Não se iluda o leitor pela ruralidade asfixiante dos séculos que se seguiram: no XVI, as matrizes da colonização foram as vilas, não os engenhos e fazendas, as quais, como sugerem ainda hoje as urbes mineiras, representam o mais antigo passado nacional. No caso pernambucano, a grande maioria dos senhores de engenho eram indivíduos de origem urbana, no sentido qualificado que a expressão pode denotar em se tratando do Portugal quinhentista. No Minho, na Beira litoral, na Extremadura, áreas de que precediam principalmente os colonos do primeiro século, a integração entre as vilas e os campos era intensa, graças à modéstia das distâncias. Em Pernambuco, na Bahia ou no Rio, ela persistiu, nos estilos de vida, ao longo da era de Quinhentos e já entrada a de Seiscentos, até que a expansão latifundiária impôs novas relações entre o colono e o espaço, destruindo o transplantado modelo reinol. Na capitania duartina, o processo já tomara vulto nos primeiros trinta anos do século XVII mas foi a ocupação holandesa que o acelerou e completou.

Malgrado a reputação de cristãos-novos, não se duvidava do catolicismo de Duarte de Sá e de seu filho. A comunidade marrana do Pernambuco *ante bellum* oferece, aliás, amostragem significativa da atitude dos conversos frente à religião dominante. É inegável que Diogo Fernandes e Branca Dias judaizaram e induziram os filhos a outro tanto, ao mesmo tempo que os casavam com cristãos-velhos, que, porém, não buscaram converter.[18] Outros mostraram-se prudentes, cumprindo também os rituais mosaicos de portas para dentro e guardando as aparências de portas para fora, o que nem sempre fez o célebre casal. Ainda outros, havendo rompido com a fé ancestral, nunca aderiram sinceramente à nova, à imposta, substituindo o vazio religioso por um cinismo secularizado. Este foi o caso de João Nunes: embora sua condição de membro da confraria do Santíssimo Sacramento não deva enganar, como não enganou a seus contemporâneos, nunca se lhe assacou a prática dos ritos que, segundo o monitório inquisitorial, caracterizavam a fidelidade à antiga crença. As imputações que o prejudicaram foram de outra natureza: a de praticar largamente a onzena, sobretudo contra os graúdos da capitania, a de tomar a mulher do próximo e a de, no recesso da sua casa, manter um crucifixo nas proximidades do urinol.

Duarte e Antônio de Sá não parecem ter pertencido a essas categorias, necessariamente fluidas, talvez por serem já rebentos de matrimônios mistos, o que não representava obviamente garantia de ortodoxia católica, mas já era meio caminho andado. Indubitável no filho, a assimilação ainda não se afigura definitiva no pai, haja vista a denúncia que a seu respeito formulara ao Santo Ofício outro senhor de engenho:

> haverá cinco meses, indo de visitar a Antônio Lopes do Lago [...] veio aí um negro chocarreiro chamado Jorge, o Fanosca, e começando a contrafazer pregações, ele, denunciante, o repreendeu. [...] Então Duarte de Sá [...] que aí presente estava, disse para o dito negro estas palavras: "Fala, Jorge, fala, que se tu tiveras 100 ou 200 mil cruzados, tu te calaras, mas não tens nada, podes falar".[19]

Mas a despeito de certo laivo contestatário, tais palavras não podem ser interpretadas exclusivamente em sentido herético, correspondendo antes ao lugar-comum segundo o qual o pobre por ser pobre pode-se dar ao luxo de uma liberdade de expressão vedada ao indivíduo apatacado.

Assim devem ter pensado o Visitador e a Mesa, pois Duarte de Sá não seria incomodado, ao invés de vários de seus pares cristãos-velhos, a quem se imputavam blasfêmias e heresias. Coisas bem mais sérias se haviam passado ou se estavam passando em Olinda para que Furtado de Mendoça fosse perder o tempo com uma estória de somenos, tanto mais que ele tinha pressa: ainda não desembarcara em Pernambuco e já o cardeal arquiduque e o Conselho Geral do Santo Ofício insistiam em que abreviasse sua permanência, regressando diretamente ao Reino, sem ir a São Tomé ou parar em Cabo Verde, como previsto nas instruções. A visitação do Brasil estava saindo bem dispendiosa aos cofres da Inquisição, que ainda não tinham podido honrar as letras sacadas pelo Visitador na Bahia. A Câmara de Olinda que pagasse a mordomia; e caso se recusasse a fazê-lo, que Furtado de Mendoça alugasse instalações baratas pois as de Salvador haviam custado os olhos da cara.[20] Aliás, como vereador mais velho, a Duarte é que haveria certamente competido providenciar acomodações para a burocracia inquisitorial, e é provável que o tenha feito pondo à disposição a casa da rua Nova, onde ela se aboletou.

A despeito de agente de instituição que falava quase de igual para igual com el-rei e às vezes até com o papa, Furtado de Mendoça demonstrou, no trato com os homens principais da terra, a consideração devida a tais indivíduos, cuidando de poupá-los a vexames que afetassem seu prestígio de autoridades públicas ou de pessoas opulentas. Não houve figurão que saísse nos autos-de-fé celebrados em Olinda; todos foram admoestados na intimidade da Mesa e sentenciados a penitências privadas, inclusive cinco senhores de engenho, ou por criticarem o senhor bispo, ou por praguejarem ou por se furtarem a pagar o dízimo. Vista a qualidade desses réus, decidiu-se que não fossem "a público". Tampouco a mulher de outro proprietário rural, que declarara o estado de casado melhor que o de religioso, foi punida publicamente, sendo "mulher em foro de nobre".

Tratamento idêntico dispensou-se aos sacerdotes encontrados em falta. Houve por fim o caso do filho de Álvaro Velho Barreto que confessara a prática do pecado nefando com escravos do engenho. Só que dessa vez a leniência não decorreu da posição da família, mas de ordem expressa do Conselho do Santo Ofício, que reprovara o Visitador pelo castigo dado na Bahia a um mameluco "açoitado publicamente e degredado", o que servira apenas de incitamento à sodomia, ao verem os baianos que o tribunal da fé punia benevolamente um crime que, segundo as leis civis do Reino, era passível de pena de morte. Tal publicidade comprometia a imagem da Inquisição, que não podia passar por mais tolerante que a justiça régia.[21]

Se Duarte de Sá ou familiares seus houvessem saído dos trilhos, o fato dificilmente teria escapado à atenção da gente da terra, como não passara despercebido o comportamento do cunhado. Duarte, aliás, atuou de maneira equilibrada quando da visitação: sem demonstrar zelo de neófito, cooperou com o Santo Ofício, denunciando apenas o bode expiatório da capitania, o comerciante João Nunes; e assim mesmo, de maneira sucinta e comedida. Na Olinda *ante bellum*, vigiam as formas de sociabilidade vigentes nos meios citadinos do Reino, caracterizadas, como em todo o Ocidente europeu, pela inserção da sociedade doméstica nos grupos profissionais e de vizinhança, que se impunham à convivência entre parentes, reduzindo a esfera da intimidade no âmbito da família. Foi somente a partir do século XVII que, em alguns países, ela começou a escapar a tal jugo, criando barreiras por trás das quais se inventará o espaço privado como o conhecemos hoje mas que somente no decurso do Oitocentos se afirmará em termos das camadas privilegiadas.[22]

Na Olinda do tempo de Duarte de Sá tampouco existia vida privada como a entendemos hoje. Na ausência dos donos da casa, adentrava-se nela, com a maior sem-cerimônia, até os recessos que consideramos mais íntimos, como na camarinha de uma mulher parida a quem não se conhece. Sem pedir licença, trazem-se da residência do próximo objetos que lhe pertencem. Eis, entre várias cenas da documentação inquisitorial, esta especialmente reveladora: certo Manuel Fernandes ouve ruídos insólitos provenientes da morada de um vizinho e, espreitando-a, entreviu uma das moças da família na companhia de uma parenta, "fazendo uma com outra como se foram homem com mulher". Manuel não reagiu como *voyeur* mas à lusitana: "deu rijo na porta e abriu", invadindo o aposento. Reciprocamente, as pessoas ofereciam-se facilmente ao olhar indiscreto de terceiros: Maria de Lucena não tomava precauções quando ia dormir com as criadas índias. Falava-se alto, embora sabendo-se que, de fora, escutava-se tudo. Mesmo no meio rural, a intimidade era precária: o feitor do engenho podia estar informado do prato que a dona da casa rejeitara ao almoço.[23]

A carência de privacidade comum a ricos e a pobres facilitava o controle social exercido sobre os cristãos-novos. Sibaldo Lins, homem principal, deu-se à pachorra de vigiar, no decurso de um ano inteiro, os sábados do ourives Rui Gomes, estabelecido com loja em frente à igreja da Misericórdia, constatando naqueles dias que Rui, como bom marrano, substituía o negócio pelo ócio. O comportamento dos conversos durante a missa era o objeto preferencial da espionagem. Sicrano não fazia reverência quando o padre nomeava Jesus; beltrano não se ajoelhava nos momentos de praxe e até se dava ao desplante de fazer trejeitos e momices ofensivos ao Santíssimo Sacramento; fulano chegara mesmo a expelir discretamente a hóstia que acabara de receber. João Nunes previsivelmente era o mais visado, comportando-se de maneira desrespeitosa, sem reverência nem atenção à cerimônia, puxando conversa com quem estivesse ao lado; "e assim", conforme um dos seus denunciantes, "o vê estar na igreja como se estivera na praça".[24]

A esfera privada tornara-se suspeita em decorrência do combate à heresia, o "olho enorme" da Inquisição a que aludiu Gilberto Freyre,[25] operando no sentido de inibir ou atrasar o desenvolvimento, na Península Ibérica e seus prolongamentos ultramarinos, dos modelos de vida privada como os que começavam a se afirmar na Europa ocidental, graças inclusive ao aprofundamento da vida religiosa trazido pela Reforma como pela Contra-Reforma. A documentação inquisitorial permite detectar os obstáculos que se deparavam aos conversos para conseguirem o isolamento e segredo indispensáveis à observância dos mais simples ritos judaicos. Na residência de Olinda ou na casa-grande de engenho, o sobrado, isto é, o andar superior erguido sobre a loja, ou andar térreo, constituía o único reduto da vida íntima e, no caso dos cristãos-novos, o aposento apropriado às práticas mosaicas.

A própria higiene corporal era motivo de constante bisbilhotagem em conexão com os deveres sabáticos da comunidade cristã-nova. Nos séculos XVI e XVII, ela consistia não no uso da água mas na mudança periódica da roupa, sobretudo da camisa, preferência que os franceses sofisticariam sob a forma da *toilette sèche*.[26] A periodicidade da muda podia variar social e climaticamente mas normalmente tinha lugar todas as semanas. Os cristãos-velhos vestiam roupa limpa ou de festa no domingo, os cristãos-novos no sábado, o mesmo se aplicando à roupa de cama e mesa. A denúncia contra Branca Dias é típica das que se fizeram contra outros marranos. "Vestida de seu vestido da semana", isto é, do domingo à sexta-feira, aos sábados, no engenho ou na vila, punha camisa lavada, toucado também lavado e o melhor traje que possuía. Também nos sábados o ourives Rui Gomes passeava por Olinda "com camisa lavada e vestido com vestido melhor que o da semana". Já havia, porém, quem fizesse as concessões indispensáveis ao clima tropical, não se limitando à troca semanal da camisa mas praticando-a também nas terças e quintas-feiras; ou até quem, como certo converso, se desse ao luxo de envergar camisa limpa todos os dias.[27] O Brasil ia portanto baralhando as cartas. A mudança freqüente da roupa interior servia assim não apenas a um fim higiênico como também a confundir a espionagem cristã-velha, donde terem sido possivelmente os conversos os lançadores da nova moda que, vantajosa em termos de adaptação ao meio físico, era-o também no propósito de dissimular práticas judaicas. Uma das filhas de Branca Dias explicará ao Visitador, com uma objetividade que não se coadunava com a sua fama de lunática, a irrelevância da mudança de roupa aos sábados para a aferição da fé religiosa, pois "no Brasil é costume vestir muitas camisas lavadas por a terra ser muito quente". Seu depoimento sugere que tal costume também se transmitira aos cristãos-velhos, tanto assim que nos dias em que se hospedara no engenho dos Apipucos, vira a dona da casa "vestir cada semana três camisas lavadas porque no Brasil suam muito", donde "costuma vestir quem pode cada dia uma camisa lavada".[28]

Voltando ao tema da assimilação de Duarte de Sá e do filho, seria arriscado fiar-se apenas na linguagem convencional dos testamentos, que incluíam invariavelmente expressões de fervor religioso, autênticas ou fingidas, como a de encomendar a alma a Deus ou implorar a intercessão de Nossa Senhora em favor do moribundo. Mas para além dessas fórmulas, as últimas vontades expressas por ambos contêm disposições reveladoras de apego autêntico à Santa Madre Igreja, as quais não podem ser sumariamente descartadas como manifestações da boca para fora destinadas a engodar cristãos-velhos. Uma delas foi o encapelamento do engenho Santo André; outra, o montante elevado de esmolas que deixaram à Misericórdia de Olinda e aos conventos da vila, sem falar nas doações às confrarias que os acompanhassem à sepultura. Ordenou Duarte que se rezassem "cinco ofícios de nove lições e nestes dias dos ofícios me digam missa por minha alma todos os clérigos que houverem" no templo onde se inumasse. Ele previa também um óbolo à irmandade encarregada da ermida de Santo Amaro, em Água Fria, a uma légua do burgo e onde, meio século depois, instalar-se-ão os primeiros religiosos da Congregação de São Felipe Néri.[29]

Comparadas às do pai, ressalta a minúcia das derradeiras recomendações de Antônio de Sá, o que não significa obrigatoriamente que o filho tivesse sido indivíduo de fé mais viva que Duarte, apenas que fora portador de feitio meticuloso ou então que se impregnara do abarrocamento dos modelos de religiosidade. O testamento tornara-se uma peça essencial do que Michel Vovelle chamou "o grande cerimonial da morte na época barroca", uma expressão daquela nova sensibilidade à morte que ele reconstituiu nas suas grandes e pequenas linhas, a qual prevaleceu, grosso modo, entre 1580 e 1650 na Europa mas que na sua vertente mediterrânea e católica prolongou-se até os primeiros decênios do século XVIII, como indica o caso da Provença. Um dos aspectos desse fenômeno cultural foi a proliferação das cláusulas testamentárias de cunho religioso: a precisão com que se determina o número de missas a serem ditas pela alma do testador, a escolha exata do local da sepultura, a regulação detalhada dos funerais e a discriminação pormenorizada dos legados pios e obras de caridade. Ao passo que Duarte confiara a aplicação do donativo à Santa Casa à direção da entidade, Antônio mandava que o seu se destinasse ao casamento de uma órfã. Repare-se também na recompensa a ser dada aos que acompanhassem seus restos mortais: a cada clérigo que de quebra dissesse uma missa de réquiem por sua alma se daria uma pataca; aos pobres, uma vela e dois vinténs.[30]

Homem prático e de gostos urbanos, Antônio de Sá preferiu entregar o cuidado de sua alma não ao capelão do Santo André, categoria que ainda não era recrutada entre a parentela do senhor, mas entre o baixo clero, de nível duvidoso de instrução religiosa e de costumes. Precavido, Antônio optou por uma corporação, não por um sacerdote como o vigário da paróquia, mas por um corpo de profissionais da oração, já associado à manutenção do jazigo da família. Duarte de Sá planejara enterrar-se com os seus na capela-mor da igreja de Nossa Senhora da Graça, do Colégio da Companhia de Jesus, talvez por se considerar devedor dos jesuítas como antigo náufrago da "Santa Clara". Para tal fim, deixara ao padre reitor duzentos cruzados de esmola, além do preço da sepultura, que orçara em 6 mil cruzados, quantia considerável a ser desembolsada ao longo de seis anos. A seu pedido, o testamento foi redigido pelo padre Luís Figueira, aos 37 anos uma figura eminente entre os inacianos do Brasil. "Filólogo e mártir", chamou-o Serafim Leite, duas qualidades que para felicidade geral dos possuidores da primeira não vão jamais reunidas. O jesuíta acabara de assumir o reitorado do Colégio de Olinda, função em que permanecerá até 1616, entregue à redação da *Arte da língua brasílica* nas poucas horas de folga da rotina de ensinar gramática portuguesa aos noviços e aos filhos dos colonos, nas salas de aula cheias de luz, brisa marinha e amplidão oceânica.[31]

Duarte de Sá enterrou-se, contudo, na capela-mor da igreja do convento do Carmo de Olinda. O local era sabidamente o mais ambicionado e o mais caro de qualquer templo, cujo espaço organizava-se hierarquicamente num *crescendo* sacro que, do adro, passava pelas capelas laterais ou subia a nave, onde muitos pediam para repousar ali onde se haviam habituado em vida a ouvir regaladamente a missa. A reviravolta na decisão relativa ao lugar da inumação ocorreu entre 5 de maio de 1612, data do testamento, e 25 do mês, dia do falecimento de Duarte. Os motivos não são claros. É possível que à cabeceira do rico moribundo tenha-se travado uma disputa entre inacianos e carmelitas, estes por interposta pessoa, d. Joana, sua mulher, a quem ele designara como testamentária. Anos depois, ela acusará o padre Figueira de não lhe haver apresentado o testamento para assinatura. E, contudo, os jesuítas haviam pedido um preço mais razoável do que os concorrentes, que cobravam 7 mil cruzados, equivalentes na época ao melhor dos partidos de cana. É plausível também que o objetivo de Duarte tenha esbarrado na condição do padre, devido à proibição de que a ordem religiosa do testamenteiro fosse beneficiada pelo testamento a que ele devia dar execução. É possível por fim que a condição conversa de Duarte tenha sido considerada um impedimento pela Companhia, a Ordem do Carmo sendo reconhecidamente mais tolerante na aceitação de cristãos-novos.[32] O triunfo dos carmelitas não parece, aliás, ter afetado duradouramente as relações da família com os jesuítas, pois Antônio de Sá também designará como seu testamenteiro o padre reitor do Colégio de Olinda, que era então Leonardo Mercúrio.

Os carmelitas haviam-se estabelecido na vila em 1580, precedendo os franciscanos e os beneditinos e arranchando-se junto ao mar, numa ermida de Santo Antônio e São Gonçalo, onde, segundo a tradição, Duarte Coelho costumara ouvir missa. Por volta de 1588, ela fora doada aos frades, que iniciaram a edificação da igreja e do convento. As obras marcharam vagarosamente, talvez por insuficiência de esmolas generosas da gente da terra, que segundo a queixa do beneditino frei Miguel Arcanjo da Anunciação, não teria a mão aberta.³³ À época do falecimento de Duarte de Sá, a igreja do Carmo não estava inteiramente construída, ao passo que as obras do convento ainda se arrastavam dezoito anos depois quando da invasão holandesa. Os carmelitas necessitavam de recursos para concluí-las e a venda de um lugar na capela-mor a um rico colono vinha mesmo a calhar. Outros pró-homens também adquiriram jazigos e capelas. Após a restauração pernambucana (1654), as obras prosseguiram, inclusive na capela-mor, que foi ampliada, mas no século XIX não subsistiam indícios da sepultura de Duarte, embora ali se houvessem enterrado as quatro primeiras gerações da família. Pode-se supor não ter havido inscrição tumular; não a tivera o próprio restaurador de Pernambuco, João Fernandes Vieira, que ali fora inumado no primeiro degrau do altar mor. Mesmo na Europa ocidental, somente em finais do Setecentos é que se generalizou a praxe de identificar os mortos através de lápide, tampouco existindo, como assinalou Philippe Ariès, "cadastro do subsolo funerário". Os despojos eram empilhados e periodicamente deslocados para dar espaço a novos defuntos. Tudo o que o jazigo de família podia garantir, mas nem sempre, era que os despojos do morto não se misturariam aos de estranhos, embora se confundissem com os dos parentes.³⁴

Na escolha da sepultura, Duarte de Sá e seus contemporâneos olindenses seguiam as práticas do Reino, que conferiam aos ricos a opção entre o enterramento nas igrejas conventuais e paroquiais. Também sob esse aspecto, é visível a persistência dos hábitos urbanos no Pernambuco *ante bellum*, de vez que dispondo embora da capela do Santo André, não ocorreu a Duarte sepultar-se nela, como tampouco a seu filho, criando assim para os netos e bisnetos já ruralizados a tradição doméstica da inumação na igreja do convento do Carmo. À medida que a fronteira agrícola avançara, a açucarocracia impôs-se o sepultamento na igreja da vila mais próxima ou no altar mor da capela do engenho, pois o enterramento em Olinda tornou-se inexeqüível, tanto em função das maiores distâncias a vencer quanto do imperativo de realizá-lo, devido ao clima tropical, dentro de prazo mais curto que o usual na metrópole. Na melhor das hipóteses e no caso dos zelosos da tradição doméstica, à inumação no engenho ou nas cercanias podia suceder a trasladação dos ossos para o templo urbano.

É intuitivo que a prática do enterramento na capela de engenho ou na matriz da freguesia (que dará lugar à freqüência das reclamações, nas provanças da segunda metade do século XVII e começos do XVIII, acerca da negligência e incúria dos sacerdotes no tocante ao registro dos atos sacramentais) se terá imposto a partir do período holandês, em face da destruição das igrejas olindenses e da proibição de culto católico no Recife, com o qual, mercê da sua condição de burgo de hereges, os homens principais da terra não estavam afetivamente identificados. No interior, contudo, as autoridades neerlandesas tiveram de consentir nas "cerimônias papistas", de modo que batismos, casamentos e enterros segundo o ritual católico tinham lugar rotineiramente. Os próprios senhores de engenho holandeses viram-se na contingência de reedificar ou paramentar capelas e de contratar capelães, pois do contrário não contariam com lavradores de cana e peritos no fabrico do açúcar; e de concordarem com a bênção da "botada", isto é, do início dominical da moagem dos engenhos, causando a ira dos predicantes calvinistas que pressionavam o governo pela interdição dessas "benzeduras, cerimônia e rezas supersticiosas", clamando contra a profanação do dia do Senhor, de vez que durante os meses de verão as fábricas operavam noite e dia.[35]

Entre o falecimento de Duarte de Sá e a invasão holandesa, os carmelitas de Olinda haviam adquirido aos olhos da gente da terra o carisma indispensável às ordens religiosas a fim de atrair a veneração e as esmolas dos fiéis, criando sua clientela de devotos graças à celebridade de algum santo varão, notável pelas virtudes. Somente os beneditinos, mercê de tantos imóveis urbanos, engenhos e fazendas, abstiveram-se de cultuar um dos seus. Os jesuítas vangloriavam-se do padre Luís da Grã, grande pregador e apóstolo; e os franciscanos, da aura de pureza que nimbara seu primeiro custódio, frei Melquior de Santa Catarina. Os carmelitas tinham frei Jerônimo Pessoa. Natural de Canavezes (Minho), ele viera para o Brasil como vigário da província carmelitana, cuja sede era então na vila, onde faleceu em começos de 1629. A essa altura, sua fama já se espalhara pela capitania, de maneira que, consoante um cronista da Ordem, todos "acudiram ao nosso convento [...] para assistirem ao seu funeral e ao tempo que os religiosos o conduziram à sepultura, todas aquelas pessoas de um e outro sexo, com devoto impulso se chegaram a ele e com tesouras lhe cortaram o hábito, levando cada uma o que pôde e estimando aquelas pequenas partes que alcançavam como se já fossem relíquias, sem que os religiosos o pudessem evitar e, quase sem hábito, o sepultaram no cemitério comum". Tais fragmentos obraram prodígios, pois os doentes que os penduravam ao pescoço "logo se viam livres da moléstia que os oprimia". Quando os holandeses atacaram o burgo, o barrete com que frei Jerônimo dormira salvara milagrosamente a vida de certo olindense, a quem o frade o doara. Havendo Matias de Albuquerque confiado a Domingos Fernandes Anjo a defesa do posto situado entre o Colégio da Companhia e o convento franciscano, o bom homem tratou de vestir o capuz,

> o qual lhe serviu de escudo e o livrou da morte, porque [...] em uma avançada que deu o inimigo, lhe deram nele dois terríveis golpes com o ferro de uma alabarda, mas não obstante os descarregar pesada mão, não fizeram efeito, o que contribuiu à proteção deste servo de Deus, a quem devemos render as graças como autor que é de todas as maravilhas.[36]

Meses antes do falecimento de frei Jerônimo, Antônio de Sá redigira seu testamento. Minucioso nas suas contas profanas, ele não o era menos nas suas relações com o sagrado. Seus restos mortais deveriam ser inumados junto aos dos pais na igreja do Carmo, cujos frades acompanhariam seu cortejo fúnebre, dizendo-lhe um ofício de nove lições de corpo presente na semana consecutiva a seu enterro, recebendo para tal fim um óbolo de cem cruzados. Aos carmelitas já incumbia o encargo de dizer uma missa pela alma de Duarte de Sá cada sexta-feira, que fora o dia em que morrera, contra o pagamento de 250 cruzados a serem investidos em imóvel da vila. A ansiedade cristã-nova do filho ou sua conformidade com as modas religiosas da época eram aparentemente maiores do que haviam sido as do pai. Determinou Antônio que, pelo repouso da sua alma, da de suas duas esposas e também das dos seus descendentes, fossem celebradas diariamente, "enquanto o mundo durar", seis missas semanais, com exceção da sexta-feira, dia da missa paterna. Ele estipulou também que, não se costumando dizer missa de réquiem nos domingos e dias santos, se diria nessas datas apenas a missa habitual. Ademais, como na quinta-feira, na sexta e no sábado da Semana Santa só se pudesse fazer uma única oblação, os frades ficavam obrigados a compensar a falta, de modo a preencher a quota anual, contada a missa por Duarte. Para esse fim, Antônio reservava 120 cruzados, provenientes do aluguel de casas a serem adquiridas em Olinda, as quais os carmelitas não poderiam alienar em tempo algum.[37]

As fontes nada revelam acerca de Melquior de Sá Maia, o irmão de Duarte de Sá que também se estabelecera em Pernambuco, não se sabe quando, mas que, pelo testamento deste, depreende-se já ser falecido em 1612. O silêncio pode ser sintomático do insucesso socioeconômico dos descendentes de Melquior, confirmando assim as testemunhas da habilitação de Felipe Pais Barreto que aludiram não só à fama de cristãos-novos como também à sua obscuridade e à sua condição de mestiços. A despeito da fortuna diferente que lhes coube, Duarte e Melquior mantiveram relações estreitas, como indica o fato de que Duarte ficara como tutor dos sobrinhos, a quem no testamento ordenou que se entregassem os bens constantes do inventário de Melquior. Este provavelmente acomodara-se como lavrador de cana em engenho do irmão, à maneira de tantos outros colonos ricos que associaram os parentes a seus negócios ou os acolheram como administradores e feitores. Daí que, na virada do século XVII para o XVIII, vivessem ainda em Jaboatão e em Muribeca os netos e bisnetos de Melquior.[38]

O encapelamento do engenho Santo André, previsto por Duarte de Sá em 1612, só seria executado setenta anos depois. Não o providenciaram nem a viúva nem o filho, atormentados talvez pelos escrúpulos decorrentes do segundo casamento de Antônio de Sá, no decurso do qual d. Catarina pariu nada menos de 25 filhos em 23 partos, soma estarrecedora; sua tia Maria, primeira esposa de seu marido, tivera onze, dos quais apenas Lourença chegara à idade adulta. A fecundidade do segundo matrimônio foi assim excepcionalíssima mesmo em termos da demografia do Antigo Regime, quando a média da filharada por mulher era um pouco superior a sete. O recorde de fertilidade conhecido dos demógrafos achava-se em torno de 21, correspondendo a uma genebrina e a uma inglesa do Kent.[39] A explicação para o caso de d. Catarina pode residir na enorme criadagem de índias e mamelucas, mas ainda não de africanas, existente em meio urbano e rural, desde a casa do principal da terra à do mero artesão. As mulheres coloniais dispunham assim de amas de leite, o que as habilitava a encurtar substancialmente os períodos intergenésicos, inibindo a ação do freio malthusiano que, de par com o casamento tardio, espaçava as concepções na Europa coeva.

Os genealogistas da família, pois esta foi uma família de genealogistas, registraram os prenomes de dezenove dos 25 filhos de d. Catarina; quanto aos seis restantes, tratou-se seguramente de abortos e natimortos. A mortalidade infantil ceifou cruelmente os filhos de Antônio de Sá. Os cinco primeiros rebentos desse segundo matrimônio faleceram na puerícia, donde ter ido parar ao sexto filho, José de Sá e Albuquerque, a gestão do vínculo do Santo André, embora o primogênito, Duarte de Sá Lima, ainda vivesse em 1629.[40] Quando Antônio e Catarina emigraram para a Bahia (1635) fugindo à ocupação holandesa, levavam consigo apenas cinco filhos dos seis que ainda viviam: dois machos, o mencionado José de Sá e Albuquerque e também Manuel de Albuquerque Melo; três fêmeas, Joana, Luisa e Inês.

Apenas a mais velha, Brites, permaneceu em Pernambuco, pois já era então casada com Felipe Pais Barreto, avô homônimo do objeto destas provanças. A linhagem de Duarte, já triplamente aparentada aos Albuquerque, aliara-se agora aos Pais Barreto, a mais opulenta família da capitania *ante bellum*. O matrimônio nada deixava a desejar se comparado ao de Antônio ou ao de sua irmã. Para os Pais Barreto é que ele virá gerar os fantasmas genealógicos que assombrarão os descendentes. O casamento implicava, aliás, o esquecimento da luta de família que opusera o 1º morgado do Cabo a Cristóvão de Albuquerque, alcaide-mor de Olinda e cunhado e sogro de Antônio de Sá.

O velho João Pais Barreto, já se sabe, legara um engenho a cada filho. A Felipe Pais Barreto coubera o Garapu, no Cabo. Este, que também se dispusera a seguir para Salvador mas adiara a partida até a undécima hora, foi capturado pelos holandeses na companhia do irmão Miguel e de outros senhores, ao se prepararem para atravessar o rio São Francisco. De regresso ao Cabo, Felipe e Miguel encontrariam seus engenhos confiscados pelo governo neerlandês, que se recusou a devolvê-los, concordando, porém, em revender a crédito o Garapu, mas não o Algodoais, que o capitão de cavalaria Gaspar van der Ley adquirira. Os demais engenhos da família haviam sido igualmente alienados a terceiros, exceção do Nossa Senhora da Guia, que pertencera a Diogo Pais Barreto. Em 1639, Felipe senhoreava novamente o Garapu, para o que contraíra a pesada dívida de 39 mil florins ou 13 mil cruzados, a qual se achava ainda incobrada quando da restauração pernambucana; e fechava um acordo com o governo holandês pelo qual o Nossa Senhora da Guia reverteria à sua mãe, como legítima herdeira de Diogo. Em 1638, Felipe esteve preso na esteira de uma alegada conspiração de proprietários rurais contra o domínio batavo. De volta ao engenho, onde viverá pelo resto da vida, nele faleceu em 1652, quando a família da mulher ainda se achava no exílio baiano.[41]

III. 1630-82

"ENQUANTO O MUNDO DURAR" fora a fórmula tabelioa do testamento de Antônio de Sá; o de uma neta sua dirá: "Enquanto Pernambuco durar".[1] O mundo de Antônio durou pouco não devido à enfermidade que o induzira a testar mas ao ataque de uma armada holandesa cerca de um ano depois. Olinda caiu em poder dos invasores a 16 de fevereiro de 1630. A população abandonou-a no meio de tanta pressa e de tanto tumulto que Johan Baers, capelão do exército batavo, registraria que a vanguarda das tropas encontrara "as casas abertas e vazias, as mesas postas por toda a parte e bem providas com comidas e bebidas", o que é confirmado por um mercenário inglês, Cuthbert Pudsey, que gabou a qualidade dos vinhos com que ele e os camaradas comemoraram a vitória. Esmagado o último foco de resistência, bem ali no adro da igreja da Misericórdia, a soldadesca procedeu ao saque ritual da vila, a respeito do qual deve-se a frei Manuel Calado do Salvador a mais visual das descrições:

> Este entrava pelas casas e saía carregado do melhor que nelas achava. Aquele quebrava com machados as portas das que estavam fechadas, as caixas, os escritórios, os contadores cheios de finas sedas, de ouro e de prata e ricas jóias. Outros entravam pelas igrejas, depois de lhes roubarem os ricos e custosos ornamentos e fazerem em tiras muitos deles, quebravam em pedaços as imagens de Cristo e da Virgem Maria e dos outros santos, e as pisavam com os pés com tanta coragem e desaforo, como que se com isto lhes parecesse que extinguiam a fé católica romana. Outros entravam pelas lojas dos mercadores e achando-as cheias de pipas de vinho, bebiam tanto que as ruas estavam alastradas

de bêbados. Outros, como andavam esquentados e azougados, punham fogo nos conventos e edifícios suntuosos, dando com eles em terra. Outros andavam calçados com os chapins das mulheres e vestidos nas opas das confrarias e balandraus dos irmãos da Misericórdia, e com as varas dos vereadores e almotacéis, dizendo "por mim, grandes cavalheiros". E como andavam bêbados, caíam a cada passo e tornavam-se a levantar, dizendo "non força". Enfim a barafunda e alarido era tanto que, com a muita mosquetaria que disparavam, parecia um dia de juízo.[2]

Antônio de Sá e os seus certamente refugiaram-se num dos engenhos, carregando as alfaias e os bens mais preciosos, reunidos na correria, nos carros de bois sonolentos do serviço de suas olarias e caieiras.

Para entender a sorte da família nos anos seguintes, recapitule-se a cronologia da conquista holandesa. 1630: captura de Olinda e do Recife; 1631: derrota da armada luso-espanhola de d. Antônio de Oquendo ao largo de Pernambuco; 1632: ataque neerlandês a Igaraçu; 1633: ocupação da ilha de Itamaracá; 1634: capitulação da cidade da Paraíba; 1635: queda do Arraial do Bom Jesus e do cabo de Santo Agostinho, as duas mais importantes posições militares ainda controladas pelos luso-brasileiros; 1636: batalha da Mata Redonda, que sepultou as chances de reconquista; 1637: início do governo de João Maurício de Nassau-Siegen, conquista de Porto Calvo e retirada final do exército de resistência para a Bahia; 1638: sítio de Salvador por Nassau, que não logra expugná-la. De 1630 a 1632, os inimigos, encurralados no Recife, não conseguiram romper o impasse militar em terra, malgrado o domínio indisputado que mantinham no litoral. Mas o saque de Igaraçu deu o sinal da ofensiva que lhes escancararia as portas da mata canavieira, caracterizada pelos assaltos pontuais aos engenhos e povoados, que matando, pilhando e semeando o terror na população civil levou-a a desistir de apoiar a luta contra o invasor.

Ninguém estava seguro na casa-grande, muito menos Antônio de Sá na dos seus engenhos próximos ao Recife. Em maio de 1633, contingente inimigo arremeteu contra Muribeca, que tinha então cerca de quinhentos habitantes. Já não encontraram vivalma, mas em compensação saquearam um grande trapiche abarrotado de açúcar. No regresso aos Afogados, puseram fogo ao engenho Novo, que acharam igualmente deserto, e ao Guararapes, de Felipa de Sá.[3] Antônio tinha a escolha entre acampar nas redondezas do arraial do Bom Jesus, no flanco do Recife, onde a população podia recolher-se em caso de rebate; ou marchar para as freguesias do sul. Pode-se supor que, com a perda do forte dos Afogados (1632), que dava acesso a Muribeca e a Jaboatão, ele tenha buscado refúgio no engenho do genro, Felipe Pais Barreto, situado entre o Cabo e Ipojuca e, por conseguinte, ainda protegido pelo sistema de defesa construído no cabo de Santo Agostinho. Mas quando o forte de Nazaré também se rendeu, em meados de 1635, a situação tornou-se insustentável e Antônio viu-se na contingência de engrossar, com tantos outros senhores de engenho, a grande marcha rumo à Bahia.

Até então, que terá ele feito? Antes da guerra, Antônio de Sá fora alcaide-mor de Olinda e, como o pai, membro da Câmara, além de provedor da Misericórdia. Os serviços prestados durante o conflito consistiram em apoio material, não em atividade militar, malgrado ter exercido entre 1615 e 1635 o comando de uma companhia de cavalaria auxiliar, arma que não teve papel de relevo, prestando-se apenas a afagar a vaidade de alguns pró-homens da terra. Nem o donatário de Pernambuco, que viera de Portugal para participar da luta e que era seu parente, nem os demais cronistas referem-se à militância de Antônio. É seguro, porém, que, como relatará sua viúva, cooperou, à maneira de outros proprietários rurais, contribuindo com escravos e fazenda para o esforço bélico, "gastando muita parte dela com a sustentação da gente de guerra com tanto excesso e vontade que chegando a notícia a el-rei, que então era [Felipe IV, da Espanha], ele lho agradeceu por carta":[4] mão-de-obra empregada em obras de fortificação e de transporte de víveres; donativos para a manutenção do exército e pagamento de soldos.

A fortuna de Antônio de Sá foi afetada sobretudo pela destruição e confisco dos engenhos e de outros bens de raiz. É impossível dizer se ele resolveu emigrar de livre vontade ou, dada sua condição social, se cedeu às pressões de Matias de Albuquerque sobre as famílias principais para que abandonassem Pernambuco, de modo a causar a desorganização das atividades produtivas em detrimento dos holandeses. Elas o fizeram em junho de 1635. Pode-se estimar em 5 mil pessoas a parte da população branca e da mestiça livre que emigrou, inicial e principalmente com destino à Bahia, individualmente ou sob a proteção do exército em retirada. Se acrescentados os índios e os escravos, é possível alcançar o mínimo de 9 mil. Eis os primeiros retirantes da nossa história antes de que no século XIX partissem os bacharéis em direito e os flagelados das secas. É impossível determinar a proporção, segundo o sexo e a classe social, da gente que se foi, mas não é arriscado supor que não terá sido desprezível o número de mulheres e crianças, especialmente entre a gente de condição. A esse grupo pertencia a maioria das quatrocentas pessoas que pereceram no decurso da transmigração, porque, "nus e descalços, não podiam resistir às asperezas daqueles matos, deixando muitos suas casas, fazendas e regalos só para não ficarem onde sua honra e vida corriam perigo", isto é, onde se temiam sobretudo os abusos da soldadesca desenfreada contra as mulheres. Houve senhor de engenho que abandonou "vinte carros e alguns cavalos, que trazia carregados do mais precioso que tinha", atravessando o São Francisco "sem nada mais que sua mulher e seis filhas a pé".[5]

Como sempre, a narrativa mais gráfica é a de Calado, ao reportar-se à

> multidão de gente de todas as idades que se ia retirando, assim pela praia como por entre os matos e o como iam deixando pelos caminhos as alfaias de suas casas por não as poderem carregar; aqui, os tristes ais dos meninos, os suspiros das mães, o desamparo das donzelas descalças e metidas

pelas lamas, a passarem os rios com pouca compostura de seus corpos, alheios da honestidade e recolhimento em que haviam sido criadas (o que sentiam mais que perder as vidas), aqui umas desmaiadas, outras com os pés abertos, porque o descostume de andar as não deixava dar um passo adiante; as pragas que rogavam ao conde de Bagnuolo (o qual, depois que entrou em Pernambuco, tudo foi de mal a pior), o ver os amancebados a levar a cavalo as mancebas brancas, mulatas e negras, e deixarem ir suas mulheres a pé e sem saberem parte delas, a fome que todos iam padecendo, o dormirem pelos pés das árvores, sem amparo nem abrigo: não é coisa que se pode descrever, porque muitos dos que o viram com os olhos, como eu, tendo os corações férreos, não se podiam refrear sem derramar grande cópia de lágrimas.[6]

Ao menos na açucarocracia, a emigração atingiu ambos os sexos e todas as idades, numa peregrinação que, na melhor das hipóteses, terminaria num engenho arrendado ou num partido de cana do Recôncavo baiano, à espera do regresso à posse dos seus bens numa capitania restaurada e restituída a seus legítimos senhores, os descendentes dos primeiros colonos. Havia também a perspectiva de carreira militar no império ultramarino, ou em Portugal, a partir de 1640, com a guerra contra a Espanha e, a partir da revolta de 1645, em Pernambuco mesmo, algo em todo caso bem diverso da ocupação que os aguardaria se os holandeses não se tivessem assenhoreado das suas propriedades: a ocupação que consistia em mandar fazer, ou em ver mandar fazer, do alto de uma casa-grande. Após a *débâcle* de 1637, muitos que haviam pelejado às ordens de Matias de Albuquerque passaram a Lisboa a pleitear as recompensas devidas aos seus serviços. Ali, alegava um desses pretendentes, "está a maior parte da gente que se retirou de Pernambuco", entenda-se, não da população civil, nem sequer dos soldados, mas dos oficiais que haviam militado contra os neerlandeses. Em breve, sob o duque de Bragança, sentado, com o nome de d. João IV, no trono de onde se expulsara o castelhano intruso, haverá outra guerra em que empregar esses homens.

A emigração, a guerra, o celibato tornaram-se assim o destino de inúmeros rebentos da gente principal ao longo do quarto de século de dominação estrangeira.

Os emigrados levavam consigo o que podiam; e o que não podiam, como o equipamento fabril dos engenhos, enterravam pelos matos para salvá-lo da pilhagem das tropas de um e outro lado ou na antecipação de um breve retorno. Antônio de Sá transportara consigo para a Bahia escravos, juntas de bois, "muita quantidade de prata de seu serviço e de jóias de ouro e pedraria de muito preço e estima, além de muitas roupas mui preciosas de seda, do ornato de suas pessoas e casas".[7] Instalada a família em Salvador, ele arrendou um partido de cana no Recôncavo, à maneira de muitos dos seus conterrâneos. Mas em abril de 1638 o conde de Nassau sitiou a cidade, que resistiu, o que o fez renunciar à empreitada. Durante o assédio, contingentes holandeses desembarcaram nas freguesias rurais, aterrorizando, saqueando, matando e, segundo depoimento de testemunha ocular, levando mais de 2 mil escravos para o Brasil holandês, além de "açúcares, cobres dos engenhos, dinheiro, prata, ouro e muita roupa e fato". E o que era pior, "os índios que com eles vieram de Pernambuco não davam quartel a pessoa alguma, assim homens moços e velhos, mulheres, meninos, negros que com eles não queriam ir, passando todos à espada em sangue frio", com perda de mais de "cem pessoas brancas, afora os escravos".[8]

Antônio de Sá foi uma das vítimas, juntamente com um cunhado e o sogro deste. Consoante o relato da viúva, não tendo tempo de recolher-se a Salvador, o marido fora trucidado "com muitas feridas, mui atrozmente", roubando-se-lhe tudo o que trouxera de Pernambuco, versão confirmada por outros emigrados. Um deles estimava que esses bens orçariam pelos 10 mil cruzados, sem contar os escravos. D. Catarina ficara assim "pobríssima e quase sem remédio e em terra estranha com seus cinco filhos", penúria tal que estaria "a viver de esmolas",[9] entenda-se, vivendo da ajuda de parentes e amigos. A sentença de justificação que proporciona tais informações visava precisamente a apoiar sua reivindicação de mercê régia em recompensa pelos serviços de Antônio. De Pernambuco, o genro, Felipe Pais Barreto, teria podido dificilmente socorrê-la, não havendo conseguido sequer pagar as primeiras prestações correspondentes à recompra do Garapu, devido a enchentes e à mortalidade entre os africanos. Mas a irmã de Felipe, Catarina Barreto, que também emigrara para a Bahia, lhe terá sido de alguma valia, a despeito de haver perdido o engenho Jurissaca. É que seu filho, d. João de Souza, que se casará com uma prima, neta de Antônio, tornara-se pessoa influente junto ao novo governador-geral Antônio Teles da Silva.[10] Tão influente que veio a desempenhar papel relevante na trama destinada a deflagrar uma insurreição contra o domínio holandês.

Dada a proximidade entre o Garapu e o cabo de Santo Agostinho, Felipe Pais Barreto, tio e futuro sogro de d. João de Souza, travara relações de amizade com Diederick van Hooghstraeten, comandante da fortaleza de Nazaré, posição valiosa para o êxito do desembarque da tropa que deveria vir da Bahia em apoio do levante. Em julho de 1645, quando Fernandes Vieira já se rebelara, internando-se com seus voluntários pela ribeira do Capibaribe à espera do reforço, Hooghstraeten fez parte de delegação enviada pelo governo do Recife a Salvador para exigir a observância do tratado de trégua luso-neerlandês de 1641. Durante sua estadia na capital da América portuguesa, o oficial insistiu em visitar a viúva de Antônio de Sá e sogra do seu amigo Felipe. Mais importante, foi então persuadido a entregar a fortificação aos luso-brasileiros em troca de recompensas régias, compromisso que cumprirá à risca no regresso a Pernambuco, bandeando-se com a guarnição para o lado luso-brasileiro. A d. João de Souza coube intermediar os entendimentos sigilosos entre Hooghstraeten e o governador-geral, um entre vários indícios da ação decisiva das famílias principais exiladas na Bahia na preparação do movimento que restaurou o Nordeste, restituindo-lhes seus engenhos.[11]

Com o falecimento de Antônio de Sá, a chefia da família passara ao mais velho dos filhos sobreviventes, José de Sá e Albuquerque, que ficará conhecido como o Olho de Vidro. Nascido em 1620 e batizado na igreja do Recolhimento da Conceição, ao pé da casa paterna, fora afilhado de Matias de Albuquerque, que governava a capitania em nome do irmão donatário. Criado "entre os horrores de Marte", como dirá Borges da Fonseca, José emigrou aos quinze anos com seus familiares, sem participar da resistência. Tampouco militará na guerra de restauração que se seguiu à revolta de 1645, deixando-se ficar na Bahia, ao contrário de tantos emigrados que retornaram no terço comandado por André Vidal de Negreiros. A abstenção poderia ter-lhe custado caro, de vez que os serviços prestados durante o conflito constituíram no decurso da segunda metade do século XVII o critério primordial na concessão de benesses régias. Mas em 1647, quando os holandeses ocuparam a ilha de Itaparica para estrangular Salvador e o Recôncavo, José teve seu tardio batismo de fogo, "indo continuamente nos barcos congos que saíam a afastar as naus do inimigo para franquear a barra daquela cidade", como reza sua folha de serviços. Somente em fins de 1653 retornará a Pernambuco a tempo de associar-se ao sítio e à rendição do Recife pela ação combinada do exército restaurador e da armada da Companhia Geral de Comércio do Brasil.[12]

Restaurado Pernambuco, era tempo de recuperar a fortuna da família, o que será particularmente difícil para José de Sá. Tão logo o levante de 1645 consolidara o domínio luso-brasileiro na mata açucareira, isolando os inimigos no Recife e nas guarnições litorâneas, os senhores de engenho emigrados trataram de reivindicar suas propriedades. Naqueles casos em que o engenho fora vendido a neerlandês, o primeiro dono não encontrou empecilhos de monta para reintegrar-se na posse de seus bens, pois ao primeiro sinal da revolta os batavos refugiaram-se no Recife, ao constatarem a insinceridade ou a ineficácia das garantias que lhes haviam sido dadas pelos chefes do movimento. Contudo, a coisa mudava de figura no tocante aos engenhos que o governo batavo revendera a luso-brasileiros. Estes, ao aderirem à insurreição, haviam permanecido em suas fábricas; e precisamente a fim de se premunirem das pretensões dos antigos senhores, muitos se haviam juntado ao movimento quando não o tinham encabeçado, como fez Fernandes Vieira. Os engenhos de Antônio de Sá haviam sido arrematados em 1637 por Gaspar Dias Ferreira por 77 mil florins, em suaves prestações anuais de 6 mil florins, o que, aliás, confirma o tino comercial que lhe era atribuído e o favor de que gozava junto ao conde de Nassau.[13] Para mal de muitos, inclusive da Ordem beneditina que ele espoliara, Gaspar, lisboeta de nascimento e talvez cristão-novo, adquirira uma posição privilegiada junto às autoridades holandesas.

Tendo chegado a Pernambuco por volta de 1618, Gaspar Dias Ferreira possuía um pequeno comércio, não se sabe de quê, quando da ocupação holandesa. Adesista da primeira hora, seu êxito datou sobretudo do governo de Nassau, de quem se tornou conselheiro para assuntos relativos à comunidade luso-brasileira e testa-de-ferro em negócios escusos, inclusive extorsões de que, no final das contas, ele, Gaspar, era o principal beneficiário. Odiado pelos conterrâneos, achou-se na necessidade de abandonar o Brasil holandês na companhia do conde, com quem seguiu para a Holanda (1644), onde se naturalizou, ao mesmo tempo que reatava seus contatos em Lisboa. Tendo sua correspondência caído nas mãos das autoridades locais, foi acusado de alta traição e condenado a sete anos de prisão e ao pagamento de elevada multa. Do cárcere, dava alvitres ao embaixador de Portugal em Haia, Francisco de Sousa Coutinho, que negociava a compra do Nordeste, projeto para o qual Gaspar contribuiu com longo parecer. Em 1649, fugiu da cadeia, não sem antes redigir, em latim impecável, a justificação da sua conduta. De retorno a Portugal e graças à proteção de personalidades influentes da Corte, passara a aconselhar a Coroa, obtendo em recompensa a Ordem de Cristo e o foro de fidalgo cavaleiro da Casa Real, embora não conseguisse a sonhada nomeação de provedor-mor da fazenda na Bahia.[14]

Ao partir para a Holanda, Gaspar Dias Ferreira confiara os engenhos aos cuidados da mulher e dos filhos. Durante a guerra da restauração, a família não foi, ao que se saiba, molestada no gozo das propriedades; nas duas batalhas dos Guararapes, travadas nas cercanias do engenho Novo, d. Clara serviu de enfermeira, sangrando e curando os feridos com a ajuda das criadas. A essa altura, de Salvador, a viúva de Antônio de Sá promovia através de procurador em Lisboa um processo de reivindicação de posse. Gaspar foi citado em juízo, mas à maneira de outros senhores luso-brasileiros de engenhos confiscados, mexeu os pauzinhos, obtendo provisão régia que sustava a tramitação. Os herdeiros de Antônio de Sá recorreram a el-rei, alegando que enquanto o ex-colaboracionista usufruía o patrimônio, eles, legítimos donos, passavam por necessidade. O procurador da Coroa favorecia a causa, mas o Conselho Ultramarino opinou contrariamente, argumentando com a inoportunidade desse gênero de demandas em face da guerra que se travava em Pernambuco. D. João IV aprovou o parecer do Conselho; e pela mesma ocasião não só abriu exceção em favor de Gaspar para que cobrasse as dívidas de que era credor na capitania, malgrado a ordem geral que proibia arrecadar os débitos dos colonos enquanto durasse o conflito, como o autorizou a transportar o açúcar dos seus engenhos nos navios da Companhia Geral de Comércio.[15]

Por conseguinte, quando os herdeiros de Antônio de Sá retornaram a Pernambuco, o litígio achava-se na estaca zero. Nos primeiros tempos, eles acolheram-se ao engenho Garapu, pertencente à filha mais velha, já então viúva de Felipe Pais Barreto. Ali, nos anos 1660, José de Sá e seu cunhado Fernão Velho de Araújo eram lavradores de cana. Contudo, por volta de 1670, a família residia no engenho do Salgado, no Cabo. Já então José de Sá lograra escapar da responsabilidade pelo assassinato de um dos filhos de Gaspar Dias Ferreira, Pedro, que lhe administrava os bens. O episódio, que data de 1655, é obscuro. Dele só sabemos pela versão do próprio Gaspar:

> fazendo-se uma sorte no Recife, ousada e temerariamente, José de Sá, inimigo capital dele [...], lançou sorteio, pondo um mote afrontoso com o seu nome, de que, tendo notícia o dito seu filho, lançou outras sortes com um mote que dizia "cães ladrarão mas não morderão". E estando sentado junto

da mesa em que se escreviam as sortes, o capitão de infantaria Alexandre de Moura, primo co-irmão do dito José de Sá, se levantou e o foi buscar e achando-o em casa de Diogo de Seixas, jogando com outros seus parentes e amigos, lhe deu conta do mote que nas sortes lançara o dito Pedro Dias Ferreira, exortando-os a que deixassem o jogo e se viessem todos a desafrontar; e vindo mais em sua companhia Luís de Albuquerque e outros seus parentes e amigos, que eram sete, afora o alferes da companhia do dito Alexandre de Moura que, com alguns soldados dela, estavam de reserva e retaguarda esperando o sucesso.

Todos juntos foram surpreender Pedro Dias Ferreira

no armazém, dando ordem às caixas de açúcar que havia de embarcar, e investindo os sete com ele, com ânimo e propósito danado de o matarem sem lhe darem lugar a puxar pela espada, lhe deram muitas feridas a seu salvo em diferentes partes do corpo e uma estocada no lagarto de um braço e deixando-o por morto, foi recolhido em casa de Antônio Ferreira Rebelo, onde expirou às onze horas da noite do mesmo dia [...] com notável sentimento de todo aquele povo, por ser mancebo benquisto, cortesão e amado de todos.

Entrementes, Alexandre de Moura

procedeu com tanta arrogância e soberba [...] que, deixando por morto ao dito defunto, disse em altas vozes ao dito José de Sá, seu primo: "se não estais satisfeito, vamos lhe queimar a casa". E sem dúvida o fizeram, acrescentando delito a delito, se não foram as muitas diligências que fez o mestre-de-campo general Francisco Barreto, que, sentido do caso e insolência dele, mandou levantar as sortes e buscar os delinqüentes para serem presos; e tirando devassa do caso o auditor-geral de Pernambuco, foi somente preso João de Torres Ribeiro, escrivão das ditas sortes.

No que será a melhor tradição brasileira, a corda partiu do lado fraco, nada ocorrendo aos autores do crime. Gaspar Dias Ferreira tinha razão ao presumir que era impossível proceder a uma investigação objetiva, de vez que as testemunhas seriam intimidadas. A insolência dos assassinos chegara ao ponto de o mandarem ameaçar de morte em Lisboa, pelo que solicitava a el-rei que um desembargador da Relação da Bahia se deslocasse a Pernambuco para tirar nova devassa, pronunciando os culpados, enviando-os presos ao Reino e seqüestrando seus bens. Conforme parecer do Conselho Ultramarino, d. João IV ordenou que se pedisse a Francisco Barreto uma informação a respeito; e, se confirmada a versão de Gaspar Dias Ferreira, que os dois principais responsáveis fossem presos e mandados a Portugal ou a Salvador, e que o ouvidor de Pernambuco abrisse segunda investigação, finda a qual um magistrado da Relação iria ao Recife a fim de julgar o delito juntamente com o governador, com o auditor e, devido ao foro militar dos acusados, com os mestres-de-campo dos terços da capitania. A fórmula não satisfez Gaspar, que pleiteou fossem ouvidas preliminarmente as testemunhas que se encontravam em Lisboa. O Conselho Ultramarino concordou, nomeando-se um dos corregedores da Corte. Isso se passava em fevereiro de 1656.[16]

Como Gaspar Dias Ferreira morreria pouco tempo depois, é provável que tenham cessado as tentativas de conseguir foro especial para o litígio. Que se saiba, nem José de Sá nem Alexandre de Moura seriam punidos. Em agosto daquele mesmo ano, Alexandre tratava de agradar Francisco Barreto, doando as terras do seu engenho dos Guararapes onde o governador erguera a capela de Nossa Senhora dos Prazeres em memória das vitórias que ali obtivera. Regressando a Portugal, Alexandre militou na guerra contra a Espanha com a patente de mestre-de-campo, comandando a fortaleza de Portoalegre (Alto Alentejo) e participando das batalhas de Ameixial e Montes Claros. Terminada a guerra, candidatou-se ao governo de Pernambuco, mas foi-lhe dado o da Madeira. Em 1676, residia em Lisboa, de onde autorizava os beneditinos de Olinda a transformarem a ermida dos Prazeres em igreja. Em 1684, voltou a pleitear a capitania, mas a despeito da preferência do Conselho Ultramarino por ele, el-rei nomeou outro candidato.[17]

Pedro Dias Ferreira não fora contudo o rapaz pacato que o pai queria fazer crer. Meses antes do assassinato, andara a monte, fugindo às represálias dos escravos que haviam servido na guerra holandesa por haver açoitado e ferrado um deles. Não havia certeza sequer de que o africano pertencesse a Gaspar Dias Ferreira, o que não impediu que este obtivesse ordem régia para que fosse enviado preso a Lisboa. Para honra sua, Francisco Barreto recusou-se a cumpri-la, alegando que a violência cometida por Pedro chocara "todo o Exército", que contava com perto de novecentos ex-escravos, cedidos por seus donos ou que se haviam alistado contra a vontade deles. Executar a disposição "será o mesmo que exasperá-los [por] verem que depois de servirem a Vossa Majestade com a satisfação que é notória, os entrega a seus senhores, que é de crer os hajam de castigar por os haverem deixado para seguirem o serviço de Vossa Majestade", criando-se péssimo precedente para a eventualidade de que a defesa da capitania viesse novamente a precisar deles. A situação desses homens, que se negavam a voltar à condição servil, será, aliás, pouco depois resolvida pela Coroa, que mandou indenizar os proprietários remediados e persuadir os ricos a manumiti-los.[18]

Um dos protagonistas do assassinato de Pedro Dias Ferreira, Luís de Albuquerque Melo, deixou fama de celerado mesmo numa época, como a segunda metade do século XVII em Pernambuco, já caracterizada pela criminalidade e pela violência. Segundo um parente seu, Luís fora "tão levantado de espírito" que se tornou objeto de devassa por magistrado especialmente enviado para esse fim. "Por desordens nascidas de um espírito imprudentemente altivo", viu-se levado para a Bahia, de onde o despacharam para Portugal, ou, segundo Borges da Fonseca, para Angola.[19] (Nosso genealogista estava ao corrente de muita coisa que não se dispunha a registrar para frustração dos historiadores.) Segundo um contemporâneo:

No lugar da Muribeca havia um homem chamado Luís de Albuquerque, de quem todos tinham medo por soberbo e mal intencionado, com alguns crimes, com que as justiças se não atreviam, por querer fazer de sua casa coito, por andar sempre cercado de espingardas, sem haver quem lho impedisse, e, se acaso tiravam devassa, à própria hora as comprava por dinheiro por não ter culpa nos cartórios, e como a não tinha não entendiam com ele. Ainda assim o mandou o Senhor Governador vir à sua presença e lhe deu uma áspera repreensão, que vivesse como bom cristão e que em falta o havia de mandar em um grilhão a El Rei para o mandar enforcar. Ficou este homem tão temeroso que se foi para sua casa e está vivendo hoje muito pacificamente.[20]

A estória não acabou bem assim. As queixas contra Luís de Albuquerque e seus parceiros, uma quadrilha de malfeitores, já haviam chegado à Corte. Ao receber a ordem régia para que o prendesse, o novo governador, o marquês de Montebelo, temeu a reação, sem executá-la de imediato à espera da ocasião propícia de surpreendê-lo. Menos discreto do que Borges, outro genealogista, parente de Luís, referiu como ele, já no cárcere, coroara suas malvadezas: "mandou chamar à grade da cadeia a mulher, onde aleivosamente a matou, confessando que o fizera não porque ela o merecesse mas sim porque o poderia merecer na sua ausência".[21]

É provável que Luís de Albuquerque Melo tenha sido o autor material do assassinato de Pedro Dias Ferreira, donde o empenho da família de Antônio de Sá em protegê-lo, a ponto de José de Sá, o Olho de Vidro, ser também encarcerado por Montebelo sob a acusação de haver intimidado e subornado testemunhas para salvar o parente. Aliás, o primogênito de José de Sá chamava-se José Luís, Luís sendo prenome que surge então pela primeira vez na genealogia dos Sá e Albuquerque, detalhe significativo na medida em que a escolha do nome de pia atendia sobretudo a uma obrigação doméstica, que normalmente era satisfeita mediante recurso ao estoque onomástico da linhagem mas que excepcionalmente podia comportar, como desta feita, a adoção de prenome estranho. Ademais, o testamento de Brites de Albuquerque (1699), sobrinha e cunhada do Olho de Vidro, previu missas pela alma de Luís, doou escravo a um dos seus filhos e legou dinheiro e terrenos a uma sua filha bastarda que ela, Brites, criara em casa com o carinho de uma esposa estéril.[22]

O falecimento de Gaspar Dias Ferreira privou os seus familiares de apoio na Corte. Contudo, ainda foram necessários vinte anos para que os herdeiros de Antônio de Sá ganhassem a disputa judicial, pois ela envolvia muitos outros engenhos e bens de raiz que se achavam em idêntica situação, inclusive nas mãos de indivíduos mais poderosos do que Gaspar, como era o caso de Fernandes Vieira. Durante a ocupação holandesa, quase metade dos engenhos havia mudado de dono; após a restauração, a Coroa continuou tergiversando sem reconhecer o direito nem dos antigos nem dos novos proprietários luso-brasileiros, o que se deveu especialmente às delongas na negociação do tratado de paz com os Países Baixos, que regulou a questão das dívidas dos colonos junto à Companhia das Índias Ocidentais e a credores particulares. O acordo, assinado em 1661, só pôde ser executado após a assinatura de um segundo convênio em 1669, quando o regente d. Pedro resolveu descongelar o litígio, entregando-o à jurisdição ordinária que, como mencionado, fora impedida de imiscuir-se no assunto. Os processos seriam julgados em primeira instância pelo ouvidor de Pernambuco, com recurso à Relação da Bahia e à Casa da Suplicação em Lisboa. De 1672 a 1678, solucionaram-se finalmente as querelas ou mediante acomodação entre as partes ou através de sentença judicial.[23]

Com a morte de Gaspar Dias Ferreira, o engenho Novo coubera a outro filho seu, Francisco Dias Ferreira, e o Santo André à viúva, filhas e genros do casal. Conhecida a decisão da Coroa, a família de Antônio de Sá passou procuração, feita, o que não é pormenor irrelevante, "em pousadas do mestre-de-campo d. João de Souza", também interessado no processo na sua qualidade de herdeiro da sogra. Amplos poderes foram delegados a José de Sá e a outros mandatários na capitania, na Bahia e em Lisboa, nesta última a Salvador Correia de Sá e Benevides, membro influente do Conselho Ultramarino. O libelo de reivindicação movido pelo Olho de Vidro junto à ouvidoria de Pernambuco teve ganho de causa. Os herdeiros de Gaspar apelaram para a Relação da Bahia, mas, a braços com um interminável legado de questões judiciárias que se prolongarão até o fim do século, acabaram entrando em acordo. Não se conhecem os detalhes da restituição do Santo André, mas o engenho Novo foi devolvido com exceção de dois partidos de cana pertencentes a um genro de Gaspar. Por sua vez, os filhos de Antônio de Sá renunciaram à pretensão de receber o equivalente aos rendimentos do engenho a partir do seu confisco e venda a Gaspar em 1637, cedendo também o montante do arrendamento da propriedade na safra de 1676-7. Paralelamente, recuperaram a posse de outros haveres de seu pai, inclusive o engenho Velho, adquirido ao tempo do domínio holandês pelo sefardita Duarte Saraiva e que ainda era objeto de disputa entre a numerosa descendência de Jerônimo de Albuquerque.[24]

Frei Manuel Calado do Salvador, que detestava Gaspar Dias Ferreira, cujas tramóias reportou pormenorizadamente, afirmava que ele "não deixou saudades na terra e levou consigo muitas pragas de pobres", e, acrescente-se ao cronista, muitas pragas de ricos, como a família de Antônio de Sá e os monges beneditinos, de cujos bens também se apropriara, embora para a mentalidade da época a maldição lançada pelos afortunados não tivesse a mesma letalidade da dos desvalidos.[25] Para conforto dos moralistas, a estirpe de Gaspar soçobrou na violência e no escândalo. Como o irmão, Francisco Dias Ferreira foi assassinado, só que "à espingarda, sem confissão", numa rua de Olinda, ao que parece por vingança de parente da esposa. Segundo a viúva de Gaspar, cuja versão, endossada pelo juízo eclesiástico, parece haver saído de uma página de *Casa-grande & senzala*, sua nora teria sido envenenada pela escrava Serafina, conhecida como bruxa e concubina de Francisco, com quem viria a casar-se graças aos feitiços que lhe teria aprontado, matrimônio que tivera lugar a portas fechadas na casa-grande do engenho Cajabussu (Cabo) e ao arrepio das exigências do cânone tridentino. Após o assassinato de Francisco, Serafina "se chamou dona, vestindo-se de viúva", caluniando os Dias Ferreira, movendo-lhes demandas e apossando-se de pertenças do defunto, como o Cajabussu, que a título de indenização fora entregue aos beneditinos da Paraíba, espoliados por Gaspar no tempo do governo de Nassau. Alegava Serafina que Francisco a comprara e a alforriara e "pela afeição que lhe tinha é que a recebeu por mulher". Ela, aliás, voltaria a casar-se, mas seu anterior matrimônio seria anulado pela justiça civil e eclesiástica.[26]

Por fim, a fortuna voltava a afagar os herdeiros de Antônio de Sá. Já reintegrados na posse dos engenhos do pai, abriu-se a sucessão do primo Alexandre de Moura, que falecera solteirão, deixando o engenho Guararapes a duas irmãs freiras de Santa Clara de Lisboa, sob a condição de que a propriedade passaria por morte delas às mãos de José de Sá e demais primos. Durante a ocupação holandesa, o Guararapes fora também confiscado, sendo revendido ao mercador cristão-novo Vicente Rodrigues Vila Real, que fazendo garbo do seu judaísmo mandara derrubar a capela e o cruzeiro existente no adro, vindo em breve a falecer de "um fluxo de sangue que lhe sobreviera por se circuncidar". Quando da restauração de Pernambuco o Guararapes achava-se arrendado, mas havia sido recuperado por Alexandre de Moura, que, como referido, doou o terreno para a edificação da ermida de Nossa Senhora dos Prazeres.[27]

Encerrado o litígio com os herdeiros de Gaspar Dias Ferreira, sobreviria a discórdia entre os filhos de Antônio de Sá em torno da cláusula de encapelamento do Santo André incluída no testamento de Duarte de Sá. D. Catarina, viúva de Antônio, falecera *ab intestada* em 1682 sem tê-la executado. Seu inventário foi feito na casa-grande do engenho Novo, onde residia então o Olho de Vidro, que o arrendara, com o Santo André, à mãe e aos irmãos. Ademais dos filhos e netos de Antônio, havia uma pletora de Pais Barreto. A filha que ele deserdara, Lourença, morta sem descendência, deixara à meia-irmã Brites a legítima a que tinha direito pela parte de sua mãe. Por outro lado, o dote de 16 mil cruzados prometido ao marido de Brites tampouco fora desembolsado. A avaliação concluiu que o patrimônio legado por Antônio estava reduzido a 46 mil cruzados, dos quais cerca de 21 mil correspondiam a dívidas incorridas pela família durante o exílio na Bahia e após o regresso a Pernambuco. Para serem levados à partilha, restavam apenas 25 mil cruzados, menos de 1/6 do que somavam cinqüenta anos antes os seus bens. A guerra holandesa e a queda do preço do açúcar haviam arrasado uma das primeiras fortunas da terra.

Pretendia José de Sá que o engenho Santo André lhe coubesse *in solidum*, em cumprimento do desejo do avô, confirmado pelo pai, de encapelar a propriedade em favor do filho mais velho; e que os demais haveres, inclusive o engenho Novo, fossem partilhados igualitariamente pelos herdeiros, inclusive por ele, Olho de Vidro. Seus irmãos insistiam naturalmente em que o Santo André também entrasse na divisão, uma vez que "não era capela por se não apresentar instituição alguma nem administrador nomeado nela". Treplicava José de Sá que a inexecução da cláusula não a anulava, mas o juiz decidiu em contra: a fazenda inventariada, deduzidas as dívidas, seria partilhada por igual. Como os herdeiros de Gaspar Dias Ferreira, os de Antônio de Sá chegaram a acordo, fatigados de tantos anos de disputa e onerados de custas judiciárias. O irmão Manuel era uma figura apagada; as irmãs ainda vivas não tinham forças para se oporem ao Olho de Vidro, que as dominava na obstinação de reconstruir o patrimônio do pai e do avô.

Pela transação final, os herdeiros receberam suas legítimas em partidos de cana no engenho Novo, em terras que Antônio de Sá possuíra e em parcelas de dívidas de que ele e sua mulher eram credores. Com José de Sá, ficava a parte do leão: a fábrica do engenho Novo; o terreno de Olinda onde se erguera outrora a casa de Duarte de Sá; o quinhão do engenho Velho; e a totalidade do Santo André, que finalmente encapelou, criando o morgadio sonhado pelo avô. Em contrapartida, deveria saldar todos os débitos deixados pelos pais, cujo montante equivalia ao valor atribuído ao Santo André. Apesar de sessentão, o Olho de Vidro ganhava tempo graças à desesperante lentidão com que eram implementados esses acertos de família. Basta lembrar que muitos anos depois do inventário de sua irmã Brites, o genro desta, o mestre-de-campo d. João de Souza, ainda era credor de José de Sá de quantia decorrente da partilha do engenho Garapu; e que dezessete anos passados do acordo feito entre os herdeiros, o Olho de Vidro ainda devia a uma sobrinha a metade da terça parte a que tinha direito, da herança da tia Lourença e da mãe, Brites.[28]

IV. 1654-1750

DO RETORNO DE JOSÉ DE SÁ a Pernambuco em 1653 data seu casamento com a sobrinha homônima de sua mãe, Catarina de Melo e Albuquerque, filha da irmã Brites com o primeiro Felipe Pais Barreto. É certo que, devido à retirada para a Bahia em 1635, duas das irmãs de José de Sá ainda se haviam casado exogamicamente; outra, não tendo podido realizar sua aspiração de ser freira devido às estreitezas financeiras da família, contentou-se com o hábito de terceira, florescendo em virtudes e falecendo idosa. Quanto ao único irmão de José de Sá, Manuel de Sá e Albuquerque, morreu também celibatário e idoso, sem demonstrar vocação para nada, como tantos filhos segundos da nobreza da terra ocupados apenas em caçar passarinho, organizar brigas de galo e servirem de "garanhões daqueles contornos", na denúncia oitocentista do padre Lopes Gama.[1]

O matrimônio de José de Sá com a sobrinha atou-o a uma rede intricada de alianças endogâmicas. Do casamento exogâmico com o primeiro Felipe Pais Barreto, Brites de Albuquerque, irmã mais velha do Olho de Vidro, parira quatro filhas, entre as quais Catarina, que reservou para o irmão, casando as outras com primos, entre eles o segundo Estêvão Pais Barreto, pai do nosso Felipe Pais Barreto — todos portanto dentro do quarto grau de consangüinidade. O enlace requeria, portanto, dispensa papal. Informa Borges da Fonseca ter sido "tão grande o empenho que [José de Sá] teve deste casamento que para o conseguir fez uma viagem tão dilatada como de Pernambuco a Roma, onde supriu a falta que tinha de um olho com outro de vidro".[2] Um genealogista fantasiou a operação cirúrgica em condição imposta por Catarina para desposar o tio,[3] o que é superestimar o poder de barganha das noivas do século XVII. Embora os bispos concedessem dispensas provisórias dos graus proibidos pelo direito canônico, sobretudo em se tratando de famílias importantes ou merecedoras da gratidão do clero, a ponto de tais licenças se tornarem uma boa fonte de renda eclesiástica, a autorização definitiva ficava na dependência do Vaticano, onde a tramitação era demorada.[4]

A razão da longa e onerosa jornada foi dada por Borges da Fonseca. Uma sobrinha de José de Sá que consumara matrimônio com um primo, de quem tivera um filho, falecera antes que chegasse a dispensa; outra, casada com d. João de Souza, recebera-a a tempo, mas a expedição do breve havendo tardado, ela ficaria exposta às asseverações, que o autor da *História genealógica da Casa Real Portuguesa* repetirá no século XVIII, de que tal consórcio não tivera lugar, o que era gravíssimo sendo o casal gente principal de Pernambuco, fundadores e patronos da igreja e do hospital do Paraíso. Loreto Couto, aliás, indignava-se com o que reputou leviandade da parte de Antônio Caetano de Souza, ao introduzir "sem mais exame, em seus escritos, notícia tão injuriosa a uma senhora tão ilustre em todo gênero de virtudes". Ao partir para a Europa, José de Sá já se achava casado mediante licença do bispo, que ainda era o da Bahia, e anos depois, porque tardasse a confirmação da Santa Sé, dispôs-se a ir a Roma apressar a concessão. Um neto seu informa que ele aproveitara também a ocasião para tratar em Lisboa do seu ingresso na Ordem de Cristo e do seu "filhamento" como fidalgo cavaleiro da Casa Real, episódios do último quartel do século XVII, quando ao casal já haviam nascido os filhos.[5]

Em tão melindrosa matéria, todo cuidado passara a ser pouco quando, a partir da ocupação holandesa, a nobreza da terra enveredou pela endogamia, eliminando o reinol como opção matrimonial para as filhas. Tendência que já se vinha insinuando nos finais do Quinhentos e que um século depois tornara-se predominante. Na sua história do governo nassoviano, Barleus referiu-se à "desordenada liberdade dos casamentos" que se celebravam em Pernambuco, onde "não se respeitavam os graus proibidos de consangüinidade", abusos que provocaram providências de Nassau, sob a pressão dos ministros calvinistas enfurecidos com tantos "incestos".⁶ Medidas, aliás, tão inúteis quanto as que proibiam os engenhos de moerem aos domingos e as "botadas" de serem abençoadas pelo padre. Não foi portanto mera coincidência se o nativismo nobiliárquico no Pernambuco *post bellum* marchou de mãos dadas com a prática endogâmica, pois ambos são facetas do mesmo processo de crispação pelo qual a açucarocracia transitou de estrato dominante, mas socialmente aberto, à condição de nobreza da terra, clube exclusivo.

A ruralização da comunidade luso-brasileira em decorrência da dominação holandesa afastou suas famílias principais do meio urbano, não só devido a exigências de natureza econômica mas sobretudo religiosas, quais sejam as de evitar os contatos dispensáveis com os dominadores batavos, que podiam contaminar sua consciência de bons católicos e de bons súditos d'el-rei. Por trás da barreira lingüística, protegeram-se a ortodoxia confessional e os demais valores lusitanos transplantados para o Brasil e já submetidos entre nós a outras relações, embora menos perigosas na medida em que ocorriam com culturas dominadas. Ao sustar o fluxo da emigração portuguesa para Pernambuco, a ocupação neerlandesa eliminou a opção pela exogamia, para não falar nos claros abertos na população masculina pela guerra de resistência e pela retirada para a Bahia. Em princípio, eles poderiam ter sido preenchidos pelos próprios holandeses. Pretendeu Gilberto Freyre que os casamentos com luso-brasileiras não teriam sido poucos, sem deixar, porém, pistas genealógicas em razão de os patronímicos batavos terem sido propositadamente estropiados de modo a soar como inofensivos nomes lusitanos.⁷

O caso mais conspícuo, o da família van der Ley, vai contra tal hipótese. A descendência de Gaspar van der Ley esmerou-se em usar o nome exótico do ascendente alemão e ainda procurou garantir-se mediante certificado de nobreza, passado do próprio punho de Nassau muitos anos depois da sua estada no Brasil.⁸ Ademais, os Van der Ley permaneceram igualmente fiéis ao prenome do fundador, tanto assim que descendentes seus ainda se chamariam Gaspar ou Gasparina em pleno século XX. Por fim, por adulação ou amizade sincera a Nassau, Gaspar colocaria no primogênito o nome de João Maurício, criando um precedente para toda a família nos séculos seguintes. Até há alguns anos, o prenome constituía uma espécie de marca registrada da estirpe. Por outro lado, sempre havia a tática mais segura que a do aportuguesamento do nome e que consistia no uso do patronímico lusitano da mãe em detrimento do do pai herege, pois, como se sabe, os nomes da família paterna e materna eram alternativamente dados a filhos do mesmo casal.

Se as alianças entre holandeses e luso-brasileiras ocorreram nas camadas subalternas, foram raras entre a gente de prol. O depoimento fundamental neste caso é o de frei Manuel Calado, a quem o assunto, por suas conotações eclesiásticas, interessava de perto. Que diz o cronista? Que nenhum luso-brasileiro se interessou por estrangeira, nem mesmo com finalidade puramente sexual, e que apenas cerca de vinte mulheres da terra casaram com batavos, o que constitui uma cifra insignificante. Destas, aduz Calado, muitas teriam sido ludibriadas por pretendentes que se faziam passar por católicos; outras teriam sido desposadas à força, contra a vontade da família ou delas mesmas. São bem limitadas as referências concretas a casamentos na classe alta, seja nas fontes coevas seja na genealogia de Borges da Fonseca. O caso mais célebre é evidentemente o de Ana Pais d'Altro, herdeira do engenho depois chamado da Casa Forte, a qual, tendo enviuvado de oficial português, consorciou-se na Igreja reformada com o capitão da guarda de Nassau e, novamente viúva, com um membro do Conselho Político, o que, ainda segundo Calado, causou "grande escândalo do povo católico" e até dos neerlandeses, admirados da desenvoltura da rica herdeira, embora a condição feminina nos Países Baixos fosse de grande liberdade se comparada à de países católicos e mesmo protestantes.[9] J. A. Gonsalves de Mello também chamou a atenção para outros episódios, inclusive com aportuguesamento dos nomes.[10]

Há, por fim, o exemplo já citado dos Wanderley. Calado, que costumava dar nome aos bois, referiu que Gaspar van der Ley "estava casado ou amancebado com d. Maria de Melo", amancebamento que, na sua ótica de católico, decorria dos casamentos mistos oficiados por predicantes calvinistas, os quais, por conseguinte, não tinham validade perante a Igreja romana.[11] Sempre respeitoso das aparências (ou não seria genealogista), Borges da Fonseca recolheu a tradição dos Wanderley de que Gaspar convertera-se ao catolicismo só para casar com Maria de Melo.[12] Ela, de tão guapa ou de tão rica, valera bem uma missa. A realidade foi outra. Se não bastasse o testemunho de Calado, aí estariam o livro de batismo e as atas da classe da Igreja reformada do Brasil holandês para provar que Gaspar não apostatou ao menos até o começo do levante restaurador de 1645, quando já estava casado havia anos.[13] A invenção familiar da sua conversão pré-matrimonial é, aliás, compreensível. Oficiado fora da Igreja católica, o casamento seria considerado nulo no Pernambuco *post bellum*, o que acarretava a ilegitimidade dos seus descendentes, que se reputavam nobres tanto pelo lado de Gaspar como pelo de Maria de Melo.

Veja-se o processo de habilitação à Ordem de Cristo (1691) de um neto do casal, João de Barros Rego, um dos chefes do partido da nobreza em 1710-1. Ele recorreu a uma linguagem ambígua: sem precisar datas nem o momento da alegada conversão, declarou que o avô "foi em seu princípio de diferente religião, posto que viveu e morreu católico romano". Contudo, as provanças levadas a efeito em Pernambuco revelaram que "fora herege e que, quando morrera, se fizera católico", tendo-se assim convertido *in extremis*, certamente por pressão doméstica tendo em vista a posição da progênie. Se o casamento católico, que pressupõe o batismo, tivesse ocorrido, os cronistas luso-brasileiros não se teriam abstido de registrar acontecimento tão desvanecedor como a conversão de alta patente do Exército neerlandês. A devassa ordenada em 1635-7 pelo bispo da Bahia põe os pingos nos is. Uma das testemunhas deixa entrever não só que Gaspar raptara Maria como também que o matrimônio tivera lugar segundo o ritual calvinista, versão confirmada por outro depoente. Gaspar terminou aderindo ao movimento restaurador, mas foi sempre objeto de prevenção da parte das autoridades luso-brasileiras, que o desterraram em Salvador desde 1645 e de onde ele já não regressaria em caráter definitivo ao seu engenho dos Algodoais, pois o neto será taxativo: "viveu e faleceu na cidade da Bahia aonde sempre residiu".[14]

A devassa mencionada aponta outro caso excepcional, o da filha de Luciano Brandão, senhor do engenho Nossa Senhora do Rosário na terra firme de Itamaracá e colaboracionista da primeira hora, a qual contraiu núpcias com um neerlandês que o documento designa por João Vinhais, ou Johan Wynants. Dessa feita, o matrimônio não se fez contra a vontade da família e muito menos da noiva, que alimentava sentimentos ferozmente antilusitanos. Narra uma das testemunhas que ela seria "muito grande inimiga dos portugueses e os acusava tanto que o próprio marido lhe fora à mão, dizendo-lhe 'para que acusava seus naturais, pois era portuguesa como eles?'".[15] A mesma fonte alude a outras alianças mistas, mas quase todas com mulheres de condição modesta e plausivelmente cristã-nova, menos afetada portanto por preconceitos anticalvinistas. Pode-se afirmar portanto que, no frigir dos ovos, as barreiras culturais que apartaram dominadores e dominados atuaram no sentido de desencorajar os casamentos intercomunitários.

A endogamia continuou a ser praticada mesmo quando reiniciada a emigração lusitana, sob a forma de soldados do Reino, ao tempo da guerra de restauração e, depois desta, sob a forma dos reinóis sem eira nem beira, socialmente inaceitáveis pelas famílias principais. Na segunda metade do século XVII, os matrimônios com forasteiros limitaram-se às patentes superiores da carreira militar ou aos burocratas da Coroa, posições que decantavam os defeitos de sangue ou mecânicos de seus ancestrais. Ironicamente, o primeiro genealogista da capitania, Jerônimo de Faria Figueiredo, não foi exatamente indivíduo bem nascido. Seus avós haviam sido pescadores, falta que teve de ser dispensada pela Coroa para que ele ingressasse na Ordem de Aviz em recompensa dos serviços prestados contra os holandeses.[16] Capitão de infantaria, ele permaneceu em Pernambuco, casando-se em família principal. Como tantos que se haviam aliado à gente de prol, ele poderia repetir a frase de um grande senhor castelhano do tempo dos reis católicos sobre o papel de promoção social da guerra: "Nos tempos de paz, poucos são os que ganham; e nos tempos revoltos, fazem-se os homens".[17] Como previsto no alvará de d. João IV, que mandou repartir pelos soldados os cargos da administração local, os méritos conquistados na luta restauradora não serviram apenas na carreira militar mas também na obtenção de sesmarias; na nomeação para cargos lucrativos, como os cartórios, a provedoria da Fazenda Real e outras funções de natureza financeira ou para os comandos das tropas de segunda linha; no acesso à governação municipal, como procuradores, vereadores e juízes ordinários das Câmaras.

As origens desses militares e burocratas reinóis não eram melhores que as dos comerciantes recifenses; eram geralmente tão humildes quanto estes. Apenas aos olhos da gente da terra eles desfrutavam a superioridade conferida pelos galões ou pela função pública. Antônio Barbosa de Lima, para citar um exemplo revelador, viveu longamente em Pernambuco, onde de capitão de infantaria chegou a secretário do governo, cargo que exerceu durante vinte anos. Seu avô paterno fora barbeiro; o materno, caminheiro; a avó materna, padeira, defeitos mecânicos que não lhe impediram de vestir o hábito da Ordem de Cristo. Os pais e avós de contemporâneo seu, o ouvidor José Inácio de Arouche, "foram homens que navegaram com seus barcos, pescando e mandando pescar". Destarte, eles adquiriram cabedais suficientes para pagar os estudos jurídicos do filho e para se tornarem armadores, beneficiando-se da decisão régia que declarara hábeis para as funções municipais de Setúbal os que exercessem tal atividade. Outros muitos exemplos poderiam ser aduzidos, entre eles o de um governador da Paraíba, cujo avô paterno fora marinheiro e cuja avó fora parteira; ou de um capitão-mor do São Francisco, que, filho e neto de carreiros, começara a vida como sapateiro.[18]

O defeito mecânico estava longe de ter a gravidade do defeito de sangue, como assinalou Fernanda Olival, sendo facilmente remediável, desde que o candidato dispusesse de dinheiro e de pistolões, especialmente a partir dos anos 80 do século XVII, com a transformação da dispensa em fonte de receita da Coroa e em instrumento de fomento das atividades econômicas. Como os estatutos das ordens militares não discriminassem os ofícios afetados pela mácula do trabalho manual, elaborou-se toda uma casuística destinada a contornar os escolhos, desde que, condição inarredável, o indivíduo tivesse ocupação e estilo de vida condizentes, que se traduziam principalmente em andar a cavalo e servir-se de criados, mesmo se o abandono de atividades manuais se tivesse verificado em passado recente. Mas "abaixo deste patamar de distinção [cavalo e criado] era quase impossível ter possibilidades de alcançar o hábito". Destarte, os grandes comerciantes, seja no Reino seja na colônia, puderam ingressar nas ordens militares transferindo os balcões das suas lojas aos caixeiros, tendência que culminou no século XVIII, com a requalificação de muitas ocupações que perderam caráter envilecedor: nesse período, 39% dos ingressados na Ordem de Cristo tinham possuído defeito mecânico, num acréscimo de 127% em comparação com o século XVII.[19]

Embora a endogamia seja encarada como prática designada à preservação da fortuna da família, sua motivação não é tão transparente assim. No período holandês ela foi parte da rejeição cultural dos dominadores calvinistas; depois, veio a exprimir contra os reinóis de origem subalterna os preconceitos de classe e os pruridos linhagísticos da nobreza da terra, pruridos que, aliás, nada tinham de pueris para os homens e as mulheres criados no culto do nome e do sangue. Daí que o matrimônio no interior da açucarocracia se tenha mantido mesmo quando sua irracionalidade em termos econômicos houvesse sido demonstrada pela recessão da economia açucareira entre os anos 50 e 60 do século XVII até os últimos decênios do XVIII. Em tal conjuntura, a endogamia já não se prestava a conservar a riqueza doméstica, como ocorreria numa fase de expansão, só servindo ao invés para conservar a pobreza, mesmo quando se recorria aos métodos tradicionais do morgadio e do encapelamento. Particularmente relevante é, a esse respeito, a genealogia dos Lins, de Porto Calvo, descendentes de Cristóvão Lins, principal povoador do norte de Alagoas, que ajudou a conquistar a indiada, abrindo nova fronteira à expansão dos canaviais e das fábricas de açúcar, de que chegou a possuir nada menos de sete, entre o Cabo e a região dos quatro rios, onde finalmente se fixou.

Seus filhos ainda haviam seguido o figurino *ante bellum*, casando-se os rapazes com mulheres da terra, e as moças, com reinóis endinheirados. A geração dos seus netos correspondeu à guerra e à ocupação holandesas, afetando o anterior modelo: dois deles consorciaram-se fora da capitania; dois outros, que haviam ficado na terra, com primas; e, pela primeira vez na linhagem, as filhas foram dadas a mazombos. Nas gerações seguintes, a endogamia triunfou em toda a linha. Bisnetos, trinetos e tataranetos de Cristóvão Lins casaram-se com parentes ou em famílias açucareiras da região, salvo a exceção de umas segundas núpcias com um juiz de órfãos e um matrimônio com paulista, Manuel Álvares de Morais Navarro, o qual, filho e neto de "marinheiros da carreira do Brasil", viera fazer a vida em Pernambuco ao tempo da guerra dos Palmares, comprando o engenho, ao norte de Olinda, depois conhecido por engenho do Paulista. Os Lins de Porto Calvo praticaram a endogamia de classe e a de família sob a forma de uma preferência dada aos Barros Pimentel. O velho Cristóvão fora concunhado de Antônio de Barros Pimentel, ao desposarem as filhas de Arnal de Holanda. Lins e Barros Pimentel continuaram a casar-se regularmente entre si pelo menos até os meados do século XVIII, quando cessa a genealogia compilada por Borges da Fonseca. Essa trama de relações consangüíneas adensara-se de tal maneira que, por ocasião das provanças de Cristóvão Lins, o Gentil Homem, alcaide-mor de Porto Calvo (1699), houve imensa dificuldade em encontrar-se cavaleiro da Ordem de Cristo que se encarregasse da investigação, de vez que todos tinham parentesco com o candidato, o que, segundo o regimento, incompatibilizava para a tarefa.[20]

É a rigidez da prática que poderia explicar em boa parte o fato de que "nos fins do século XVIII cessa a presença dos Lins — os herdeiros em linha direta do povoador — na propriedade dos mais importantes engenhos do vale do Camaragibe". Começa então a era dos Mendonça, isto é, dos descendentes do reinol José de Mendonça de Matos Moreira, ouvidor-geral e corregedor da comarca de Alagoas, senhor de engenho e tronco de uma oligarquia que controlou o norte da comarca transformada em província (1817) até o Segundo Reinado.[21] Prejudicial em termos de sobrevivência social, a endogamia dos Lins de Porto Calvo os segregou em área mais vulnerável às vicissitudes da economia canavieira; daí que só se tenham salvo aqueles Lins que, sem pertencerem à linha principal ou à varonil, emigraram para o norte do rio Una, como os Accióli Lins de Sirinhaém e Rio Formoso, que ainda em finais do Oitocentos possuíam engenho e eram titulares do Império. Os Barros Pimentel também terminariam abandonando a prática prejudicial. Embora as primeiras gerações tenham-se aliado a famílias do norte de Alagoas, um trineto do fundador foi casar em Sergipe, dando origem a um ramo que daria um presidente à província de Pernambuco no reinado de d. Pedro II. Outro trineto casar-se-ia com filha de reinol abonado, cujos pais e avós haviam sido estalajadeiros e jornaleiros e que, caixeiro em Lisboa, viajara inúmeras vezes ao Brasil como "volante", negociante de ida e vinda por conta alheia e pela própria, estabelecendo-se por fim no Recife como "mercador de sobrado", ou seja, atacadista. Aí, como de regra, casou na família de outro rico mercador, adquirindo a certa altura o engenho da Forciosa e ganhando o hábito de Cristo, graças a el-rei que lhe perdoara os defeitos.[22]

V. 1654-1711

O SANGUE CRISTÃO-NOVO não obstou o acesso de José de Sá e Albuquerque aos cargos civis e militares da capitania nem às dignidades régias, honras e empregos que, no dizer de Borges da Fonseca, podiam "nobilitar uma casa que lançou seus alicerces no terreno de uma conquista [ultramarina]",[1] e que, por conseguinte, não podia aspirar a muito. Radicado em Pernambuco, o Olho de Vidro prestara a el-rei como capitão da infantaria na milícia do Cabo, onde explorava, como aludido, um partido de cana no engenho da irmã viúva, os serviços que não havia prestado durante a guerra da restauração. Apenas vê-se-lhe acudir em certa ocasião ao rebate contra uma armada holandesa que surgira no litoral pernambucano às vésperas da assinatura do segundo tratado de paz de Haia (1669), assistindo com sua tropa na fortaleza de Nazaré ao longo de todo um trimestre e contribuindo para a reparação da praça-forte. Promovido a coronel de todas as companhias do distrito, reformou-se no posto que pertencera ao pai e que transmitirá a um dos filhos, o de capitão-mor de Muribeca e Jaboatão, desincumbindo-se a contento do recrutamento de soldados para as expedições periódicas contra os quilombos dos Palmares e para o envio de ajuda militar a Angola, para o que concorreu do seu bolso. Dessas funções, não se auferia vantagem financeira alguma, mas gozava-se de uma série de regalias igualmente úteis, inclusive os créditos indispensáveis a reivindicar da Coroa a concessão de honrarias como a Ordem de Cristo.

Como o pai e o avô, José de Sá e Albuquerque também ocupou cargos municipais em Olinda, como vereador e juiz ordinário, o que lhe permitiu assumir a ouvidoria-geral na ausência do magistrado régio. Aí ele se encontrava quando da embrulhada disputa judiciária entre os beneditinos da Paraíba e os herdeiros de Gaspar Dias Ferreira; ou coadjuvando o desembargador enviado do Reino para executar os devedores remissos do imposto levantado para pagar o dote de d. Catarina de Bragança e a indenização aos Países Baixos pela perda do Brasil holandês, missão delicada, pois entre eles se achavam os pró-homens restauradores, como Fernandes Vieira e Vidal de Negreiros. Nesse episódio, o Olho de Vidro agira, segundo as autoridades da metrópole, "com grande desvelo e prontidão", como fizera "desinteressadamente" em outras oportunidades, dando "inteiro cumprimento a todas as ordens que pelos governadores lhe foram mandadas fazer do serviço de Sua Majestade". Havia muito já era terceiro da Ordem do Carmo de Olinda quando em 1683 teve a honra insigne de ser eleito provedor da Misericórdia da cidade, consoante o velho provérbio alentejano segundo o qual "quem não está na Câmara, está na Misericórdia", ou vice-versa, provérbio que bem define o caráter oligárquico das instituições municipais no Reino e no ultramar. Destarte, nosso personagem habilitara-se a cobrar d'el-rei a recompensa da sua prestança, ademais da do seu pai e avós. Malgrado a sentença judicial exarada ainda na Bahia, d. Catarina de Melo e Albuquerque nada arrancara da Coroa, de modo que o Olho de Vidro veio a herdar os direitos à retribuição régia, podendo assim aspirar à Ordem de Cristo e ao foro de fidalgo da Casa Real.[2]

Conseguiu ambos, mas ao preço de atirar-se a uma manobra arriscada que, caso houvesse fracassado, teria feito recair sobre si o opróbrio que sobrará vinte anos depois para o sobrinho Felipe Pais Barreto. Devido a seu costado cristão-novo, José de Sá e Albuquerque tinha a opção entre solicitar a dispensa do defeito de sangue ou recorrer à manipulação genealógica que, utilizando o suborno e a pressão, obstasse a investigação em torno de seu avô Duarte de Sá. A primeira alternativa era penosa, pois equivalia à admissão da ascendência conversa, com o conseqüente desdouro para si, para a parentela e para a descendência. Ademais, a dispensa, que competia exclusivamente ao Sumo Pontífice, só podia ser pleiteada por intermédio da Coroa, com o que sua tramitação dava publicidade ao defeito, pois inclusive a carta de hábito indicava expressamente o motivo da isenção. Mas como el-rei tivesse o poder de relevar a falta de informação sobre os ascendentes do candidato, podia-se tomar o atalho consistente em alegá-la, embora a Mesa da Consciência resistisse à manobra, comumente usada para esconder o defeito de sangue.[3]

Em Pernambuco, só havia o precedente de João de Mendonça, senhor do engenho da Madalena. Havendo suas provanças para a Ordem de Aviz concluído ser judeu de quatro costados, sua admissão fora inicialmente vetada. Mas Mendonça não desistira: já que sua origem era notória, encetou o complicado processo de solicitar a autorização da Coroa para requerer a dispensa ao papa. A ousadia dividira a Mesa da Consciência, invocando-se "o muito que se ia prejudicando a autoridade das ordens militares com admitir a elas pessoas de semelhantes qualidades". Propôs-se que a Mesa se abstivesse de responder à Regente, limitando-se a enviar-lhe a ordem régia de 1604, que proibia terminantemente a concessão de hábitos a conversos e seus descendentes. Apenas dois dos membros opinaram a favor da licença, caso d. Luísa de Gusmão julgasse os serviços de João de Mendonça tão relevantes quanto ele pretendia; afinal de contas, existiam casos de "outras pessoas de diferente qualidade e não com menos defeitos". D. Luísa, cuja vocação de mandona era conhecida, não se intimidara com os arreganhos da "linha dura" da Mesa, autorizando João de Mendonça a requerer o breve pontifício. Destarte, ele não só veio a professar na Ordem de Aviz, mas até a obter sua transferência para a de Cristo, ocasião em que a Mesa não tugira nem mugira. João de Mendonça beneficiara-se de certa flexibilidade que, dos anos 1640 aos 1660, fechara os olhos ao ingresso na Ordem de Cristo de cerca de cinqüenta ou sessenta indivíduos de origem conversa agraciados pelos serviços prestados à Restauração portuguesa.[4]

A posição do Olho de Vidro era diferente. João de Mendonça não tivera o que perder, mas José de Sá e Albuquerque tinha a reputação de cristão-velho a zelar. Como nem seu avô nem seu pai se haviam atrevido a reivindicar o hábito, nada constava a respeito deles nos arquivos da Mesa da Consciência. Ademais, como três dos avós eram naturais de Pernambuco, as provanças seriam levadas a efeito ali onde o candidato tinha poder e influência para encaminhá-las em sentido favorável. O calcanhar de Aquiles da operação residia na naturalidade de Duarte de Sá (Barcelos), onde sua lembrança ainda podia estar viva, pois ali viviam parentes colaterais e os descendentes de contemporâneos seus, que seguramente haviam ouvido falar do rapaz com raça de converso que partira para a Índia e acabara ficando no Brasil; ou que tinham compulsado os cadernos genealógicos sobre os cristãos-novos da vila, que nela continuarão a circular muito tempo depois do desaparecimento do Olho de Vidro. Ora, até o Minho não chegava sua influência; Barcelos nem era Olinda nem Muribeca, onde sobravam-lhe os meios com que intimidar os depoentes.

Seu estratagema consistiu portanto em declarar desconhecer a naturalidade de Duarte de Sá e em solicitar a correspondente dispensa da investigação deste costado. O embuste torna-se visível a quem consulta o processo de habilitação de Felipe Pais Barreto, como se tornou aos membros da Mesa da Consciência quando das provanças deste último. O Olho de Vidro conhecia perfeitamente a procedência do avô, que constava dos testamentos dele e de Antônio de Sá, que o próprio José de Sá havia invocado na disputa com os irmãos em torno do encapelamento do engenho Santo André. Entre as disposições de última vontade, Duarte ordenara a aplicação de 2500 cruzados em bens de raiz para sustento de suas irmãs e sobrinhas em Barcelos, determinação que Antônio cumprira mediante a aquisição para usufruto das tias e primas de "uma horta em um lugar que chamam Agrela, junto à vila [de Barcelos]", embora não houvesse despendido toda a quantia prevista por Duarte, aduzindo, contudo, que "de cá [de Pernambuco] os pus sempre como pude e deste dia [da assinatura do testamento] por diante, enquanto se lhes não perfazer o rendimento da sobredita propriedade, se lhes mandarão 40 mil réis [cem cruzados] em cada um ano".[5] Ao menos o pai e o avô do Olho de Vidro haviam-se mantido em contato com os parentes minhotos, o que o candidato não ignorava, quando mais não fosse pela leitura dos papéis de família que, como genealogista, guardava religiosamente e ainda se conservavam na família em meados do século XVIII.

Não se preservaram infelizmente as provanças de José de Sá e Albuquerque. O que parece suspeito não o é necessariamente, de vez que a maioria dos processos da segunda metade do século XVII não as incorpora. Seu dossiê compreende apenas a decisão régia que lhe concedeu o hábito (1681), sua folha de serviços e a dos pais e avós, bem como as consultas da Mesa da Consciência sobre a matéria. Na primeira destas, informava a Mesa que das inquirições feitas em Pernambuco "constou que em sua pessoa concorrem a limpeza e qualidade que se requer, mas por ser maior de cinqüenta anos e não constar ao certo a pátria de seu avô paterno, suposto foi conhecido, tido e havido por nobre e limpo [*sic*], se julgou que por estes impedimentos não estava capaz de entrar na Ordem", parecer que el-rei acatou. O Olho de Vidro recorreu, com o cinismo habitual dos candidatos rejeitados, argumentando que destarte "se poderá presumir que deixa de a [mercê] lograr por outro algum defeito [entenda-se, de sangue], sendo tudo em dano de seus filhos". Dessa vez, a Mesa opinou favoravelmente e o monarca aquiesceu. O defeito de idade não tinha a menor importância, sendo rotineiramente dispensado desde que a exigência do limite de cinqüenta anos caíra em desuso com o desaparecimento das funções militares das Ordens. A dispensa do desconhecimento da naturalidade do avô era incomparavelmente mais grave, já que isentava o candidato da investigação acerca da origem de um dos costados.

Daí que a Mesa da Consciência costumasse ser rigorosa neste particular, insistindo na realização das provanças, mesmo que fosse necessário enviar comissários à mais remota aldeia de Portugal ou das ilhas do Atlântico, o que não era o caso de Barcelos. É que a Mesa constituíra a alegada ignorância da naturalidade dos ascendentes em presunção de cristãonovice, como se verificava também com os candidatos que forneciam nomes que não constavam de assentos paroquiais, ou de que já não perdurava a memória entre os residentes da freguesia em que alegadamente haviam nascido. Mas no período que vai de 1670 a 1720, registraram-se 68 dispensas por falta de notícia acerca da naturalidade e posição social dos pais e avós dos pretendentes às ordens militares. A tolerância inaugurara-se precisamente nos anos anteriores à habilitação do Olho de Vidro, quando o regente d. Pedro resolveu abolir a exigência, desde que nada constasse contra o sangue e a qualidade dos candidatos. Outra medida liberalizadora tomada na mesma época foi a de se resolver caso a caso, entre a Mesa e el-rei, sem exigir recurso ao papa, as questões dúbias de defeito de sangue, segundo o critério da maior ou menor probabilidade. Também a partir de então a dispensa já não será mencionada na provisão de hábito. Só no tocante a pretendentes notoriamente conhecidos, que por sua posição social ganharam repercussão desusada, como os Coronéis e os Mendes de Brito, a Coroa mostrou-se implacável.[6] Como ressaltou Fernanda Olival, "o núcleo duro do centro político nos reinados de d. Pedro II e d. João V, teria consciência dos prejuízos que poderia causar o excessivo culto da pureza", que alienava a cooperação e o apoio de muitos servidores e até daquela parte da nobreza que, não sendo "puritana", era presa fácil dos autores de "tições".[7]

Para ingressar na Ordem de Cristo, José de Sá e Albuquerque se valeu de cumplicidades obscuras para nós, em nível do comissário que realizou as provanças na capitania e das testemunhas que depuseram, e provavelmente também em nível da Mesa da Consciência. Sua habilitação transcorreu entre 1682 e 1686, período em que ele ascendeu a coronel das milícias, a capitão-mor de Muribeca e a provedor da Misericórdia de Olinda. Estes foram também os anos do governo de d. João de Souza em Pernambuco e em que seu irmão, o marquês das Minas, exercia o governo geral do Brasil. D. João, que pertencia à primeira aristocracia do Reino,[8] era primo homônimo do sobrinho afim do Olho de Vidro; e a intervenção deles, acoplada ao envio de alguns fechos de açúcar a Lisboa, devem ter sido utilíssimos na Corte. A investigação foi cuidadosamente preparada em Olinda, onde Duarte de Sá era "tido e havido por nobre e limpo". E em Muribeca, quem seria bastantemente ousado para delatar o sangue judaico do capitão-mor da freguesia?

A operação foi planejada e executada com mão de mestre, não se dedicasse havia muito José de Sá e Albuquerque aos estudos genealógicos. Subsistia, porém, uma brecha, por onde tudo poderia ter ido de águas abaixo: a presença de Duarte de Sá em Salvador nos seus primeiros anos de Brasil. Quando se compara sua biografia escrita por Borges da Fonseca, na base dos papéis de família, com a folha de serviços fornecida pelo Olho de Vidro à Mesa da Consciência, uma discrepância importante salta à vista. Ao passo que Borges refere os serviços de Duarte na Bahia, o neto ou cala o local onde foram prestados, ou os deturpa, sem aludir ao naufrágio da "Santa Clara" nem às relações do avô com o governador-geral nem às escaramuças com o gentio do rio Real, embora mantenha de forma intencionalmente vaga certos episódios como o de ter sido armado cavaleiro; ou mencione atividades que poderiam ter sido exercidas ao longo do litoral de Pernambuco, nas lutas contra os corsários que o infestavam e contra os índios da Paraíba. Destarte, José de Sá escamoteou os anos baianos de Duarte, passando a impressão que ele chegara diretamente do Reino e transformando a função de secretário do governador-geral em secretário do governo da capitania. Embora houvesse todo interesse em enumerar os préstimos de Duarte na Bahia e em Sergipe, tanto mais que haviam sido prestados em capitanias régias, José de Sá preferiu silenciá-los, a fim de evitar que a Mesa ordenasse uma inquirição em Salvador, no decurso da qual a verdade poderia vir à tona, caso ainda houvesse memória da sua condição de converso ou da sua vila de origem, levando à abertura da investigação em Barcelos, que cumpria evitar a todo custo.

O Olho de Vidro não estava só. Graças à trama endogâmica, parentes seus se achavam na mesma circunstância de recorrer a falsificações genealógicas, a começar pelo d. João de Souza pernambucano, no tocante ao ingresso do seu filho legítimo, d. Luís de Souza, na Ordem de Cristo. Do seu processo de habilitação, também conservam-se as provanças, mas a despeito de ser trineto de Duarte de Sá e bisneto de Antônio de Sá, resulta do parecer da Mesa da Consciência que seu único defeito consistia em ser menor de idade, o que também era rotineiramente dispensado por el-rei.[9] Sem manipulação linhagística, tampouco se explica o acesso de um dos filhos de José de Sá, Pedro de Melo e Albuquerque, à carreira eclesiástica que o levaria ao cabido da Sé de Olinda, e de dois sobrinhos, os padres Francisco Barreto Corte Real e Diogo Pais Barreto, ambos irmãos do segundo Felipe Pais Barreto, que evidentemente não teria tentado o ingresso na Ordem de Cristo se o Olho de Vidro ou qualquer desses parentes tivesse sido rejeitado por defeito de sangue do costado que tinham em comum.

José de Sá e Albuquerque tornou-se cavaleiro da Ordem de Cristo em 1687.[10] Os estatutos previam três cerimônias, arremedos do rito medieval, a serem realizadas com poucos dias de intervalo. Na primeira, o novo freire era armado; na segunda, vestido com o hábito; e na terceira, professava. Contudo, na segunda metade do século XVII, os atos eram todos levados a efeito no mesmo dia. No Reino, eles eram majoritariamente celebrados no convento de Tomar, sede da Ordem, ou na igreja da preferência do cavaleiro. Quem professasse no ultramar, devia pagar indenização de 2 mil réis (cinco cruzados) à sacristia da igreja tomarense.[11] Em Pernambuco, as solenidades tinham geralmente lugar na Sé de Olinda, mas é provável que o Olho de Vidro tenha escolhido a igreja do convento do Carmo, onde estava o jazigo da família. Na presença dos demais cavaleiros, sentados segundo a antiguidade na Ordem, o freire padrinho presidia à bênção dos instrumentos de guerra; em seguida, cingia-se o noviço com a espada, punha-se-lhe o elmo na cabeça e calçavam-se-lhe as esporas. O padrinho retirava-lhe então o estoque, com o qual tocava-lhe o morrião. Findas as orações, o neófito era apresentado aos confreires, trocando-se abraços.

Durante a segunda celebração, o sacerdote oficiante, que devia ser bispo, abade ou cônego, indagava ao habilitando se havia confessado e comungado; se havia proferido voto de ingresso no clero, caso em que não poderia ser recebido na Ordem de Cristo, ou promessa de peregrinar a Jerusalém, Roma ou Santiago de Compostela, circunstância em que ficaria dispensado da promessa. Em seguida, o cavaleiro pronunciava os três votos de obediência, pobreza e castidade. O de pobreza fora há muito comutado no sentido de lhe permitir a propriedade e posse de quaisquer bens, desde que pagasse à Ordem uma parcela dos rendimentos auferidos. Quanto ao voto de castidade, só excluía as relações sexuais fora do matrimônio. O agraciado também se comprometia a outras obrigações, como as de confessar, comungar e jejuar regularmente, levar vida austera, trazer continuamente o bentinho da Ordem, a cruz sobre a vestimenta etc. Em seguida, ele se ajoelhava para receber o hábito e ser aspergido de água benta. Na cerimônia final, dita a missa e dada a comunhão, procedia-se à bênção da cruz e do manto. O padrinho tomava nas suas as mãos do cavaleiro, que lia o juramento de praxe, prometendo guardar os votos e viver e morrer na Ordem. Substituía-se então o bentinho e o manto de noviço pelo de professo.[12]

Além da festa anual, os cavaleiros também se reuniam para comungar, em igreja de indicação do cavaleiro mais antigo, pelo Natal, Páscoa, Espírito Santo e Exaltação da Cruz, ocasiões em que era obrigatório o uso do manto branco, que também podia ser envergado publicamente na festa do Corpo de Deus e lhes servir de mortalha. O regulamento previa ainda o uso da capa em nada menos de 26 dias por ano, inclusive toda a Semana Santa; a celebração de missa pelos colegas defuntos; e o jejum às sextas-feiras e dias de guarda. Não sendo poucas assim as ocasiões de exibição de *status*, era a procissão de Corpus Christi que as culminava, de vez que, detrás do pálio, marchavam os prelados, seguidos imediatamente pelos cavaleiros da Ordem de Cristo, que precediam os das demais ordens; no final, el-rei em Lisboa e os governadores nas colônias. As disputas de precedência eram então inevitáveis, como indicam as reclamações dos freires do Pará, do Rio de Janeiro e de Ouro Preto. Na Bahia, ficaram célebres os atritos entre eles e os desembargadores da

Relação não só no tocante ao lugar no cortejo como também à qualidade das velas que deviam empunhar. Pela mesma época, os cavaleiros da Ordem de Cristo em Pernambuco protestavam junto ao governador contra uns indivíduos desembarcados da última frota, entre eles um clérigo pardo natural da capitania, que traziam sobre as vestes insígnias falsas ou de ordens não portuguesas, que podiam ser confundidas com as suas.[13]

O Olho de Vidro coroou sua ambição de enobrecimento mediante a obtenção do foro de fidalgo cavaleiro da Casa Real, válido por "duas vidas" e acompanhado da respectiva tença, 1600 réis (quatro cruzados) de moradia e um alqueire de cevada por dia.[14] O regimento de d. Sebastião (1572), que regulou o assunto até o fim do Antigo Regime, estabelecia cinco categorias de "filhamento" em ordem crescente: moço fidalgo, escudeiro fidalgo, cavaleiro fidalgo, fidalgo escudeiro e fidalgo cavaleiro. No século XVII, a instituição já perdera o objetivo original de recrutamento para o serviço da Casa Real, estando reduzida ao papel de atribuição de *status*. Que o detalhe não faça, porém, perder de vista o essencial. Graças a tal concessão, o Olho de Vidro transitava da simples nobreza para a fidalguia, ou antes, para os degraus inferiores desta. Em sentido lato, a nobreza apresentava em Portugal uma estratificação ternária, constituída, de cima para baixo, pelos títulos ou grandes casas aristocráticas do Reino; pela fidalguia hereditária ("fidalgos de geração") ou outorgada por el-rei, como no caso de José de Sá e Albuquerque, e por fim a "nobreza rasa", cujo poder e prestígio eram puramente locais, sendo designada também por "nobreza da terra". Se era nela que a Coroa "filhava", vocábulo expressivamente paternalista, os fidalgos do seu serviço, era entre estes que, por sua vez, ela selecionava os títulos. Tratava-se, por conseguinte, de um sistema de promoção social relativamente aberto. Como salientou Nuno Gonçalo Monteiro, "uma característica específica da nobreza portuguesa, talvez a mais singular de todas, residia na espantosa fluidez das fronteiras do seu escalão inferior. Tamanha amplitude e tão grande imprecisão parecem não ter paralelo europeu, com exceção da Inglaterra".[15]

Havendo abandonado aos filhos a gestão dos engenhos e os cargos da milícia, José de Sá e Albuquerque passou os últimos anos de vida no sossego da casa da rua Nova, em Olinda, que mandara reedificar, pois o incêndio da vila pelos holandeses a tinha reduzido à carcaça de pedra. Aí viveu octogenário, entregue à carolice e à genealogia, numa rejeição da origem que renegava duplamente, na vertente do sagrado, em nome da Santa Madre Igreja, na do profano, em sua posição de fidalgo. Segundo Borges da Fonseca, ele "soube coroar os seus dias com uma vida devota, esquecido do mundo e das estimações que nele lograva", asseveração que não se deve tomar ao pé da letra, como indica a atitude do Olho de Vidro durante a guerra dos mascates. Podem-se entrever suas devoções a partir dos estatutos da Ordem de Cristo, que previam a oração diária das "Horas de Nossa Senhora", ou ditas conjuntamente ou distribuídas ao longo do dia; e a recitação da antífona e verso da cruz, rematada pelo Padre-Nosso e pela Ave-Maria. Caso não pudesse ou não soubesse rezar as "Horas", deveriam ser ditos 35 Padre-Nossos e outras tantas Ave-Marias, em memória dos 33 anos da existência de Cristo e as duas restantes pela antífona da cruz. José de Sá costumava vestir-se "com o hábito descoberto da Ordem Terceira de Nossa Senhora do Monte do Carmelo, sobre o qual trazia o da Ordem de Cristo". O manto branco da Ordem era "de lã, de fralda, abertos pela dianteira, com cordões brancos, sem forro nem botões nem alamares nem outra coisa mais que a nossa cruz na parte esquerda". Ademais dessa vestimenta para as ocasiões solenes, os cavaleiros deviam usar, na vida cotidiana, "nas cidades e vilas onde estiverem, vestidos negros, compridos até o peito do pé"; para os percursos maiores, "o trarão mais curto e de cor honesta, como pardo, roxo e leonado".[16]

O Olho de Vidro, que segundo Loreto Couto possuiu "profunda instrução" em matéria genealógica "e não menos da história", deixou duas obras manuscritas, o *Tratado das povoações e coisas notáveis de Pernambuco*, corografia que o cronista dá a impressão de haver lido ou folheado em meados do século XVIII, mas que se perdeu; e a *História genealógica dos descendentes de*

Jerônimo de Albuquerque até o ano de 1700, redigida para atender certo fidalgo lisboeta que lhe pedira notícias da ascendência do sogro e baseada em dados que o autor obtivera de descendentes de Jerônimo, inclusive uma das filhas do patriarca que conheceu adolescente, provavelmente Felipa de Melo, que emigrara para a Bahia em 1635 na companhia da família de Antônio de Sá. Ao longo dos anos, José de Sá e Albuquerque registrara em cadernos as informações que colhia aqui e ali, movido, confessava, pela "curiosidade", não a natural e ociosa curiosidade de quem hoje em dia busca saber "de onde é que vinha/toda a gente de onde ele veio", como no poema, mas a curiosidade interesseira de uma sociedade na qual se podia perder, da noite para o dia, a estima coletiva a que o indivíduo e sua família se julgavam com direito. Borges da Fonseca considerava, aliás, as notas do Olho de Vidro o primeiro trabalho sério de genealogia feito em Pernambuco. É certo que lhe faltava "o método" e que o autor cometera "grandes descuidos, porque para as escrever não revolveu mais documentos que os da sua memória". No essencial, contudo, elas eram verazes.[17]

A genealogia constituía então um produto quase exclusivamente doméstico sobre o qual recaía a censura privada quando não a manipulação megalomaníaca. Os genealogistas portugueses ou eram nobres ou pretendiam sê-lo; ou então algum clérigo que se dedicava a investigar a linhagem da casa a que serviam, como o padre Soeiro, personagem de Eça de Queiroz. Ao descartar esse gênero de literatura em favor das fontes documentais — e ao incluir estirpes burguesas, pelo que foi asperamente criticado —, a *Pedatura lusitana*, de Cristóvão Alão de Morais, representou exceção tão escandalosa que ficou relegada ao estado de manuscrito até quase os nossos dias.[18] A situação não era diferente em Pernambuco. Da restauração à metade do século XVIII, conhece-se a existência, quando não o texto, de oito ou nove genealogias, todas de produção doméstica, nas quais Borges da Fonseca se baseou, anexando-as em alguns casos a seu livro. Ele também suscitou o aparecimento de outros escritos, redigidos por indivíduos a quem importunava implacável e incessantemente, segundo o costume dos genealogistas, com pedidos de informação e de esclarecimentos. Entre nós, ele foi o primeiro a interessar-se pelo estudo das famílias alheias e não apenas da própria, e ao afinar seus métodos de investigação e de exposição de acordo com os critérios que começavam a viger na metrópole. Por fim, seu conhecimento dos arquivos locais tornou sua obra incontornável para os historiadores.

A vocação genealógica do Olho de Vidro não é menos sintomática da sua origem conversa do que sua carolice. Como o filho Antônio de Sá e o neto Afonso de Albuquerque Melo, ele ilustra a propensão linhagística dos conversos ibéricos, de que é típica a anedota da abadessa espanhola de costado sefardita que só se referia a Nossa Senhora como "Santa Maria, minha prima". Já se pretendeu que a predileção judaica pela genealogia derivaria do Velho Testamento, em especial do *Gênesis* e do *Livro de Jó* 8,8, que recomendava interrogar "as gerações passadas", estudando "com cuidado as memórias dos nossos pais", tradição retomada pelos evangelistas Mateus e Lucas, que se ocuparam detidamente da ascendência do Cristo, traçando-a ao longo de 36 gerações até Abraão.[19] Como acentuou Julio Caro Baroja,

> a vontade dos conversos de participarem de todas as honras locais e mais do que locais os leva a adotar, às vezes, atitudes um pouco barrocas. Levando em conta apenas uma parte de sua ascendência, dedicam-se a estudá-la com primoroso cuidado, ocultando as outras partes ou costados, ou então se vangloriam de pertencer a uma linhagem completamente inventada, de modo paralelo a como o novo-rico de nossos dias enche sua casa de retratos de damas e cavalheiros de épocas remotas, investindo nisso seu dinheiro e pretendendo fazer passar por ascendentes seus os que comprou em leilão. Assim deu-se o caso de que foram de origem judaica homens dedicados a estudos genealógico-históricos.[20]

Em face da discriminação implantada pelos estatutos de pureza de sangue, os descendentes de conversos responderam às genealogias difamatórias com genealogias falsificadas ou simplesmente fictícias. José de Sá e Albuquerque recorreu à primeira alternativa, privilegiando a ascendência materna, que era a boa. Seu filho Antônio de Sá e Albuquerque apelou para a segunda, entroncando o bisavô Duarte de Sá numa estirpe ilustre do Reino com que nada tivera a ver. Nos apontamentos do Olho de Vidro, Duarte e Antônio de Sá surgem de viés, sem a função totêmica, como diria Pedro Nava, que era atribuída a Jerônimo de Albuquerque. Por sua vez, na descendência de Jerônimo, a tônica incide na linha legítima de que o Olho de Vidro procedia, vale dizer, a que se originava no casamento com Felipa de Melo, pois como afirmará Afonso de Albuquerque Melo, a união de Jerônimo com a índia Arcoverde resultara apenas, como indicava a lenda, da "extrema dificuldade" em que se encontrara de salvar a vida.[21] A orientação matrilinear de José de Sá será seguida nos escritos genealógicos do filho e do neto. Baseando-se nestes, Borges da Fonseca tampouco dedicará título especial à linhagem de Duarte, ocupando-se dela na sucessão de Cristóvão de Albuquerque.

Invocar a ascendência de Jerônimo de Albuquerque não era, aliás, invocar apenas nobreza e sangue puro, era também alegar um direito eminente de poder e prestígio na capitania. Num trecho do seu catálogo genealógico, Afonso de Albuquerque Melo repisa queixa colhida na tradição familiar, segundo a qual havendo sido Jerônimo o verdadeiro conquistador da terra e a quem, como ele mesmo proclamara no testamento, devera-se depois de Deus o povoamento de Pernambuco, a seus descendentes é que deveria ter cabido a donataria quando da extinção da linha do primeiro donatário em conseqüência do falecimento sem filhos da sua bisneta Maria Margarida de Castro e Albuquerque, mulher do conde de Vimioso. Ora, que fizera a Coroa? Tendo-se apossado da capitania à raiz da expulsão dos holandeses, indenizara, ao cabo de uma querela interminável, os enteados bastardos de Maria Margarida, preterindo os sucessores de Jerônimo e dos demais irmãos da mulher de Duarte Coelho. "Finalizada a linha reta daqueles donatários, quem não dirá deviam suceder os da linha transversal, de d. Brites de Albuquerque, que eram o coronel José de Sá e Albuquerque, o Olho de Vidro [...] e outros que em Portugal descendem de irmãos do dito Jerônimo de Albuquerque, o torto", o qual, como o bisneto, também perdera um olho.[22]

Longevo como fora a mãe, José de Sá e Albuquerque viveu por si e pelos irmãos, como que numa compensação biológica da mortalidade infantil que ceifara a maior parte deles. Se seus derradeiros anos foram tranqüilos, seus últimos dias estiveram longe de dar o espetáculo de desprezo mundanal que se esperava de um ancião austero e de um católico devoto. Durante os acontecimentos de 1710-1, em meio aos quais faleceria, deu provas de inabalável solidariedade de classe. Quando o Recife sublevou-se contra o governo do bispo de Olinda, controlado pela nobreza, as tropas milicianas das freguesias rurais vieram pôr sítio à antiga póvoa que, tendo sido capital do Brasil holandês, reivindicava agora o privilégio de ser vila. Os Pais Barreto, como referido, pendiam para o lado dos mascates. À maneira do que estava acontecendo em muitas famílias principais, o racha atingiu a do Olho de Vidro, cuja fidelidade à causa de Olinda sobrepujou a solidariedade clânica, pois era genro seu o morgado do Cabo, assassinado a mando dos Vieira de Melo. Mas quem levaria a sério um patriarca contestado por filhos e sobrinhos?

O primogênito, Afonso de Albuquerque Melo, apoiava a facção aristocrática. Vereador quando da ereção do Recife em vila, achou mais prudente recolher-se ao convento do Carmo de Olinda, devido às prisões ordenadas pelo governador Castro e Caldas. Dali retirou-se prematuramente assim que soube do atentado da rua das Águas Verdes, sendo finalmente detido, e só recobrando a liberdade com o levante da nobreza. O outro filho do Olho de Vidro, Antônio de Sá e Albuquerque, se pôs inicialmente a salvo na Paraíba, sendo incluído por Castro e Caldas no rol dos conjurados que haviam tramado contra sua vida, além de assinar "papéis publicamente pelas freguesias dadas ao termo do Recife", na companhia de "mulatos, marchantes e gente vil do povo, para não serem da jurisdição da dita vila e contra o governador".[23] Contudo, na esteira da insurreição dos mascates, distanciou-se da posição da família, fazendo jogo duplo. Convocado para o cerco do Recife como capitão-mor de Muribeca, recebeu o encargo de ocupar a estância da Barreta, deixando entrar víveres na praça quando deveria ter cortado suas comunicações com o interior da capitania.

Aos noventa anos, como o Olho de Vidro já não saísse da sua casa de Olinda, visitaram-no alguns pró-homens, pedindo-lhe que fosse à Barreta persuadir o filho e o sobrinho Felipe Pais Barreto a desistirem de ajudar o Recife.

> E obrigado o bom velho das razões que lhe expuseram e que tanto tocavam o seu sangue, o seu crédito e sobretudo o bem da sua pátria, se deixou meter em uma rede e se dirigiu para onde estavam os filhos [sic], não podendo conter as lágrimas quando viu que os mesmos dois irmãos [Leonardo e Manuel Cavalcanti Bezerra], a cuja instância cedia, o levavam em seus ombros pelas ruas de Olinda e que só o largaram defronte das guardas [no Varadouro], onde então pegaram os negros a continuar o mais caminho. Cumpriu o venerando ancião exatamente o que o bem da pátria e o de seus filhos lhe aconselhava; e posto que lhe pareceu que o seu zelo e os seus rogos fizeram algum efeito, contudo, como soube depois que o filho, pela Barreta [...] deixava entrar mantimentos para o Recife, e que, por esta razão, perdendo a confiança que nele se depositara, fora substituído no comando [...], de tal sorte se apaixonou que, agravando-se-lhe as enfermidades que sofria, puseram então termo à sua existência no dia 2 de julho [de 1711].[24]

A versão de um dos cronistas mascatais, o doutor Manuel dos Santos, é um pouco diferente. Antônio de Sá e Albuquerque encontrava-se em Muribeca quando do levante dos mascates, resistindo a levar sua tropa para o assédio do Recife com o argumento de que a circular do bispo de Olinda aos capitães-mores ordenava-lhes permanecerem em seus distritos, circular que, consoante sustentavam com razão os olindenses, havia sido assinada sob coação física. Outras pressões tentaram demovê-lo, sobretudo o Olho de Vidro, que lhe escreveu uma missiva cominatória, "visto o filho não obedecer às suas cartas, sem embargo de nelas, segundo dizem, o ameaçar com a maldição se não fosse parcial da sobredita nobreza", pois a praga paterna representava a *ultima ratio* do arsenal de que dispunha o poder patriarcal para dobrar os membros da família, sendo o equivalente funcional da excomunhão pela autoridade eclesiástica. Devido ao insucesso dessas tentativas, José de Sá dispôs-se a ir a Muribeca, não passando, porém, dos Afogados, "por se lhe oferecer outra viagem, que não podia escusar, ainda que quisesse", vale dizer, "a viagem para o outro mundo, onde enfim chegou mais depressa do que se fosse a Muribeca", no comentário escarninho do médico, cujo texto cozinha os ódios mascatais em fogo nem sempre brando. Falecido o pai, Antônio de Sá consultou o bispo governador, que lhe deu ordem formal de ocupar a estância da Barreta, posição em que revelou claramente para onde iam suas simpatias, pois nada fez em dano do Recife. Embora se reunisse ao exército que Olinda enviara contra Camarão e Cristóvão Pais Barreto, Antônio de Sá participou da conspiração de Felipe Pais Barreto e de outras figuras da nobreza contra João de Barros Rego.[25]

Outro relato mascatal, que também ressuma rancor contra o Olho de Vidro, confirma as inclinações pró-recifenses do seu segundo filho. Antônio de Sá e Albuquerque só não fora destituído do comando das milícias de Muribeca graças à consideração que cercava o pai, "protetor e conselheiro de todos os aliados [isto é, da nobreza], a quem todos tinham muito respeito, veneração e [era] aparentado com todos". O Olho de Vidro não se contentara, aliás, em colmatar a cisão no âmbito da parentela, mas atuara como uma espécie de guru do partido de Olinda, dedicando-se em fazer proselitismo "na campanha e pelos seus arraiais", onde faleceria "repentinamente, feito missionário de suas doutrinas". Somente a partir de então, os mascates experimentaram "melhor natureza" em Antônio de Sá, que, aliás, foi desobedecido pelos seus soldados, "já industriados na doutrina do velho e fundados na esperança do saque da praça [do Recife] e roubos que por fora faziam geralmente".[26] O desgosto sofrido pelo Olho de Vidro talvez lhe parecesse a manifestação de um atavismo racial. Os mercadores recifenses não eram usualmente cristãos-novos, mas a atividade que exerciam estava, na visão peninsular, irremediavelmente contaminada pelos "homens da nação", tendo ademais o defeito, que hoje se diria ecológico, de habitarem o Recife, sítio nefasto, de onde, segundo um correligionário do Olho de Vidro, nada de bom se poderia esperar "por influxo do lugar que foi morada e habitação de hereges, judeus e de outras várias seitas depravadas".[27]

A despeito do papel que desempenhou, José de Sá e Albuquerque ficaria injustamente ignorado pela historiografia nativista, ao passo que não obstante o comportamento equívoco, Antônio de Sá e Albuquerque ganhará o encômio de Dias Martins. Quando este padre escreveu sua obra no ambiente de exaltação política entre a convenção do Beberibe (1821) e o malogro da Confederação do Equador (1824), o capitão-mor da Muribeca não se saiu mal, devido a que se teria mantido neutro na contenda sobre a ereção do Recife em vila, não se envolvendo no atentado contra o governador Castro e Caldas. Indignou-o, contudo, o levante do Recife, a cujo cerco acorreu com sua gente, atuando a contento da nobreza. A derrota de Sibiró desanimou-o, estando a ponto de perder-se devido a "um falso amigo, um patriota degenerado", o nosso Felipe Pais Barreto. Descoberta a conjura contra João de Barros Rego, este o perdoou, de modo que Antônio de Sá reconverteu-se sinceramente à causa de Olinda, dando boa conta de si no combate de Ipojuca.[28] A verdade é que ele se mostrara tão versátil quanto o primo; e contudo Dias Martins ignorou, no panteão revolucionário, o pai intransigente em favor do filho inconstante.

VI. 1654-1756

Do casamento com a sobrinha, José de Sá e Albuquerque teve quatro filhos e uma filha: José Luís, morto na infância; Afonso, Antônio, Pedro; e Maria, que casou com João Pais Barreto, 5º morgado do Cabo. Afonso de Albuquerque Melo, que sucedeu o pai na gestão do vínculo de Santo André, consorciou-se três vezes em famílias principais da terra, sem deixar descendência, sendo que sua segunda esposa era filha do casal Matias de Albuquerque Maranhão e Isabel da Câmara, que o leitor já encontrou investigado pela Mesa da Consciência devido à origem carioca da mulher. Falecido Afonso, o morgadio passou a seu irmão Antônio de Sá e Albuquerque, o qual, contra as tendências da família, casara-se "por eleição própria". O matrimônio deve ter dado também razão de desgosto ao Olho de Vidro, pois a nora não pertencia a família principal, sendo irmã do pároco de Jaguaribe, no Ceará, e sobrinha do vigário de Nossa Senhora da Luz. Borges da Fonseca será mais explícito numa referência que é, aliás, de gênero excepcionalíssimo em sua obra: "casou, ainda moço, com d. Margarida da Rosa Vasconcelos, a quem amou extremosamente até a morte, e ela se fez sempre merecedora do fino amor do seu marido, porque além de formosa, foi ornada de muitas virtudes e prendas".

Quando os genealogistas mencionam apenas o parentesco com clérigo, pode-se dar por descontado que, não dispondo o consorte de origem ou de posição brilhante, a menção serve ao menos para denotar gente de sangue oficialmente limpo. Segundo Borges da Fonseca, o tio vigário, Apolinário Moreira de Vasconcelos, foi "um dos párocos de melhor nome que teve este bispado", tanto assim que Loreto Couto o incluiu na sua galeria de sacerdotes que se distinguiram pelas virtudes. Apolinário nascera em Jaboatão, pertencendo seus pais à "primeira nobreza" da capitania, o que é falso. Dele sabemos também haver servido de emissário do partido de Olinda junto a Camarão e a Cristóvão Pais Barreto às vésperas do recontro de Sibiró; e que deporá favoravelmente nas segundas provanças de Felipe Pais Barreto. Quanto ao lado paterno de Margarida, Borges limita-se a consignar que do seu avô procediam várias pessoas principais de Pernambuco, o que não significa, contudo, que ele também tenha sido homem principal mas, no melhor das hipóteses, que descendentes seus, como a própria Margarida, se terão aliado a famílias de posição.[1]

O terceiro filho do Olho de Vidro, Pedro de Melo e Albuquerque, destinou-se à carreira eclesiástica. Formado em direito canônico pela Universidade de Coimbra, chegou a cônego da Sé de Olinda, onde faleceu em idade provecta. Não levou, contudo, uma existência de todo pia, pois deixou filhos, um deles com certa mulata, escrava do seu irmão Afonso.[2] Sempre cuidadoso, Borges da Fonseca prefere aludir a "uma mulher solteira", algo mais aceitável do que essas revelações escandalosas de amores de senzala; a qualificação de solteira também servia para livrar o cônego da falta mais grave de haver desencaminhado mulher casada. Borges deixa transparecer uma nota de censura à conduta de Pedro na observação de que "amou excessivamente o filho", o que tampouco era apropriado a um sacerdote, que devia prestar-lhe apenas proteção discreta e distante. É que Pedro perfilhara o filho mediante provisão régia e até lhe encapelou o engenho Mangaré, em Muribeca, o que habilitou o rapaz, de outro modo fadado a cair na desclassificação social, a casar em família que, pelo costado materno, pertencia à nobreza local. No tocante, porém, a irregularidades sexuais cometidas por leigos, Borges não demonstrava o menor preconceito, ele mesmo incluindo na sua obra seus filhos ilegítimos.[3]

Pedro de Melo e Albuquerque adquiriu o Mangaré com o quinhão que lhe coubera da herança do Olho de Vidro, pois os rendimentos do canonicato não eram pingues. Consoante o sacerdote que o sucedeu na Sé de Olinda, a côngrua de 120 mil réis (trezentos cruzados) não bastava a um capitular para adquirir "um negro que o sirva" nem para se "vestir com limpeza e decência, pagar casas, curar-se nas enfermidades"; daí que vários deles se endividassem pelo resto da existência e até passassem pela humilhação de "vender os livros e outras alfaias de seu uso". Devido à decadência da cidade, os proventos das missas eram parcos, tanto mais que os testadores pernambucanos não costumavam mandar dizê-las na Sé, preferindo as igrejas, inclusive conventuais, onde se sepultavam. D. Frei Luís de Santa Teresa, em cujo episcopado (1739-54) faleceu Pedro de Melo, tentou resolver o assunto, determinando fossem celebrados na Sé os sufrágios para os quais não houvesse sido previsto templo específico. A providência de pouco serviu, como tampouco surtiu efeito a proibição contra a "remessa de missas" para fora do bispado, entenda-se, a transferência de recursos destinados ao pagamento de ofícios a serem solenizados em Portugal, o que era freqüente em se tratando de defuntos reinóis, que haviam permanecido nostálgicos desta ou daquela igreja de aldeia ou de convento de sua terra natal.[4]

Nos anos 90 do século XVII, o Olho de Vidro obteve para os filhos as mesmas dignidades de que já desfrutava: o foro de fidalgo cavaleiro da Casa Real (no caso de Pedro de Melo e Albuquerque, o de fidalgo capelão da Casa Real, distinção meramente honorífica que tampouco requeria presença na Corte), além do cargo de capitão-mor de Nossa Senhora da Luz para Afonso e de Muribeca para Antônio.[5] Bem sabia José de Sá e Albuquerque o quanto lhe custara o hábito da Ordem de Cristo e os riscos que correra, para permitir que os filhos o pleiteassem também. Quem via as barbas de Felipe Pais Barreto arder punha as suas de molho. O exemplo será seguido pelas futuras gerações, que se contentarão com o foro de fidalgo cavaleiro, cuja concessão, dependendo exclusivamente da régia vontade, não acarretava investigações constrangedoras. Embora Borges da Fonseca afirme que Pedro de Melo professara na Ordem de Cristo, seu nome não consta do fichário dos processos de habilitação na Torre do Tombo em Lisboa. É plausível, contudo, que ele tenha, no fim da vida, obtido o hábito, uma vez que, a partir dos anos 40 do século XVIII, a Mesa da Consciência e Ordens adotou a praxe de dispensar as provanças com base nos processos de habilitação do pai.[6]

Além de deixar os filhos "honrados", o Olho de Vidro legou-lhes boa situação patrimonial. Em fins do século XIX ou começos do XX, Pereira da Costa ainda pôde consultar um traslado do seu testamento (1707) entre os papéis da igreja de Nossa Senhora de Guadalupe (Olinda). A Afonso de Albuquerque Melo, tocou naturalmente o engenho Santo André, recebendo também, em meação com o cônego, a fazenda de Beberibe, com seus fornos de cal. Afonso, sem herdeiros, doou sua parcela nesta última à citada igreja (1714), exemplo seguido por Pedro de Melo e Albuquerque, sob a condição de serem sepultados na capela mor, decisão intrigante quando se pensa que o templo pertencia à irmandade dos pardos da cidade. A condição não veio a ser cumprida, porque provavelmente tampouco se executara o pressuposto da doação. Sabe-se, por exemplo, que Pedro de Melo trocou posteriormente sua parte da fazenda pelo engenho Mangaré, destinado ao filho. O fato é que os dois irmãos foram inumados, com o restante da família, na capela-mor da igreja do convento do Carmo. A Antônio de Sá e Albuquerque, o Olho de Vidro legou o engenho São José ou Novo, enquanto não lhe vieram ter às mãos pelo falecimento de Afonso os bens encapelados, que serão geridos pelo primogênito de Antônio de Sá, o outro Afonso de Albuquerque Melo, que os senhoreava em 1761. Desse modo, voltaram a reunir-se dois dos engenhos que haviam pertencido a Duarte de Sá, de vez que o terceiro, o Guararapes, fora vendido pelo Olho de Vidro a um comerciante de açúcar.[7]

Como o pai, Antônio de Sá e Albuquerque também se fez genealogista, redigindo seu trabalho nos mesmos anos da guerra dos mascates e para informação do governador Félix Machado, que, como mencionado, também praticava o ofício. A pretexto do comum passatempo, Antônio de Sá recomendava-se à primeira autoridade da capitania no momento em que a atitude política dos parentes achava-se na mira dos revanchistas do Recife.

Como o Olho de Vidro, Antônio de Sá catalogou a descendência legítima de Jerônimo de Albuquerque, que tinha títulos suficientes para impressionar o governador, não a de Duarte de Sá, ciente de que desse mato não sairia coelho. Na avaliação de Borges da Fonseca, ele atualizou o texto do pai, reduzindo-o "a método claro e perceptível, suposto que com suma brevidade". Antônio de Sá também escreveu sobre a origem de outras linhagens pernambucanas, embora se equivocasse em alguns nomes.[8]

Loreto Couto, sempre laudatório dos mazombos, não pertencesse sua crônica ao gênero de escrito que se propunha desagravar os colonos da América da pouca conta em que sua capacidade intelectual e moral era tida nas respectivas metrópoles, julgava Antônio de Sá e Albuquerque de maneira mais favorável, por ser "muito instruído nas ciências amenas, perito na história e muito aplicado ao estudo genealógico", dando aos escritos do pai "método mais claro e estilo mais elevado, escrevendo por ordem alfabética e com indagação e boa crítica".[9] Mas não sendo o frade linhagista, é preferível fiar-se o leitor na opinião de Borges da Fonseca, que conhecia seu ofício. Na intimidade, sua opinião não pecava pela insinceridade: em carta a um amigo, Borges chamava Antônio de Sá de "homem de pouco critério e que escrevia pelo que ouvia". Escusado aduzir que Antônio de Sá não escapara à mania de grandeza e à sua conseqüência, a deformação deliberada. A título de amostra, veja sua referência a Afonso de Albuquerque, concunhado de Duarte de Sá: "foi fidalgo de muito grande nome e autoridade", gozando de privilégios que em Portugal só os teve o duque de Bragança. Como governador do Rio de Janeiro, dispôs de provisão régia tão ampla que lhe dava o direito de, a caminho do seu posto, exercer o governo do local onde se achasse, pelo tempo que aí permanecesse.[10]

Se a genealogia redigida por Antônio de Sá e Albuquerque e transcrita por Borges da Fonseca data efetivamente do governo de Félix Machado (época em que Felipe Pais Barreto estava às voltas com a Mesa da Consciência), já então o linhagista teria às mãos a documentação que mandara buscar em Portugal a fim de provar de uma vez por todas a limpeza de sangue de seu bisavô

Duarte de Sá. Tratar-se-ia de "inquirições autênticas e judiciais, que mandei vir de Ponte de Lima, sua pátria". Repare-se na expressão "mandei vir" e não "mandei tirar", o que significa texto preexistente e não de investigação feita por iniciativa sua; note-se também a atribuição a Duarte de Sá da naturalidade de Ponte de Lima e não de Barcelos, de onde sabemos que ele procedia. Baseado nesses papéis, assegurava Antônio de Sá: "Duarte Fernandes Rodrigo [*sic*] foi casado com Branca Maia de Lima, irmã de d. Rodrigo de Melo e Lima, de quem foi filho Antônio Maia de Lima [pai de Duarte de Sá], casado com Isabel Dias de Sá, filha de João Rodrigues de Sá, o Velho, fidalgo de cota de armas; e todos os mais nomeados o eram". Os nomes dos pais de Duarte de Sá correspondem efetivamente aos que este mesmo fornecera à Inquisição, salvo no tocante ao patronímico Lima. Contudo, Isabel, sua mãe, não fora filha do fidalgote minhoto, mas, como vimos, de um casal de cristãos-novos. Antônio de Sá aduz que Duarte tivera dois irmãos, Melquior, sobre cuja vinda para Pernambuco e sobre cuja descendência silencia; e Francisco, que a genealogia de Barcelos chama Antônio; mas nada refere das irmãs que Duarte deixara na vila e em favor de quem instituíra, como acentuado, uma renda anual.[11]

Que inquirição terá sido esta, apenas podemos conjecturar graças ao padre Marcelino Pereira, mestre na Sagrada Teologia, ex-prepósito da congregação do Oratório e examinador sinodal do arcebispado de Braga. Em 1770, o filho de Antônio de Sá e Albuquerque, o também genealogista Afonso de Albuquerque Melo, enviar-lhe-á seu escrito intitulado *Série dos Albuquerque e outras ilustres famílias de Pernambuco*. O autor repetia ali o que já afirmara seu pai acerca da ascendência de Duarte de Sá, cujos avós paternos teriam sido Duarte Fernandes do Rego e Branca Maia de Lima, a qual "dizem algumas memórias, ser filha de d. Rodrigo de Lima, outras, que era irmã do bispo d. Rodrigo de Melo e Lima, embaixador que foi ao Preste João", isto é, ao imperador da Etiópia. Padre Marcelino não põe em tela de juízo tal asseveração, limitando-se a reconstruir a ascendência desses avós, mediante seus próprios conhecimentos e o original de uma inquirição de que estava de posse certo residente de Ponte de Lima. A certidão, que se achava muito estragada e a que faltavam três folhas, fora passada no conselho de Souto de Rebordãos em 1560, a pedido de certo Afonso Gil, escudeiro, em favor de um filho que se encontrava em Lisboa, provavelmente à caça de alguma benesse régia. Quanto a Duarte Fernandes do Rego, padre Marcelino reconhece que a investigação não é muito esclarecedora, mas do pouco que aí conseguira apurar, concluiu que ele pertencera à linhagem dos Rego, da casa dos morgado de Marece, que podiam alegar avoengos nobilitados no reinado de d. Fernando (1367-83) e de d. João I (1385-1433). Mais bem conhecida era a estirpe de que descenderia a avó paterna de Duarte de Sá. Branca Maia de Lima, mulher nobre, fora irmã de d. Rodrigo de Lima, fidalgo da casa de d. João III, embaixador na Etiópia e capitão-mor das naus de Goa, ambos bastardos de um fidalgo da casa de d. Manuel, o Venturoso, o qual fidalgo fora filho legítimo do primeiro visconde de Vila Nova de Cerveira.[12]

Note-se que o religioso não tratou de examinar a afirmação de Afonso de Albuquerque Melo sobre os avós maternos de Duarte de Sá (alegadamente João Rodrigues de Sá e Isabel Dias de Sá), indício seguro de que sua familiaridade com a genealogia minhota não lhe permitira identificar o casal, o que não teria deixado de fazer caso houvesse encontrado para eles a ascendência desvanecedora com que topara pelo lado dos avós paternos de Duarte. De onde Antônio de Sá e Albuquerque ou já talvez seu pai, o Olho de Vidro, haviam desencavado o velho João Rodrigues de Sá é difícil dizer. Talvez quando da viagem à Europa, José de Sá e Albuquerque tenha consultado algum linhagista do Reino, medida cautelar para a eventualidade de a Mesa da Consciência descobrir o sangue comprometedor sobre Duarte de Sá. Conhecem-se ao menos quatro fidalgos portugueses do século XVI que atendiam pelo nome de João Rodrigues de Sá: um poeta do *Cancioneiro* de Garcia de Rezende, um cortesão do reinado de d. João III, um dos companheiros d'el-rei d. Sebastião na jornada de África e um dos pró-homens da cidade do Porto que promoveram ali a aclamação de Felipe II.[13]

Não há dúvida de que estamos diante de uma típica manobra de "entroncamento". Os genealogistas eram bastantemente avisados para não correrem o risco das invenções *ex nihilo*, tanto mais que a homonímia prestava-se excelentemente a seus propósitos. Faca de dois gumes, ela tanto podia prejudicar o cristão-velho autêntico como ajudar o cristão-novo a abrigar-se à sombra de um patronímico famoso, enxertando-o em tronco que não era o seu. Já conhecemos os avós maternos de Duarte de Sá graças ao caderno de conversos de Barcelos; quanto aos alegados avós paternos, Duarte Fernandes do Rego e Branca Maia de Lima, não eram os verdadeiros pais de Antônio Maia, o tabelião da vila minhota, confundido para os fins que se tinha em vista com Antônio Maia de Lima, de Ponte de Lima. Antônio e Maia, nomes comuns nos dois lados do Atlântico, já o seriam *a fortiori* numa época de estoque onomástico reduzido. Na realidade, procurara-se enobrecer duplamente Duarte de Sá, entroncando-o, por um costado, com os Sá de Menezes, e, por outro, com o visconde de Vila Nova de Cerveira, duas linhagens da primeira aristocracia de Portugal. É plausível que entre os mesmos parentes de Antônio de Sá e Albuquerque se tenha duvidado da idoneidade do documento. Felipe Pais Barreto, por exemplo, não o invocou no decurso das suas segundas provanças.

A criatividade linhagística do Olho de Vidro e dos seus descendentes não ficou por aí. Ao próprio João Pires, sogro de Duarte de Sá, eles trocaram o apelido de Camboeiro, que lembrava seus acanhados começos locais, pelo patronímico de Gamboa, que o dignificava em João Pires Gamboa.[14] A ascendência atribuída à sua mulher, Felipa Tavares, é também ilustrativa dessas fantasias genealógicas. Felipa era filha de João Rodrigues de Cabeia e de Beatriz Lopes, casal de colonos fixados em Pernambuco nos anos 40 do século XVI. Tendo o marido falecido com pouco tempo de Brasil ou, como queria a tradição doméstica, durante a viagem para cá, Beatriz voltara a casar. Posteriormente, a recordação de João Rodrigues confundira-se com a de Rui Tavares de Cabeia. Os trabalhos de Antônio de Sá e Albuquerque e de seu filho informam que Rui comandava a fortaleza da ilha Terceira (Açores) por ocasião do levante em favor de d. Antônio, prior do Crato e pretendente ao trono português após a morte d'el-rei d. Sebastião. Com o fracasso da resistência a Felipe II (1583), Rui vira-se na necessidade de fugir com a família para a capitania, perecendo no decurso da jornada. D. Brites de Albuquerque, viúva do primeiro donatário, acolhera Beatriz e as filhas, a quem casou na terra.[15]

Se não houvesse outras razões para rejeitar essa versão, bastaria fazer uma reflexão cronológica. Já sabemos que, por volta de 1590, Duarte de Sá casara a filha, Felipa, com o morgado João de Albuquerque. Admitindo que a avó homônima, a pretendida filha de Rui Tavares, se tivesse consorciado com o Camboeiro logo após sua chegada em 1583, a neta não poderia ter nascido em 1590 e muito menos contar com a idade mínima de doze anos exigida pelo direito canônico para o matrimônio da mulher. O que ocorreu então? Ocorreu que, por ignorância ou malícia, os genealogistas da família Sá e Albuquerque baralharam João Rodrigues de Cabeia e Rui Tavares de Cabeia. Se a lembrança daquele se apagara, a de Rui ainda estava viva em começos do século XVII, altura em que Diogo de Campos Moreno ouvira falar de "um Cabeças, português de Viana", vindo da França com a missão de construir uma fortificação sobre o arrecife, no local em que se ergueria depois o forte da Lage ou do Picão. E aduzia o sargento-mor do Estado do Brasil: "e lhe custou morrer mal no caminho e se divulgou a tenção dos franceses, que não devia ser de querer-nos guardar o posto".[16]

A referência críptica é decifrável. Quando em 1580 o exército do duque de Alba invadiu Portugal para fazer aclamar Felipe II como rei, d. Antônio, o prior do Crato, recorreu à ajuda estrangeira. Da França, Catarina de Médici enviou uma armada em apoio à ilha Terceira, último bastião da resistência aos castelhanos. Segundo os termos do acordo entre d. Antônio e os franceses, a força naval deveria em seguida rumar para o Brasil. Além desse ponto, os historiadores divergem. Pretendeu-se que, em virtude de cessão consentida pelo pretendente, a expedição destinava-se a ocupá-lo, mas Joaquim Veríssimo Serrão, a quem se deve o mais detido exame do assunto, sustenta que ela se destinaria apenas a estabelecer relações comerciais e a mover guerra à navegação no litoral brasileiro. O fato é que em 1582 o embaixador espanhol em Paris informava Madri que os navios franceses estavam de partida para os Açores, de onde seguiriam "particularmente a Pernambuco e Castel Marín para fortificar-se".[17] Castel Marín, ou Castro Marim, era então o topônimo com que a cartografia francesa do Quinhentos designava Olinda.[18] Detalhe relevante: entre os partidários de d. Antônio na França, contavam-se Baltazar e Gaspar Barbosa Cabeça, membros, como seu provável parente Rui, de uma família conversa de Viana estabelecida em La Rochelle ao menos desde os anos 50 do século XVI.[19]

Os Sá e Albuquerque confundiram os dois Cabeias, atribuindo-lhes um papel de que não se encontra rastro na bibliografia relativa à insurreição da Terceira. Nem a obra mais séria dedicada ao tema por Veríssimo Serrão nem o longo relato de um historiador açoriano, no qual se deparam inúmeras alusões nominais a personalidades da ilha, contêm qualquer menção a Rui Tavares de Cabeia.[20] Por conseguinte, Rui não comandara fortaleza alguma nos Açores, tendo partido da França para Pernambuco. Ademais, ao misturarem-se os dois Cabeias, falseou-se a biografia de ambos. Antônio de Sá e Albuquerque, que se acreditava tataraneto de um sendo do outro, afirmou que, ao partir para o Brasil, Rui visara a escapar aos "rigores de um monge", havendo para tanto mudado de nome. Corresponderia a menção ao rumor, deformado pela prudência e pelo tempo, de alguma perseguição inquisitorial? Fantasiara-se a fuga ao Santo Ofício em fuga ao domínio castelhano? É possível. Observe-se além do mais a coincidência cronológica na diáspora dos Cabeias, de Viana: nos anos 1540 ou 1550, enquanto João Rodrigues escafedia-se para o Brasil, parentes seus instalam-se na França. Nesse mesmíssimo período, a Inquisição portuguesa começara a funcionar a todo o vapor, livre dos freios que originalmente lhe quisera impor a Santa Sé.

O que soa convincente no relato dos Sá e Albuquerque é a circunstância de d. Brites de Albuquerque ter promovido o casamento das filhas de João Rodrigues Cabeia com colonos prósperos como João Pires, o Camboeiro, solteirões impenitentes muito propensos às irregularidades sexuais, de que o próprio irmão da donatária, Jerônimo de Albuquerque, tornara-se o pior exemplo na opinião das senhoras virtuosas como a mesma d. Brites ou como a célebre d. Maria da Rosa, que fundou o Recolhimento da Conceição em Olinda para proteger as donzelas de boa família do assédio desses celibatários devassos. João Pires, aliás, tinha 25 anos mais que a mulher, as diferenças de idade entre cônjuges sendo muito comuns na documentação quinhentista. Como boa católica e boa matriarca, a quem se dava freqüentemente o título virilizante de "capitoa", d. Brites não perdia ocasião de arranjar matrimônios que contribuíssem para moralizar o povoamento da capitania. Dela, frei Vicente do Salvador, que visitou Pernambuco muito tempo depois da sua morte, escreverá que "a todos [os colonos] tratava como filhos".[21] E o jesuíta Rui Pereira, que ainda a alcançou, salientava ser d. Brites "por extremo devota da Companhia [de Jesus]". Graças ao regresso dos filhos, que a descarregaram do peso da governação, sua existência consistia toda em "ir à igreja e ouvir missa e encomendar-se a Deus, visitar quantos enfermos há na vila e consolá-los", seu maior prazer residindo em "falar de Deus e ler livros espirituais". Fora numa dessas visitas a moribundo que fracassara na tentativa de converter o marido de Branca Dias à verdadeira fé: dizendo-lhe que "chamasse pelo nome de Jesus e nomeando-lho muitas vezes, ele virava sempre o focinho e nunca o quis nomear".[22]

Ainda vivia no século XVIII a recordação da atividade casamenteira de d. Brites. Já ficou referido o caso de Arnal de Holanda e de Brites Mendes de Vasconcelos. Veja-se agora como um mazombo de finais do Seiscentos e começos do Setecentos, o mesmo Felipe Bulhões da Cunha que não logrou o hábito da Ordem de Cristo, narrava as origens da sua gente. "Quando d. Brites de Albuquerque veio a esta terra a casar com Duarte

Coelho Pereira, lhe entregou el-rei d. João III a esta Isabel [Ana] Fróis, dizendo-lhe que a trouxesse em sua companhia e a casasse bem em Pernambuco por ser filha de um grande cavaleiro que morrera na Índia em seu serviço; e, sendo mulher capaz de casar, a casou com Diogo Gonçalves, que então servia de auditor-geral e lhes deu em dote o engenho de Beberibe".[23] A variante reportada por Felipe é exata no tocante à função exercida por Diogo Gonçalves e ao engenho de sua propriedade. O engenho de Beberibe ou do Salvador do Mundo fora levantado por Duarte Coelho nos anos 40 do século XVI, mas em 1593 já pertencia a Diogo Gonçalves, que ali residia e que se declarou cristão-velho, natural do termo de Aveiro (Beira Litoral), filho de lavradores e viúvo de Ana Fróis. Ele tinha então cerca de setenta anos, vivendo na terra havia pelo menos quarenta, pois a tanto remontavam suas lembranças do tempo em que trabalhara no engenho de Diogo Fernandes em Camaragibe.[24]

Diogo Gonçalves teria chegado assim por volta de 1553. Sua promoção social, de trabalhador braçal a auditor e a senhor de engenho, fizera-se sob a proteção de d. Brites de Albuquerque, de vez que em 1554 Duarte Coelho falecia no decurso de viagem a Lisboa. Dotar Ana Fróis com o engenho de Beberibe é que parece pouco convincente, a menos que ela tenha sido filha do próprio Duarte Coelho. Nada havia de chocante para a época que a mulher criasse os rebentos ilegítimos do marido e dos filhos, sobretudo se nascidos antes do casamento. Na segunda metade do século XVII, a donatária de Pernambuco e bisneta de d. Brites, Maria Margarida de Castro e Albuquerque, condessa de Vimioso, educou os bastardos do marido e, não tendo filhos, legou ao primogênito a propriedade da capitania, que, contudo, já fora desde a expulsão dos holandeses incorporada ao patrimônio da Coroa, o que deu origem a prolongada contenda judiciária. A própria d. Brites guardava consigo um rapaz tido por seu neto, produto de união de seu filho Jorge de Albuquerque Coelho, o terceiro donatário, com uma índia; e a nossa conhecida Branca Dias tinha em casa uma filha do marido com a criada.[25] O mais provável, contudo, é que, falecida d.

Brites, Diogo houvesse adquirido o engenho ao mesmo Jorge de Albuquerque, que residindo em Lisboa e entrevado pelas feridas recebidas em Alcácer-Quibir, onde perecera o irmão, não desejaria preocupar-se com a gestão da velha fábrica paterna, seus rendimentos donatariais sendo mais que suficientes para levar a vida regalada da alta nobreza da Corte.

As manipulações linhagísticas do Olho de Vidro e de seus descendentes tinham a atenuante da prática genealógica vigente, que não pode ser exclusivamente imputada ao propósito de esconder a ascendência conversa, de vez que a reivindicação de *status* aristocrático campeava à solta. O traço comum a esses troncos quinhentistas é, aliás, sua absorção pela lenda. Caso não fosse registrada por escrito, por motivo de algum pleito nobiliárquico, litígio sucessório ou acusação de sangue converso, a tradição familiar tinha uma vida bem precária, de vez que permanecia segregada na oralidade dos parentes idosos. É sabido que, usualmente, a memória não se estende além de três gerações ou cerca de cem anos; ela retém o nome dos pais, dos avós, de algum bisavô, mas se continuar a subir transforma-se em terra de ninguém, cujo vazio cabe à invenção povoar. Veja-se, por exemplo, a genealogia redigida pelo senhor do engenho da Muribara, Diogo Soares de Albuquerque, a pedido de Borges da Fonseca, que a incorporou à sua obra. Malgrado as consultas a que procedeu, Diogo não logrou ultrapassar dois de seus bisavós.[26]

Mesmo no século XIX, malgrado as pretensões de uma açucarocracia que já ostentava os títulos de nobreza concedidos pelos dois imperadores, mas que o "rei velho" lhes negara, a memória não era mais abrangente que a de Diogo Soares. Veja-se o "livro de assentos" que Ambrósio Machado da Cunha Cavalcanti compilou para governo de seus descendentes, um desses cadernos sumários em que os chefes de família anotavam escrupulosamente as datas de nascimento, casamento e morte dos parentes, movidos pelo afeto ou desconfiados, com razão, do zelo dos párocos. Ambrósio não é um Cavalcanti qualquer, desses que a prolificidade da estirpe relegava à pobreza, muito menos um daqueles que, não o sendo, adotavam por oportunismo o patronímico poderoso que lhe permitia acolher-se à proteção da oligarquia que cavalgou a província durante boa parte do período imperial. Genro do visconde de Utinga, formado em direito por Olinda e doutor pela Universidade Livre de Bruxelas, deputado provincial e depois geral por Alagoas, Ambrósio governará Pernambuco durante os primeiros e instáveis anos da República.[27]

Pois bem: a informação linhagística de que dispõe indivíduo tão eminente não vai além dos avós. O que ele conhece acerca da ascendência materna são, repare-se bem, informações que lhe prestara "uma parda velha, que fora escrava da minha avó". Segundo ela, o tronco da família teria sido certo Manuel de Souza Sepúlveda, que chegara como governador da então capitania. Ambrósio, aliás, desconfiava da história, pois não houvera capitão-general desse nome, preferindo acreditar que o ancestral tivesse sido algum oficial reinol vindo "no tempo da guerra dos holandeses, ou descendente de algum português de igual apelido, pois da história daquela guerra consta ter vindo daquele Reino por esse tempo um oficial com o mesmo apelido".[28] Ambrósio não esclarece que história compulsou; e das crônicas luso-brasileiras coevas não consta tal nome.

Em compensação, conhecia-se perfeitamente a parentela consangüínea e cognatícia. Diogo Soares de Albuquerque sabe os nomes e as alianças contraídas por seis gerações de sua família: a montante, bisavós, avós, tios; na sua geração, irmãos, primos, cunhados; a jusante, filhos, sobrinhos e netos. Ambrósio Machado lista os casamentos e a descendência dos irmãos e cunhados. Comparado à ignorância vertical, o conhecimento horizontal das relações de parentesco resulta obviamente da contemporaneidade, da convivência com a parentela de que se ouve falar a toda hora. Ele é sobretudo bem mais útil na vida prática, em decorrência da proteção política e do apoio financeiro dos familiares. No caso de uma sociedade colonial, a diferença entre a pobreza da informação vertical e a riqueza da informação horizontal também decorre da ruptura que a fixação do colono na terra nova acarretou para suas relações com os parentes que permaneceram na metrópole. Há sempre um ponto no tempo em que o indivíduo bem-sucedido torna-se ascendente de si mesmo. O fenômeno ocorre nas sociedades primitivas como nas civilizadas; com o soba da mais remota aldeia africana e com o fundador da grande dinastia capitalista. Os genealogistas medievais não conseguiam fazer recuar para além dos séculos IX ou X os ascendentes das famílias aristocráticas dos séculos XI ou XII; até então, a família nobre ainda não havia adquirido a verticalidade nítida da linhagem patrilinear, dissolvendo-se na horizontalidade difusa da parentela colateral. Essa é a razão pela qual os nobiliários da Idade Média, encomendados pelos grandes senhores, refiram sempre, a montante de três ou quatro gerações, um ancestral meio fabuloso que, graças à astúcia, ao vigor do seu braço ou aos cabedais que reunira, criava do nada a estirpe que lhe imortalizaria o nome.[29] Ele podia ser inclusive uma mulher: na genealogia portuguesa, aí estão os Marinho, descendentes de uma sereia, e a progênie da dama do Pé de Cabra, assim como na genealogia francesa os Lusignan, do Poitou, que se envaideciam da ancestral, Melusina, transformada em serpente pela perfídia do marido, que descumprira a promessa de não espiá-la no banho.[30] Destarte, os primórdios de muitas casas nobres, objeto do saber elitista por excelência que é o genealógico, remontam ironicamente à cultura popular.

Algo de parecido ocorreu entre nós. Para a grande maioria dos colonos quinhentistas e de seus descendentes, a fixação no ultramar equivalia a uma ruptura com a família que havia ficado no Reino. Em duas ou três gerações, esqueciam-se os nomes, a naturalidade, a profissão dos avós lusitanos. A documentação inquisitorial permite vislumbrar a ignorância dos mazombos a respeito dos parentes deixados em Portugal. Cedo ou tarde, a lenda começa a fazer o papel de realidade. Na segunda metade do Seiscentos, até mesmo o tronco fundador no Brasil esfuma-se na imprecisão ou enverada pela fantasia. Ademais, a posição da descendência dos primeiros povoadores pode ficar comprometida pelas relações do outro lado do Atlântico, seja pela existência de parentes pobres seja pela de cristãos-novos. Daí que a genealogia colonial não proclamasse apenas a nobreza das famílias principais, mas buscasse poupá-las ao vexame das revelações embaraçosas, passando uma esponja generosa, embora nem sempre hábil ou discreta, sobre o ancestral comprometedor. Numa sociedade em que a estima social insistia em distinguir indivíduos de sangue limpo e de sangue impuro, a genealogia não podia fugir, a despeito da realidade da vida cotidiana, à missão de escamotear as origens duvidosas e os parentescos desonrosos — ou deixaria de ser genealogia. Na reflexão de um personagem de Eça, as razões de família não eram menos imperiosas que a razão de Estado. Por tudo isso, não apontemos o dedo politicamente correto contra os Sá e Albuquerque. Sob a fundada imputação de ascendência conversa, eles apenas fizeram o que qualquer linhagem do seu tempo teria feito.

A fama de Duarte de Sá ainda sobrevivia clandestinamente muitos anos depois do falecimento do seu trineto Felipe Pais Barreto; ela alcançou ao menos os anos 60 do século XVIII. Antônio de Sá e Albuquerque não conseguiu a ordenação de um dos filhos. Fora durante o episcopado de d. José Fialho, que, já sabemos, afanava-se em corrigir os abusos praticados pelo cabido em sé vacante. O pai planejara para o segundo rebento uma carreira eclesiástica, culminando talvez como a do irmão, numa conezia da Sé de Olinda, mas o rapaz foi rejeitado devido à pouca idade, consoante a explicação oficial. A carência, portanto, poderia ser sanada com a passagem do tempo, que, contudo, passou sem que o rapaz se ordenasse, pois no terceiro quartel do Setecentos, ele era capitão de um regimento auxiliar. À época da sua rejeição, voltaram os rumores, com a repetitividade implacável de uma dízima periódica. Invocando o saber genealógico que lhe daria suas próprias origens minhotas, d. José Fialho tentou cortar rente à maledicência pública, negando que os descendentes de Duarte tivessem a nota de cristãos-novos. Pode ser que o prelado acreditasse no que dizia, mas é provável que se tratasse apenas de habilidade clerical destinada a salvar a face do cabido, onde se sentava o tio do candidato, o cônego Pedro de Melo e Albuquerque. D. José Fialho preferia reservar seu rigor contra os sacerdotes pardos, como os que encontrou na igreja de São Pedro, no Recife, tanto assim que fez aprovar a regra da unanimidade na escolha dos membros da respectiva confraria, o que daria lugar a uma acesa controvérsia que provocou a intervenção da Coroa e da Santa Sé.³¹

A memória da origem conversa dos Sá e Albuquerque tinha fôlego de sete gatos. Ainda em 1756, quando Borges da Fonseca redigia sua obra, as murmurações fizeram-se ouvir por motivo das provanças de Josefa Francisca de Melo e Albuquerque, na habilitação do marido, Francisco Antônio de Almeida, a familiar do Santo Ofício. Tem sua ironia ver a bisneta do Olho de Vidro atrapalhar a ascensão social do neto de um mascate. A investigação preliminar no Recife, onde ela vivia, e em Muribeca, onde nascera, fora taxativa: os avós de ambos costados "eram tidos, havidos e reputados por legítimos e inteiros cristãos-velhos e brancos, sem nota alguma em nenhum tempo de infecta nação". Contudo, no decurso das inquirições, as testemunhas manifestaram-se de forma menos categórica, embora abonassem a qualidade de Josefa, citando o hábito de Cristo do bisavô e a conezia do tio avô. Recorrer ao álibi de parente clérigo não ajudava apenas o candidato, mas sobretudo protegia os depoentes na eventualidade de serem acusados de falso testemunho. Se a investigação de Josefa desse com os burros n'água, eles poderiam escudar-se no argumento de que, à vista da prova, não lhes competia duvidar da sua condição de cristã-velha. Se o Olho de Vidro professara na milícia de Jesus e se um de seus filhos fora cônego, como poderia sua descendência ter sangue converso? Era o mesmo tipo de inversão lógica que, nos começos do século XIX, impressionaria Henry Koster. Ao observar que certo capitão-mor era mulato, seu interlocutor retorquira-lhe na bucha: "Era, porém já não é". Como poderia ser mulato se era capitão-mor?³² O poder tinha o dom mágico de purificar o sangue e de mudar a cor da pele.

No século XVIII, as testemunhas pareciam mais propensas a levantar o véu quevediano do silêncio. Conquanto afirmasse sua convicção acerca da pureza das origens de Josefa Francisca de Melo e Albuquerque, aduzia um dos depoentes que, pelo lado do Olho de Vidro, "havia algum rumor de cristão-novo, mas sem fundamento verdadeiro [...] antes, entre as pessoas mais verdadeiras e fidedignas, [era] tido e havido como falso o tal rumor". Acendia-se assim uma vela à Inquisição e outra à família Sá e Albuquerque. O depoimento colocou em posição incômoda o encarregado das provanças, o padre João de Barros Rego, havia muitos anos vigário de Muribeca, pois um quarto de século antes batizara Josefa na capela do engenho Novo. Ele, que também descendia de tronco quinhentista e era igualmente curioso de genealogia, tanto que se carteava com Borges da Fonseca sobre pontos duvidosos da história da sua gente, não podia incompatibilizar-se com a principal família de uma freguesia tão rentável que o levara a renunciar por sua causa à cadeira magistral da Sé de Olinda, isto é, a conezia especializada no trato das questões teológicas, a qual ganhara por concurso.

O cônego Veríssimo Roiz Rangel considerava-o "sacerdote virtuoso e muito digno pela sua nobreza e santos costumes", embora sendo reinol desdenhasse de sua habilitação intelectual. O padre João de Barros Rego não era "teólogo de profissão", apenas um diletante em "matérias de teologia", carência que não se lhe podia achacar exclusivamente, pois o clero local não estudava a sagrada ciência nem demonstrava interesse por ela. Indivíduo escrupuloso, padre João vivera outrora "gemendo com o peso paroquial", na rotina penosa de emendar fregueses contumazes, aferrados a seus pecados. Dando-se a vaga da Sé, apresentara-se; e como não houvesse surgido concorrente, fora aprovado pelo bispo e aceito por el-rei. Contudo, quando ia empossar-se na prebenda, aspiração maior a que podia aspirar um clérigo da terra, morrera-lhe o pai, recaindo sobre seus ombros o sustento da família; e como Muribeca lhe proporcionasse maiores rendimentos, teve de desistir da conezia.[33] Tais fatos se haviam passado nos anos 1740, quando ainda vivia o cônego Pedro de Melo e Albuquerque, cujo apoio deve ter-lhe sido útil para vencer as hesitações da mitra acerca de um candidato que deixava a desejar. Razão a mais para que o padre João se tornasse devedor dos Sá e Albuquerque.

Na informação ao Santo Ofício, ele admitia a existência de rumor acerca da origem de Josefa Francisco pelo costado do capitão-mor Antônio de Sá e Albuquerque, mas concluía pela falsidade do labéu. Seu primeiro argumento corresponde à versão deturpada da inquirição que Antônio de Sá mandara buscar em Ponte de Lima, a qual, como mencionado, dava d. Rodrigo de Melo e Lima como avô de Duarte. Na altura, porém, em que escrevia padre João, as coisas se haviam embaralhado de tal modo que o bom do pároco aludia a "tradição antiga" de que Duarte descendia do bispo d. Rodrigo de Lima, que "naufragara em uma nau, indo para a Índia com seu irmão Paulo de Sá". Padre João citava também a declaração do bispo d. José Fialho sobre a limpeza de sangue de Duarte e o depoimento de Francisco Casado de Lima, natural de Ponte de Lima, figura de relevo na comunidade mercantil do Recife,[34] que "homem de crédito e verdade" negara formalmente a ascendência conversa de Duarte. Nada impede que um indivíduo veraz se equivoque, tendo em vista que o prenome e o patronímico de Duarte representavam combinação corriqueira.

O Conselho do Santo Ofício endossou a argumentação do vigário de Muribeca. A Duarte de Sá se quisera maldosamente atribuir defeito de sangue, embora em Ponte de Lima tivesse sido "geralmente reputado por legítimo [e] inteiro cristão-novo". A flexibilidade da Inquisição é compreensível. Ela já se achava sob a mira do marquês de Pombal, que tinha velhas contas a ajustar e que, para melhor controlá-la, nomeará em breve seu irmão Paulo de Carvalho inquisidor-geral. Ao cabo de três gerações no Brasil, um Sá e Albuquerque lograra "penetrar" na Ordem de Cristo; ao cabo de seis, o ancestral converso era proclamado cristão-velho pelo Santo Ofício. Malgrado o espírito crítico de que se gabava, o próprio Borges da Fonseca acreditou piamente na explicação. Havendo consultado os papéis da família, o que lhe custara "trabalho grande por estarem muito antiquados", ficara com a convicção de que a família era das mais nobres de Pernambuco. O genealogista dissipava assim as derradeiras ansiedades da estirpe, avalizando a patranha arquitetada pelo Olho de Vidro e pelo filho.[35]

VII. 166?-1876

ANTÔNIO DE SÁ DA MAIA fora o único filho varão de Duarte de Sá. Na geração seguinte, o irmão de José de Sá e Albuquerque ficara solteiro e seu primogênito fizera três casamentos estéreis. Destarte, o morgadio passara ao filho segundo, Antônio de Sá e Albuquerque, e depois ao filho deste, Afonso de Albuquerque Melo, que obtivera como o pai, o tio e o avô o foro de fidalgo cavaleiro. Mas escaldados pela experiência de Felipe Pais Barreto, os descendentes do Olho de Vidro não se arriscaram jamais a pleitear hábitos das ordens militares nem *a fortiori* candidataram-se a familiar do Santo Ofício. Afonso de Albuquerque Melo, 4º morgado de Santo André e terceiro genealogista da família, serviu quando jovem no regimento de infantaria do Recife mas quando Borges da Fonseca escrevia seu nobiliário era sargento-mor das milícias de Muribeca. Das suas irmãs, duas faleceram solteironas, outra consorciou-se com primo e a última, Josefa Francisca, com Manuel da Silva Ferreira.[1]

Só então, século XVIII adentro, ocorreu a primeira concessão exogâmica na família, embora Borges da Fonseca apresente o marido reinol, Manuel da Silva Ferreira, sob luz favorável. Transmontano de Murça de Panóias (Chaves), servira muitos anos na Índia como militar. De regresso a Portugal, sua nau tocou excepcionalmente no Recife, onde se deixou ficar. É certo que ele não começara a vida como mascate, aportando aqui já maduro e até cavaleiro da Ordem de Cristo, ocupando-se num dos partidos de cana do engenho do sogro. Mas o que Borges ignorava é que, para obter o hábito, Manuel tivera de conseguir dispensa dos defeitos mecânicos do pai, estanqueiro de tabaco, do avô materno, "surrador", isto é, artífice do couro, e do avô paterno, sapateiro.[2]

Afonso de Albuquerque Melo transmitirá o morgadio ao filho André, que, como o irmão José Luís, militou no regimento de primeira linha do Recife e recebeu o foro de fidalgo cavaleiro.³ A geração que substituiu o patronímico Sá e Albuquerque pelo de Albuquerque Melo e que acrescentou ao estoque de prenomes o de André, do orago do engenho, foi também a primeira que se consorciou com filhos de mercadores recifenses. André de Albuquerque Melo teve por sogro Basílio Rodrigues Seixas, cujos pais, moradores das redondezas de Viana do Lima, haviam vivido como "lavradores que trabalhavam em suas fazendas", uma categoria que, segundo os critérios da Mesa da Consciência, era inferior à de quem fazia trabalhar a própria terra por terceiros, embora estivesse acima dos jornaleiros, que cultivavam a terra alheia por salário. No Recife, Basílio casara-se na "família dos quatro cunhados", cujas insolências de *parvenus* haviam ofendido outrora a reputação dos Sá e Albuquerque e dos Pais Barreto. Fazendo a carreira convencional do mercador do Setecentos, ele acumulou uma fortuna de 50 mil cruzados, graças inclusive ao tráfico negreiro, e exerceu cargos da milícia e da administração da vila, além de ser admitido a familiar do Santo Ofício.⁴

As últimas informações genealógicas sobre a descendência de Duarte de Sá datam dos anos 60 do século XVIII e constam da "Série dos Albuquerques", redigida por Afonso de Albuquerque Melo. No meio século seguinte, a família mergulha na obscuridade, só aparecendo, de relance, quando da denúncia feita ao Santo Ofício contra o dicionarista Antônio de Morais Silva. Carioca, "nascido na abastança", na verdade bem relativa, de um casal que vivia dos "lucros de uma botica que administram por um caixeiro", nas palavras de um colega que o delatara à Inquisição quando ainda quintanista de direito em Coimbra, Morais dera-se ao desplante de ler autores proibidos como Voltaire e Rousseau e de divulgar-lhes as idéias sediciosas junto aos companheiros de "república". Ameaçado de prisão, fugira para Londres (1779), onde residiria alguns anos antes de regressar a Portugal, via Paris e Roma, munido de um indulto da Santa Sé que o absolvia das culpas passadas. Em Lisboa, Morais dedicou-se à preparação do seu *Dicionário da língua portuguesa*, cuja primeira edição saiu do prelo em 1789. Tendo-se casado, já beirando os quarenta anos, com a filha de oficial português transferido para Pernambuco, ele acompanhou os sogros, abrindo banca de advogado no Recife, quando foi surpreendido pela nomeação de juiz-de-fora de Salvador, onde reatou a amizade coimbrã com José da Silva Lisboa, a quem presenteou com o livro que faria a fortuna política do futuro marquês de Cairu, *A riqueza das nações*, de Adam Smith. Na Bahia, Morais ficou pouco tempo, voltando a Pernambuco, onde comprou um engenho de açúcar, atividade de que não possuía a menor experiência mas na qual pensava talvez experimentar os charmes da vida canavieira, àquela altura já louvados por outro carioca, Prudêncio do Amaral, no *De sacchari opificio carmen* (1780).[5]

O engenho adquirido pelo filólogo foi precisamente o velho engenho Novo da Muribeca, que lhe repassou o sogro após comprá-lo ao morgado de Santo André, de vez que a propriedade não estava compreendida no vínculo. Segundo Pereira da Costa, Morais Silva teria sido um senhor de engenho modelar, adotando métodos avançados na produção agrícola e industrial. Mandou construir uma casa-grande condizente com o conforto da época; e na antiga, na que viera do tempo de Duarte de Sá e do Olho de Vidro, instalou sua biblioteca, entregando-se à revisão e ampliação do *Dicionário*, precedido de um epítome da gramática portuguesa, numa segunda edição que incorporou o universo vocabular que reencontrara no Brasil, de onde partira menino para estudar no Reino. Em 1805, Morais foi nomeado capitão-mor de Muribeca, o antigo cargo dos Sá e Albuquerque de quem, reduzidos ao Santo André e metidos no seu "buraco rural", já não se ouve falar, salvo quando da segunda complicação que os esbirros inquisitoriais criaram para o dicionarista (1806).

Era a vez de os delatados tornarem-se delatores e do descendente de conversos denunciar o cristão-velho incréu que escandalizava a freguesia. Consoante André de Albuquerque Melo, Morais Silva era indivíduo sem religião: não ouvia missa nem jejuava nos dias de preceito, impedindo sua mulher, filhos e escravos de o fazerem; mandava trabalhar os pretos em tais dias não só por interesse pecuniário, mas também por reputar o santo sacrifício "por coisa inútil e irrisória"; alardeava jocosamente que ordenaria dois africanos para o serviço da capela do engenho, a qual, aliás, relegava ao abandono, de vez que estava "quase vindo abaixo, desornada e sem decência alguma"; consentia que os filhos brincassem com a imagem do menino Jesus nos braços de São José, arrastada pela bagaceira e, interpelado a respeito, respondera que não se "fizesse caso, que aquilo era uma calunga". Em Muribeca, já se escutara o rumor sobre os apuros em que se metera em Coimbra e sobre a fuga para o estrangeiro. Para tudo resumir com uma frase do comissário do Santo Ofício, "o dito bacharel Antônio de Morais Silva é um homem mui libertino e por tal conhecido em toda aquela freguesia", libertino nesse contexto, não no sentido atual, que é o de devasso, mas na acepção da época, que era a de libertário. A coisa ficou por aí, de vez que Morais era muito bem relacionado na Corte e em Pernambuco, cujo governador o tinha na conta de "um dos vassalos mais beneméritos", graças a "seus talentos, caráter e honra e pelos muitos conhecimentos que adornam o seu espírito, principalmente em história e literatura portuguesa", "ramo [em que] é o mais sábio que eu conheço".[6] Dois anos passados da denúncia, Morais era agraciado com o hábito da Ordem de Cristo e designado capitão-mor do Recife, cargo em que o surpreenderia a revolução republicana de 1817, com quem se recusou a cooperar, enfurnando-se no engenho.

O último morgado de Santo André, Antônio de Sá e Albuquerque, faleceria em 1859. Ao tempo da Regência, os morgadios haviam sido extintos, mas se reconhecera aos beneficiários de então o direito de desfrutá-los pelo resto da vida. Antônio, porém, não se aproveitou da salvaguarda prevista pela lei, de vez que, reservando para si o engenho Recreio, desmembrado das terras do Santo André, vendeu a propriedade a um filho de Morais Silva, que a repassou a Manuel Carneiro Leão. Este posteriormente a permutaria pelo Recreio com o filho do último morgado, Antônio de Sá e Albuquerque Júnior, desejoso de recuperar "por motivos sentimentais [...] a antiga sede", segundo informa o genealogista Sylvio Pais Barreto. A crise do preço do açúcar nos anos 1870 não poupou a família, que, contudo, havia sobrevivido a outras, tão ou mais devastadoras: em 1876, o Santo André foi hipotecado a uma firma comercial do Recife para garantia de débitos.[7] Para a mentalidade açucarocrática do Oitocentos, a hipoteca do engenho representava uma nódoa quase tão terrível quanto outrora a pecha de converso.

Vizinhos dos Sá e Albuquerque do Santo André, surgiram em fins do período colonial os Sá e Albuquerque do engenho Guararapes, os quais, malgrado a homonímia, constituíam uma linhagem distinta, como indicam as pesquisas de Sylvio Pais Barreto. Um contemporâneo do Olho de Vidro, igualmente chamado José de Sá e Albuquerque, estabelecera-se no engenho Megaó em Tejucopapo. Sendo um dos homens principais da governança de Itamaracá, casara-se com filha do mercador alemão Cristiano Paulo. O cunhado de Cristiano, o negociante Manuel da Fonseca Rego, uma das primeiras fortunas da terra, reconstruíra dois dos antigos engenhos da freguesia, destruídos durante a guerra holandesa. Fora a Manuel que, como já mencionado, o Olho de Vidro vendera o engenho Guararapes, herdado do primo Alexandre de Moura. Na primeira metade do Setecentos, um filho de Manuel era o dono do Guararapes, e como não deixasse descendentes, o engenho fora parar às mãos dos seus parentes de Tejucopapo. Ao menos desde 1821, o Guararapes pertencia a Lourenço de Sá e Albuquerque ou a familiares seus.[8]

Usando as metáforas vegetais tão do agrado dos genealogistas, enquanto os derradeiros descendentes de Duarte de Sá feneciam, os novos Sá e Albuquerque floresciam. O primeiro Lourenço de Sá e Albuquerque foi comendador da Ordem de Cristo. O primogênito homônimo, barão e depois visconde dos Guararapes, acolheu d. Pedro II na casa-grande quando o segundo imperador visitou o campo das batalhas. Rendeiro de vários engenhos na mata sul, este segundo Lourenço possuiu também o engenho Velho, outrora dos morgados do Cabo. Seus irmãos, também senhores de engenho, foram juízes de paz, vereadores, oficiais da Guarda Nacional ou foram condecorados com as Ordens de Cristo, do Cruzeiro e da Rosa. Um deles, Antônio Coelho de Sá e Albuquerque, ascendeu às posições de influência no Segundo Reinado: deputado geral por Pernambuco, ministro dos Negócios Estrangeiros e também da Agricultura, Comércio e Obras Públicas, presidente das províncias da Paraíba, Alagoas, Pará, Bahia, Ceará e Rio Grande do Sul, e finalmente (ambição de todo político do seu tempo) senador do Império.[9] Durou pouco, contudo, a mandância desses Sá e Albuquerque. Os tempos estavam bicudos. Pai rico, filho nobre, neto pobre: ao longo do século XIX, o refrão operou com eficiência inusitada. Já não havia família com fôlego de resistir por mais de duas ou três gerações. Se os Cavalcanti cavalgaram a província por tanto tempo, o poder dos Souza Leão não ultrapassou a geração do barão de Vila Bela e dos seus primos. A comparação bem indica a precariedade das dominações oligárquicas no fim do Império.

VIII. 166?-1876

NA MADRUGADA DA SEXTA-FEIRA 7 de novembro de 1710, o governador Sebastião de Castro e Caldas, ainda mal ferido dos disparos que lhe haviam feito dias antes, fugiu para a Bahia a bordo de uma daquelas sumacas que, desde o tempo dos flamengos, faziam a cabotagem ao longo do litoral do Nordeste. A situação do delegado máximo da Coroa em Pernambuco tornara-se insustentável. À detenção dos homens principais que ordenara em represália pelo atentado, a nobreza da terra respondera com um levante das tropas de milícia dos distritos rurais. As tensões de tantos anos entre nobres e mascates, mazombos e reinóis, aguçadas havia pouco pela decisão de d. João V de conceder autonomia municipal ao Recife, desaguavam num conflito civil que, mesmo depois de jugulado, deixaria uma esteira de ódios de classe e de naturalidade. Castro e Caldas não partia só. Acompanhava-o um núcleo menos de fiéis do que de indivíduos que também buscavam se pôr a salvo das retaliações previsíveis: comerciantes portugueses que, havendo ostensivamente patrocinado a causa do Recife, viam-se na contingência de escapar, como negros fujões, da ira da nobreza, desemparando famílias e cabedais. Além de Miguel Correia Gomes e de Domingos da Costa de Araújo, os mesmos que haviam feito as primeiras provanças de Felipe Pais Barreto, embarcava também Joaquim de Almeida.

O papel que haviam desempenhado e a posição que ostentavam na comunidade mercantil faziam deles, nas palavras do cronista, padre Gonçalves Leitão, os que "mais haviam ofendido o povo". Graças à idade e à fortuna, Joaquim de Almeida era o patriarca dos mascates e um dos financiadores da facção. Da sua algibeira, entre outras, escorriam as patacas destinadas a molharem as mãos dos funcionários régios que, em Pernambuco e em Lisboa, dispunham-se a dar a definitiva lição naqueles fidalgotes empobrecidos mas ainda intoxicados dos vapores de um passado que se obstinavam em invocar. Joaquim fora naturalmente eleito vereador da primeira Câmara do Recife em fevereiro de 1710, exercendo portanto o cargo de juiz ordinário no impedimento do juiz de fora, que ocupava a ouvidoria. Se o levante da nobreza o tivesse alcançado na terra, Joaquim teria passado maus momentos. Havendo fugido, a desforra limitou-se a ter na porta da sua casa marcada a cruz por gente de Goiana, mais insofrida e atrabiliária que os correligionários olindenses; e a ser arremedado por um moleque, que desfilou "trazendo por vara [de juiz ordinário] uma cana grossa, a que chamam taboca, e um parche preto em um olho". Como a José de Sá e Albuquerque, também faltava uma vista a Joaquim, que, na sua parcimônia mascatal, preferia tapar com pano em vez de gastar dinheiro com uma viagem à Europa para colocar um olho de vidro.

Em Salvador, Joaquim de Almeida e os companheiros de jornada prepararam a revanche. Sendo eles os principais homens de negócio do Recife, o bispo governador convidou-os a regressar de maneira a dar uma aparência de normalidade ao estado de coisas, hipótese mais provável do que a sugerida pelo autor das *Calamidades de Pernambuco*, para quem o convite fora apenas uma armadilha diabólica para perdê-los. Segundas intenções, havia-as de ambas as partes, embora menos sinistras do que as reciprocamente atribuídas. Após algumas negaças despistadoras, os exilados resolveram voltar, obrigados, segundo o doutor Manuel dos Santos, pelas ameaças contra suas famílias e bens, na realidade para articular o levante que estalou em junho de 1711. Enquanto os companheiros seguiam para o Recife, Joaquim desculpou-se com os achaques da idade, mas em lugar de permanecer na Bahia, viajou para a Paraíba, cujo governador apoiava os recifenses, persuadido inclusive pelos argumentos, mas havia quem dissesse pelo dinheiro, de Joaquim. Posto em ação o plano, subornou-se a guarnição do Recife, remetendo-se para lá as provisões que habilitassem a praça a resistir ao assédio, a cujo fim organizou-se uma caixinha que arrecadou a pingue soma de 50 mil cruzados. Ao saber do êxito da quartelada, Joaquim de Almeida não se apressou, só voltando à capitania após a chegada do governador Félix Machado. O triunfo da causa foi completo e em 1720 ele pôde morrer tranqüilamente na vila onde enriquecera e que tanto ajudara a emancipar.

Como ocorre invariavelmente com a prosopografia dos mercadores reinóis, desconhecem-se os primeiros tempos de Joaquim de Almeida em Pernambuco, embora estejamos mais bem informados acerca das suas origens. Seu pai fora negociante de pano; um dos avós, marceneiro, e os demais "pessoas de segunda condição". Natural de Vila Nova de Gaia, do lado sul do rio Douro, frente ao Porto, ele chegou à capitania nos seus verdes anos, como era de praxe entre os emigrantes portugueses, donde serem chamados pejorativamente de "pivetes".[1] Somente uma minoria deles aportava com o emprego garantido, a chamado de tio ou de outro parente, como o próprio Joaquim fará com dois sobrinhos. Outros sedentarizavam-se após várias travessias do Atlântico como "volantes", ou seja, como agentes de casas comerciais da metrópole, permanecendo apenas o tempo indispensável a aviar o negócio que lhe fora confiado para retornar a Portugal no regresso da frota, categoria que, aliás, sofreria duro golpe com a política restritiva imposta pelo marquês do Pombal ao comércio britânico. Por fim, muitos deles, dotados de vocação mercantil como Joaquim, vinham com uma mão na frente e outra atrás.

Ele ter-se-á fixado na capitania pelos anos 60 do século XVII, "no meio do turbilhão de aventureiros aurissedentos que, todos os anos, nus e miseráveis, aportavam no hospitaleiro Pernambuco" a que se referia o padre Gonçalves Leitão, que também registrou a informação de que Joaquim de Almeida começara a vida aqui como "moço de um mulato", criado provavelmente de Luís Cardoso, que, nascido escravo, conseguiu a alforria, tornando-se um dos maiores comerciantes da praça e dos principais benfeitores da Ordem Terceira de São Francisco, do Recife, a quem legou a fortuna. A primeira indicação de que Joaquim saía da obscuridade é de 1681, quando ingressou na irmandade das Almas do Corpo Santo.[2] Anos depois, já assinava uma representação do corpo de comércio.³ Em 1689, el-rei dispensou-lhe o defeito mecânico para que ingressasse na Ordem de Cristo, sendo designado capitão de ordenanças pelo bispo governador d. Matias de Figueiredo e Melo, o bispo Santo de Olinda, aquele mesmo que, nas palavras do epitáfio que lhe consagrou a fidelidade do cabido e dos seus diocesanos, "se olhares para a saudade de seu rebanho, viveu pouco; se para as suas ações praticadas em seis anos, viveu mais que muito; se para as memórias de suas obras, sempre há de viver".

Joaquim de Almeida serviu de capitão da milícia do Recife até 1695 e prestou outros serviços à Coroa, como o de ceder escravos para a reparação da fortaleza do Brum e emprestar dinheiro à Câmara de Olinda e à Fazenda Real para acudir necessidades prementes, como por ocasião das expedições contra o quilombo dos Palmares.⁴ Já era então figura de proa da comunidade mascatal, como sugere o fato de haver sido um dos que hoje chamaríamos de sócios fundadores da Ordem Terceira de São Francisco no Recife.⁵ Mas se sua ascensão foi fácil no que dependia dos seus pares, d'el-rei e dos agentes da Coroa, ela encontrou forte resistência da parte da nobreza da terra. Só assim pode entender-se que, decorridos apenas seis anos do seu ingresso na Ordem de Cristo tenha logrado algo bem menos ambicioso, como a entrada, na mera qualidade de irmão, na Santa Casa da Misericórdia; e que tenha esperado catorze para quebrar o veto imposto pela Câmara de Olinda à eleição de mercadores.

Pode-se conjecturar que, de criado de negociante, Joaquim de Almeida passasse a trabalhar por conta própria, a retalho, medindo e pesando, e daí a "mercador de sobrado", operando por intermédio de caixeiros. Tenha-se em mente, porém, que o homem de negócios do Antigo Regime, em Portugal como na Europa, era tudo, menos um especialista em determinado ramo, como ocorrerá a partir da Revolução Industrial; a especialização era só para os miúdos, para aqueles que nunca teriam a chance de sair de detrás de seus balcões. O comércio negreiro, o crédito usurário, a arrematação da cobrança de impostos, a especulação imobiliária, o açambarcamento dos gêneros de primeira necessidade, a aquisição de cargos públicos ofereciam outros tantos campos de atividades rendosas e muitas vezes ilícitas; e por vezes também, devido aos apertos de algum devedor remisso, podia-se entrar na propriedade de um engenho de açúcar na mata ou de uma fazenda de gado no sertão. Embora não se conheça os detalhes da história comercial de Joaquim, ele foi homem de "grossos cabedais",[6] tanto assim que fez doações substanciais aos conventos do Recife, embora as ordens olindenses, salvo a franciscana, ficassem a ver navios do alto de suas colinas. A Santa Casa foi também aquinhoada, malgrado nunca lhe haver dado a honra de elegê-lo provedor, porque naturalmente tudo tem seu limite, mesmo o apetite social de um ex-mascate. Mandou rezar 1200 missas pela própria alma e pela dos parentes, mas não sucumbiu à tentação de jazigo para si e os seus em capela-mor de igreja recifense.

O êxito mercantil passava pela cumplicidade com o funcionalismo da Coroa. Em meados do século XVIII, um cônego da Sé observava que, havendo na terra uma multidão de negociantes, "todos têm não só uma mas muitas demandas", de modo que o apoio dos representantes régios era-lhes crucial. Porém, como estes estivessem proibidos de comerciar, os mercadores prestavam-se a atuar como seus testas-de-ferro. "Depois que os ministros deram em negociar", valendo-se de mercadores interpostos, "ninguém tenha demanda com homem de negócio porque certamente perdido vai, como mostra a experiência".[7] Joaquim de Almeida será acusado, entre outras práticas, de intermediar, com a conivência do secretário do governo, uma venda de farinha de mandioca de Itamaracá para o Recife, a despeito da interdição da Câmara daquela capitania, preocupada com a escassez do produto. Joaquim era "o cano por onde caminhavam os negócios, assim para a justiça como para a mercancia"; e como arrematador da cobrança do dízimo, recebia a arroba de açúcar do produtor a quatrocentos réis, repassando-a a 1400 réis ao erário.[8]

Joaquim de Almeida casou-se na terra com a filha de um capitão de infantaria que participara da guerra holandesa. Do casamento, nasceram cinco filhos, três homens, dois dos quais entraram em religião, e duas moças, casadas com oficiais reinóis.[9]

Quando Joaquim fixou-se em Pernambuco, ainda se acumulavam as primeiras fortunas mascatais e a endogamia neste grupo era tão rigorosa quanto a que prevalecia entre a nobreza da terra, pois, graças ao dote, ela permitia consolidar os haveres iniciais. A atração do nome e do *status* era pecuniariamente desaconselhável, de vez que, utilizando a quadrinha nativista de começos do século XIX, "a liberdade de casar com brasileira" só seria dada a um "marinheiro pé-de-chumbo, calcanhar de frigideira" contra a promessa de dote substancial, tendo em vista que só as famílias açucarocráticas em situação precária estariam dispostas a passar pelo constrangimento de semelhante aliança. Mais de um reinol opulento casado com mulher fidalga porém pobre terá formulado o reproche que o avô materno do conselheiro João Alfredo Correia de Oliveira costumava dirigir à consorte canavieira: "Senhora, muito me tem custado sua nobreza".[10]

O autor das *Calamidades de Pernambuco* atribui ao governador Castro e Caldas esta observação reveladora. Dizendo-lhe um partidário de Olinda ser inviável a autonomia municipal do Recife por não existir na praça "homem capaz de ser vereador, porque só podiam saber e dar voto nos negócios de venda e compra, pois essas eram as matérias em que atualmente se exercitavam", retrucou-lhe o governador que tal argumento redundava em menoscabo da gente da terra, "pois para casarem suas filhas antepunham a uns homens que, na sua opinião, não tinham préstimos para repúblicos, aos seus naturais, tão prezados de nobres".[11] É provável portanto que a resistência da nobreza às alianças com famílias recifenses já se viesse abrandando com anterioridade à guerra dos mascates, sob a forma menos inaceitável do casamento da filha, que não envolvia a transferência da propriedade rural, transmitida normalmente aos filhos.

Entretanto, o preconceito ainda persistiria por muito tempo, até mesmo quando, em meados do século XVIII, as linhagens mascatais já se haviam transformado num verdadeiro patriciado urbano, tão distinguido, e até mais, pelas honrarias régias e, por vezes, tão enraizado num engenho de açúcar quanto as famílias que se vangloriavam de avós quinhentistas. A informação genealógica que Diogo Soares de Albuquerque redigiu então mostra-o, como referido, muito bem a par de toda sua parentela, exceto quando se trata de quem, por viver distante, não sabe o nome nem o meio de vida. Mas eis que este senhor de engenho, cuja casa-grande situa-se nas vizinhanças da vila, escreve a respeito de certa parenta: "D. Maria casou com Mateus de Freitas, que foi mercador na praça do Recife; deste matrimônio, sei que tiveram uma filha única, ignoro como se chama, porém consta-me casou esta com Amaro José Viana, mercador também da mesma praça do Recife; não sei se já tem filhos".[12] Nesse caso, a relativa ignorância de Diogo nada tinha a ver com a distância física mas com a social, resultante da ruptura de relações com uma mulher que seguramente "morrera" para a família, ou seja, fora ostracizada por ela devido ao casamento.

Em começos do século XVIII, o filho do reinol enriquecido na capitania, como Joaquim de Almeida, já dispunha de possibilidades matrimoniais que o pai não tivera. Seu terceiro filho, Francisco de Almeida Catanho, casou-se em primeiras núpcias numa família de pretensões nobiliárquicas, cujo tronco estabelecera-se em Pernambuco nos anos 70 do século XVI. Seu segundo matrimônio foi, contudo, endogamicamente mascatal. O primogênito de Francisco, Joaquim de Almeida Catanho, a quem se destinou a parte comercial da fortuna paterna, casou-se numa linhagem de comerciantes.[13] É contudo no segundo filho, Francisco Antônio de Almeida, que se verifica uma flexão pronunciada na descendência de Joaquim de Almeida, em primeiro lugar devido ao casamento com uma Sá e Albuquerque, e, em segundo, à carreira burocrática que seguiu como escrivão da Fazenda Real e proprietário do cargo, altamente rentável, de escrivão de defuntos e ausentes, capelas e resíduos.[14] No Recife setecentista, os descendentes dos mascates abandonam regularmente os riscos do negócio pelo ócio seja da carreira eclesiástica seja dos empregos públicos comprados a peso de ouro, a fim de preservar a posição de seus rebentos brasileiros que os pais lusitanos pressentem carecer da ambição ou da capacidade, como foi a deles, para ganhar dinheiro.

Desse matrimônio, surgiu a família Almeida e Albuquerque, síntese patronímica do nobre e do mascate. Dois de seus membros, Manuel Caetano de Almeida e Albuquerque e o filho, Antônio José Vitoriano Borges de Almeida e Albuquerque, participaram da revolução republicana de 1817. Manuel Caetano, que estudara línguas, geometria e filosofia, tocando "sofrivelmente viola e rabeca",[15] herdara do pai o ofício de escrivão; deste à poesia e à revolução foi um passo. Em 1817, Manuel Caetano, já sessentão, tornou-se o vate da república, celebrando "nas suas liras ou versos de toda a casta o império da liberdade [e] elevando poeticamente até às estrelas as futuras vantagens da pátria livre".[16] Ele e Antônio José, oficial do Exército, pagaram caro a audácia: quatro anos de prisão na masmorra baiana, de que os libertou o movimento constitucionalista português de 1820. De retorno à província, Manuel Caetano continuou a cultivar os gêneros do arcadismo tardio.

Enquanto os Sá e Albuquerque vegetavam na rotina canavieira, os Almeida e Albuquerque subiam às posições de mando que o Império oferecia aos bacharéis de Coimbra, de Olinda ou de São Paulo. Dos filhos de Manuel Caetano, o primogênito e homônimo, que entrara na magistratura ainda ao tempo do "rei velho", como juiz-de-fora, corregedor da Madeira e intendente dos diamantes em Minas Gerais, galgou os postos mais elevados da carreira como desembargador e ministro do Supremo Tribunal de Justiça. Foi também constituinte de 1823, deputado e senador por Pernambuco. Francisco de Paula de Almeida e Albuquerque seguiu-lhe os passos: desembargador da Relação da província, ministro da justiça num dos gabinetes da Regência, também deputado e senador. Outro Almeida e Albuquerque representou a Paraíba em suas duas Câmaras. O quarto contentou-se com a presidência do Rio Grande do Norte. Por fim, Antônio José, o único dos irmãos a entrar, como o pai, na revolução de 1817, não passou de comandante das armas no Piauí, o que remete à reflexão de um desencantado, segundo o qual os revolucionários são sempre os maridos enganados das revoluções.[17]

A descendência de Duarte de Sá nada teve de excepcional e é disso mesmo que advém seu interesse historiográfico. Como tantas outras, ela procedia de um tronco reinol de origem conversa, o qual, fixando-se na capitania no último quartel do Quinhentos, casou com a filha de um colono duartino que enriquecera na terra. Preservando, bem ou mal, antes mal do que bem, sua posição social no decurso do século XVII, de guerra e de ocupação estrangeira, de crise da economia açucareira e de crescentes tensões entre mazombos e reinóis, ela se aliaria, no XVIII, a uma linhagem comercial, fundada por um mascate que, chegando à terra sem teres nem haveres, amealhou uma fortuna que faria seus netos tão bons quanto tão bons, isto é, tão bons quanto os bisnetos e trinetos dos primeiros povoadores de Pernambuco ou dos heróis das lutas contra os holandeses. Paradigmaticamente, a família do Santo André esgalhou-se no lado do engenho e no lado do Recife, as duas referências insubstituíveis na geografia sentimental da antiga oligarquia pernambucana. Mas o senhor de engenho e o mercador ficariam definitivamente no passado, substituídos pelo burocrata, pelo magistrado ou pelo político, pelos que permaneceriam na província e pelos que se dispersaram pelos quatro cantos do Império e da República Velha. Os Sá e Albuquerque descreveram diante de nós a parábola da sua classe.

APÊNDICE

ASCENDÊNCIA DE FELIPE PAIS BARRETO

I. João Pais Barreto, radicado em Pernambuco antes de 1557, casado com Inês Guardês de Andrade. Do casamento, além de João Pais Barreto, 1º morgado do Cabo, falecido sem sucessão, nasceram, entre outros:

II.1. Estêvão Pais Barreto, 2º morgado do Cabo, casado com Catarina de Castro e Távora. Do casamento, além de João Pais Barreto, 3º morgado do Cabo, falecido também sem sucessão, nasceu

III.1. Estêvão Pais Barreto, 4º morgado do Cabo, casado com Maria de Albuquerque, filha de Felipe Pais Barreto (irmão do primeiro e do segundo morgados) e de Brites de Albuquerque, filha de Antônio de Sá Maia e Catarina de Melo e Albuquerque. Desse casamento, nasceram, além de João Pais Barreto, 5º morgado do Cabo, assassinado em 1711 (com sucessão) e de outros filhos:

IV.1. Felipe Pais Barreto, casado com Margarida Barreto de Albuquerque, filha de Antônio Pais Barreto e Margarida de Barros.

No tocante à reconstituição da linhagem dos morgados do Cabo há uma discrepância entre a informação genealógica de Antônio de Sá e Albuquerque (Borges da Fonseca, *Nobiliarquia pernambucana*, pp. 26-32, vol. II) e a de seu filho Afonso de Albuquerque Melo. Este exclui o 2º morgado, o primeiro Estêvão Pais Barreto, fazendo passar a sucessão do vínculo diretamente do seu irmão João Pais Barreto, 1º morgado, para o filho de Estêvão, João Pais de Castro, que teria sido assim o 2º morgado. Pode-se conjecturar que tal se teria verificado em decorrência de Estêvão haver falecido antes de seu irmão mais velho. Preferiu-se aqui a inclusão de Estêvão por ser geralmente aceita por quem se ocupou competentemente da genealogia da família, como Gilberto Osório de Andrade e Sylvio Pais Barreto.

ASCENDÊNCIA DE DUARTE DE SÁ

I. Santo Fidalgo, judeu residente em Barcelos (Minho), convertido ao catolicismo em 1497 passou a usar o nome de pia de Diogo Pires. Casado com Ouro Inda, judia. Do casamento, nasceu, entre outros:

II.1. Gracia Dias, casada com Francisco Rodrigues, mercador. Do casamento, nasceu, entre outros:

III.1. Isabel Dias de Sá, casada com Antônio Maia, tabelião do público e judicial de Barcelos. Do casamento, nasceram, entre outros:

IV.1. Duarte de Sá e

IV.2. Melquior de Sá, ambos radicados em Pernambuco.

DESCENDÊNCIA DE DUARTE DE SÁ

I. *Duarte de Sá*, radicado em Pernambuco nos anos 70 do século XVI e aí casado com Joana Tavares, filha de João Pires, o Camboeiro, e Felipa Tavares. Do casamento, nasceram:

II. 1. Felipa de Sá, casada com o morgado João de Albuquerque, filho de Jerônimo de Albuquerque e Felipa de Melo. Do casamento, nasceu:

III.1. Maria de Albuquerque, casada com Francisco de Moura, filho de Alexandre de Moura. Do casamento, nasceram:

IV.1. Luís de Albuquerque, sem sucessão.

IV.2. João de Albuquerque, idem.

IV.3. Alexandre de Moura e Albuquerque, idem.

IV.4. Felipa de Sá, religiosa do convento de Santa Clara (Lisboa).

IV.5. Maria de Albuquerque, idem.

II.2. *Antônio de Sá Maia*, casado duas vezes, a primeira com Maria de Albuquerque, filha de Jerônimo de Albuquerque e Felipa de Melo. Do casamento, só chegou à idade adulta:

III.1. Lourença de Albuquerque, casada com Gaspar de Barros, sem sucessão.

Do segundo casamento de *Antônio de Sá Maia* com Catarina de Melo e Albuquerque, filha de Cristóvão de Albuquerque e Inês Falcão, chegaram à idade adulta:

III.1. *José de Sá e Albuquerque*, o Olho de Vidro.

III.2. Manuel de Sá e Albuquerque, que faleceu solteiro.

III.3. Brites de Albuquerque, casada com o primeiro Felipe Pais Barreto, filho de João Pais Barreto, o Velho, e Inês Guardês de Andrade.

III.4. Joana de Sá, casada com Fernão Figueira de Moura.

III.5. Luísa de Melo, casada com Fernão Velho de Araújo.

III.6. Inês de Albuquerque e Melo, que faleceu solteira.

III.1. *José de Sá e Albuquerque*, o Olho de Vidro, casou com sua sobrinha Catarina de Melo e Albuquerque, filha de sua irmã Brites de Albuquerque e do primeiro Felipe Pais Barreto. Do casamento, nasceram:

IV.1. *Afonso de Albuquerque e Melo*, que casou três vezes, sem deixar sucessão: a primeira com Ana Maria Acióli, filha de Zenóbio Acióli de

Vasconcelos e Maria Pereira de Moura; a segunda, com Mariana da Câmara, filha de Matias de Albuquerque Maranhão e Isabel da Câmara; e a terceira, com Inês Barreto de Albuquerque, filha de Antônio Pais Barreto e de Maria da Fonseca Barbosa.

IV.2. *Antônio de Sá e Albuquerque.*

IV.3. Pedro de Melo e Albuquerque, cônego da Sé de Olinda.

IV.4. Maria Maior de Albuquerque, casada com João Pais Barreto, 5º morgado do Cabo.

IV.2. *Antônio de Sá e Albuquerque*, casado com Margarida da Rosa Vasconcelos, filha de Domingos Nobre Pedrosa e Margarida da Rosa. Do casamento, nasceram, entre outros:

V.1. *Afonso de Albuquerque e Melo*, casado com Leonor Pereira da Silva, filha de Aniceto Pereira da Silva e Maria Cavalcanti de Albuquerque. Do casamento, nasceu, entre outros:

VI.1. *André de Albuquerque e Melo*, casado com Teresa de Jesus Maria da Rocha, filha de Basílio Rodrigues Seixas e Maria da Rocha Mota.

VI.2. Josefa Francisca Xavier de Melo e Albuquerque, casada com Manuel da Silva Ferreira. Do casamento, nasceu, entre outros:

VII.1. Josefa Francisca de Melo e Albuquerque, casada com Francisco Antônio de Almeida, filho de Francisco de Almeida Catanho e Isabel Gomes Correia. Do casamento, nasceu, entre outros:

VIII.1. Manuel Caetano de Almeida e Albuquerque.

DESCENDÊNCIA DE JOAQUIM DE ALMEIDA

I. *Joaquim de Almeida*, natural de Vila Nova de Gaia (Portugal), filho de Francisco de Almeida e de Maria da Rocha. Radicado em Pernambuco provavelmente nos anos 60 do século XVII. Aí casou com Luísa Catanho, filha de Belquior da Costa Rabelo e Isabel de Figueiredo. Do casamento, nasceu, entre outros:

II. *Francisco de Almeida Catanho*, casado a primeira vez com Josefa de Melo e Silva, filha de Feliciano de Melo e Silva e Brites de Barros Rego; a segunda, com Isabel Gomes Correia, filha de Miguel Correia Gomes e Catarina Gomes de Figueiredo. Do segundo casamento, nasceu, entre outros:

III. *Francisco Antônio de Almeida*, casado com Josefa Francisca de Melo e Albuquerque, filha de Manuel da Silva Ferreira e Josefa Francisca Xavier de Melo e Albuquerque. Do casamento, nasceu, entre outros:

IV. *Manuel Caetano de Almeida e Albuquerque*, casado com Ana Francisca Eufêmia do Rosário, filha de A. J. V. Borges da Fonseca e Joana Inácia Francisca Xavier. Do matrimônio, nasceram, entre outros:

V.1. Manuel Caetano de Almeida e Albuquerque.
V.2. José Paulino de Almeida e Albuquerque.
V.3. Antônio José Vitoriano de Almeida e Albuquerque.
V.4. Francisco de Paula de Almeida e Albuquerque.

NOTAS

PARTE I — O CAPITÃO-MOR DO CABO [pp. 17-76]

I. 1700-7 [pp. 18-37]

1. A primeira parte deste livro baseia-se no processo de habilitação de Felipe Pais Barreto a cavaleiro da Ordem de Cristo, o qual se encontra no Arquivo Nacional da Torre do Tombo [ANTT], Habilitações à Ordem de Cristo [HOC], maço 28, n. 5. O regulamento da Ordem vigente na época que nos interessa encontra-se em *Definições e estatutos dos cavaleiros e freires da Ordem de Nosso Senhor Jesus Cristo*, Lisboa, 1746. Para a carreira de Felipe Pais Barreto, ANTT, Chancelaria de d. João V, livro 48, fl. 96. Felipe fora vereador em 1695: Ernesto Ennes, *Os Palmares. Subsídios para a sua história*, Lisboa, 1939, p. 146; e juiz ordinário em 1701 e 1706. Acerca do ingresso na Ordem, Francis A. Dutra, "Membership in the Order of Christ in the Seventeenth Century: its rights, privileges and obligations", e também "Membership in the Order of Christ in the Sixteenth Century: problems and perspectives", ambos trabalhos reeditados pelo autor em *Military Orders in the Early Modern Portuguese World. The Orders of Christ, Santiago and Avis*, Burlington, 2006.

2. Fernanda Olival, *As ordens militares e o Estado moderno. Honra, mercê e venalidade em Portugal (1641-1789)*, Lisboa, 2001, pp. 452, 456, 490-1. Trata-se da obra fundamental sobre o tema.

3. Para a genealogia da família Pais Barreto, vide a informação de Antônio de Sá e Albuquerque (*circa* 1770), reproduzida por A. J. V. Borges da Fonseca, *Nobiliarquia pernambucana*, 2 vols., Rio, 1935, II, pp. 26-32, bem como a "Série dos Albuquerques e outras famílias ilustres de Pernambuco, escrita por Afonso de Albuquerque de Melo, coronel do regimento das tropas montadas e fidalgo cavaleiro da Casa Real, natural da mesma capitania de Pernambuco, à instância do Rvmo. Sr. Marcelino Pereira, da Congregação do Oratório da cidade de Braga", acompanhada das "Anotações críticas à série dos Albuquerques e outras famílias de Pernambuco, que compôs o Sr. Afonso de Albuquerque de Melo [...] escritas pelo padre Marcelino Pereira, mestre na Sagrada Teologia, preposto que foi da Congregação do Oratório e examinador sinodal do arcebispo de Braga", ambos documentos de *circa* 1770, traslados pertencentes ao autor.

4. Carta ao autor, Recife, 26.iv.1989.

5. "Batalhas e sucessos de Camarão, Cristóvão Pais, Paulo de Amorim e

Pedro de Melo Falcão", engenho Ilhetas, 25.i.1712, Coleção Pedro Corrêa do Lago, São Paulo.

6. Afonso de Albuquerque Melo, "Série dos Albuquerques", cit.; relação dos engenhos de Pernambuco anexa à carta do governador Luís Diogo Lobo da Silva ao conde de Oeiras, Recife,15.ii.1761, AHU, PA, Pco., caixa 54; Borges da Fonseca, *Nobiliarquia pernambucana*, II, p. 49; J. A. Gonsalves de Mello [org.], *O Diário de Pernambuco e a história social do Nordeste*, 2 vols., Recife, 1975, II, pp. 695-6.

7. Geraldo Gomes, *Engenho & arquitetura. Tipologia dos edifícios dos antigos engenhos de açúcar de Pernambuco*, Recife, 1997, p. 111.

8. Joaquim Nabuco, *Minha formação*, Rio de Janeiro, 1900, pp. 38-9.

9. Gilberto Osório de Andrade e Rachel Caldas Lins, *João Pais, do Cabo: o patriarca, seus filhos, seus engenhos*, Recife, 1982.

10. Afonso de Albuquerque e Melo, "Série dos Albuquerques", cit.; e Jorge Cardoso, *Hagiológio lusitano*, 4 vols., Lisboa, 1652-1744, III, pp. 348-9.

11. "Sátira geral a todo o governo deste Reino, como nela se verá, por Gregório de Matos, ressuscitado em Pernambuco no ano de 1713", Biblioteca Nacional de Lisboa [BNL], ms. 8625, fl. 241.

12. Bartolomé Bennassar, *L'homme espagnol. Attitudes et mentalités du XVIeme au XIXeme siècle*, Paris, 1975, pp. 167-84. Vide também Américo Castro, *La realidad histórica de España*, 3ª ed., México, 1966, e *De la edad conflictiva*, 3ª ed., Madri, 1972.

13. O estudo germinal sobre o assunto é o de Albert Sicroff, *Les controverses des statuts de "pureté de sang" em Espagne du XVeme au XVIIeme siècle*, Paris, 1960.

14. Fernanda Olival, *As ordens militares e o Estado moderno*, p. 424.

15. Apud. J. A. Gonsalves de Mello, *Gente da nação. Judeus e cristãos-novos em Pernambuco, 1542-1654*, Recife, 1989, p. 147.

16. Veríssimo Roiz Rangel, "Discurso apologético e notícia fidelíssima das vexações e desacatos cometidos pelo Dr. Antônio Teixeira da Mata contra a Igreja e jurisdição eclesiástica de Pernambuco", ANTT, Livros do Brasil, códices 34, fl. 162.

17. Conde dos Arcos a Alexandre de Gusmão, 20.iv.1747, Arquivo da Universidade de Coimbra [AUC], coleção conde dos Arcos, 35, fl. 122.

18. Diogo do Couto, *O soldado prático*, Lisboa, 1954, p. 10.

19. Borges da Fonseca, *Nobiliarquia pernambucana*, II, p. 8.

20. Homens nobres de Pernambuco a d. Pedro II, 25.iii.1704, Arquivo Histórico Ultramarino [AHU], Papéis avulsos [PA], Pernambuco [Pco.], cx. 14.

21. Evaldo Cabral de Mello, *A fronda dos mazombos. Nobres contra mascates*, Pernambuco, 1666-1715, 2ª ed., São Paulo, 2003, pp. 141 ss.

22. Relatório de frei Felipe de Alteta, 2.vi.1713, reproduzido por Pietro Vittorino Regni, *Os capuchinhos na Bahia*, 2 vols., Porto Alegre, 1988, II, pp. 569-7.

23. J. B. Fernandes Gama, *Memórias históricas da província de Pernambuco*, 4 vols., Recife, 1844-1847, IV, p. 134.

24. Fernanda Olival, *As ordens militares e o Estado moderno*, pp. 410, 412-3.
25. Fernandes Gama, *Memórias históricas*, IV, p. 189.
26. ANTT, HOC, L, 14,10.
27. Fernandes Gama, *Memórias históricas*, IV, p. 60.
28. Borges da Fonseca, *Nobiliarquia pernambucana*, II, pp. 172-9.
29. Fernandes Gama, *Memórias históricas*, I, p. 57; Cleonir Xavier de Albuquerque, *A remuneração de serviços da guerra holandesa*, Recife, 1968, pp. 105-118; Nuno Gonçalo Monteiro, "Notas sobre nobreza, fidalguia e titulares nos finais do Antigo Regime", *Ler História*, 10 (1987), pp. 18-21. Vide do mesmo autor, "Poder senhorial, estatuto nobiliárquico e aristocracia", José Mattoso [org.], *História de Portugal*, IV, António Manuel Hespanha [co.], *O Antigo Regime (1620-1807)*, Lisboa, 1993, pp. 333-8.
30. ANTT, HOC, J, 90,11, J, 93,15, M, 48, 40; Lázaro Leitão Aranha, "Mesa das três ordens militares", BNL, Pombalina, 156, fls. 198, 230, 278 e 303v. O processo de Domingos da Costa de Araújo não consta da documentação mas sim o de seu filho Pantaleão, HOC, P, 11,1.
31. Fernandes Gama, *Memórias históricas*, IV, p. 134; Fernanda Olival, *As ordens militares e o Estado moderno*, pp. 187, 193, 360.

II. 1708-11 [pp. 38-55]

1. Fernanda Olival, *As ordens militares e o Estado moderno*, pp. 195, 288, 369 e 412.
2. C. R. Boxer, *The golden age of Brazil. Growing pains of a colonial society, 1695-1750*, Los Angeles, 1962, p. 125. Para os parágrafos antecedentes, vd. Cabral de Mello, *A fronda dos mazombos*, pp. 217 ss.
3. Dias Martins, *Os mártires pernambucanos vítimas da liberdade nas duas revoluções ensaiadas em 1710 e 1817*, Recife, 1853, pp. 79-80.
4. "Relação das pessoas de mais nome que se mostraram fiéis e confidentes por ocasião do levante de Pernambuco", transcrita por Mario Melo, *A guerra dos mascates como afirmação nacionalista*, Recife, 1941, p. 110.
5. Manuel dos Santos, *Narração histórica das calamidades de Pernambuco*, Recife, 1986, p. 52.
6. "Tratado da capitania de Pernambuco e das sublevações que nela houve até o ano de 1712", Biblioteca Municipal do Porto. Existe cópia oitocentista, com erros e lacunas, sob o título de "Revoluções e levantes de Pernambuco nos anos de 1710 e 1711", Instituto Histórico e Geográfico Brasileiro, lata 3, n. 9.
7. "Relação do levante que houve em Pernambuco e do que nele sucedeu depois de um tiro que deram no governador Sebastião de Castro e Caldas", *Brasília*, 6 (1951), p. 304.
8. Manuel dos Santos, *Calamidades de Pernambuco*, p. 62. O autor data o assassinato em 24 de maio de 1710, o que é manifestamente falso, tendo em vista que João Pais Barreto ainda vivia quando do levante da nobreza ocorrido

em novembro daquele ano; sua morte se deve ter verificado em maio do ano seguinte, às vésperas do levante dos mascates.

9. Borges da Fonseca, *Nobiliarquia pernambucana*, I, p. 67; J. A. Gonsalves de Mello [ed.], *Fontes para a história do Brasil holandês*, 2 vols., Recife, 1981-1985, I, pp. 144-5; Manuel Calado do Salvador, *O valeroso Lucideno ou triunfo da liberdade*, 4ª ed., 2 vols., Recife, 1985, I, p. 264; "Rol da finta que se fez na freguesia do Cabo" (1665), ms. da coleção José Mindlin; ANTT, Familiares do Santo Ofício [FSO], G, 6, 111.

10. O padre Luís Correia, filho de Miguel Correia Gomes, afirma que o morgado fora morto pelo próprio André Vieira de Melo e por seus soldados: Robert Southey, *História do Brasil*, 4ª ed., 3 vols., São Paulo, 1977, III, p. 59.

11. Manuel dos Santos, *Calamidades de Pernambuco*, pp. 62-8; Domingos do Loreto Couto, *Desagravos do Brasil e glórias de Pernambuco*, Recife, 1981, pp. 478-82.

12. Manuel dos Santos, *Calamidades de Pernambuco*, p. 68.

13. Francis A. Dutra, *Matias de Albuquerque. A Seventeenth century capitão-mor of Pernambuco and governor-general of Brazil*, University Microfilms International, Ann Arbor, 1969, pp. 152, 215, 228 e 232.

14. "Representação de Jerônimo de Mendonça Furtado a Sua Majestade", *Anais da Biblioteca Nacional do Rio de Janeiro* [ABN], 57 (1939), p. 131.

15. *Documentos históricos da Biblioteca Nacional do Rio de Janeiro*, CVIII (1955), p. 43.

16. Fernandes Gama, *Memórias históricas*, IV, p. 70; "Guerra civil ou sedições de Pernambuco", *Revista do Instituto Histórico e Geográfico Brasileiro* [RIHGB], 16(1853), p. 16; Dias Martins, *Os mártires pernambucanos*, p. 367.

17. Manuel dos Santos, *Calamidades de Pernambuco*, pp. 201-4.

18. *Definições e estatutos dos cavaleiros e freires da Ordem de Nosso Senhor Jesus Cristo*, p. 34.

19. Borges da Fonseca, *Nobiliarquia pernambucana*, I, p. 246.

20. ANTT, HOC, J, 83, 5.

21. Frei João da Apresentação Campely, "Epítome da vida, ações e morte do Ilmo. Rvmo. Bispo de Pernambuco", *Revista Eclesiástica Brasileira*, 14/1 (1954), pp. 87-8.

22. ANTT, HOC, B, 11, 3.

23. F. A. Pereira da Costa, *Anais pernambucanos*, 2ª ed., 10 vols., Recife, 1983-1985, IX, p. 263; e J. A. Gonsalves de Mello, "Pereira da Costa e suas fontes históricas", ibid., I.

24. Borges da Fonseca, *Nobiliarquia pernambucana*, I, p. 345.

25. Gonsalves de Mello, *Gente da nação*, pp. 416-9.

26. Relatório de frei Felipe de Alteta, 2.vi.1713, cit.

27. Cristóvão Pais Barreto a Felix Machado, 25.i.1712, Coleção Pedro Corrêa do Lago (São Paulo); Manuel dos Santos, *Calamidades de Pernambuco*, p. 204.

28. "Tratado da capitania de Pernambuco", cit.; Fernandes Gama, *Memórias históricas*, IV, pp. 132-6; "Guerra civil ou sedições de Pernambuco", p. 74; Dias Martins, *Os mártires pernambucanos*, pp. 9 e 80.

29. Fernandes Gama, *Memórias históricas*, IV, pp. 211, 249, 268-9, 272, 302 e 313.

III. 1711-5 [pp. 56-64]

1. Frei Joaquim do Amor Divino Caneca, "O Typhis pernambucano", *Obras políticas e literárias*, 2 vols., Recife, 1875, II, p. 500.

2. ANTT, Chancelaria de d. João V, 48, fl. 96.

3. "Livro dos assentos da Junta de missões, cartas ordinárias, ordens e bandos que se escreveram em Pernambuco no tempo do governador Felix José Machado", BNL, Pombalina, 115, fls. 173-4 e 195.

4. "Livro que há-de servir para a vedoria de Pernambuco", ANTT, Mss. da Livraria, 2611, fls. 5v-7.

5. Pereira da Costa, *Anais pernambucanos*, II, pp. 252-5, e IV, p. 4.

6. ANTT, FSO, J, 40,837; Fernandes Gama, *Memórias históricas*, IV, pp. 229 e 275.

7. Pedro Lelou a d. João de Lencastre, 17.xii.1699, AHU, PA, Rio Grande do Norte, caixa 1.

8. Borges da Fonseca, *Nobiliarquia pernambucana*, II, p. 8.

9. ANTT, Inquisição de Lisboa [IL], 1332; *Denunciações de Pernambuco,1593-1595*, São Paulo, 1929, pp. 52 e 273; F. A. Pereira da Costa, "Origens históricas da indústria açucareira em Pernambuco", *Arquivos da Prefeitura Municipal do Recife*, 1-2, 1945-1951, p. 311. O segundo Francisco Berenguer de Andrade, o genealogista, foi cavaleiro professo na Ordem de Cristo mas suas provanças não constam do índice existente no Arquivo Nacional da Torre do Tombo.

10. J. A. Gonsalves de Mello, *João Fernandes Vieira*, 2 vols., Recife, 1956, II, pp. 10-20.

11. Borges da Fonseca, *Nobiliarquia pernambucana*, I, pp. 71-2.

12. *Denunciações de Pernambuco*, pp. 172-3, 256-7; ANTT, IL, 13 085.

IV. 1715-27 [pp. 65-76]

1. Pereira da Costa, *Anais pernambucanos*, V, pp. 321-3.

2. ANTT, HOC, J, 93, 73 e F, 37, 85; Borges da Fonseca, *Nobiliarquia pernambucana*, I, pp. 73 e 219; Afonso de Albuquerque Melo, "Série dos Albuquerque", cit.; Osório de Andrade e Caldas Lins, *João Pais, do Cabo*, pp. 67-74 e especialmente o texto anexo de Sylvio Pais Barreto, "Origens e brasões de João Pais e dos Sousa Henriques", pp. 113-9; Loreto Couto, *Desagravos do Brasil*, pp. 212-3.

3. ANTT, HOC, F, 34, 14.

4. Calado, *O valeroso Lucideno*, I, p. 206; Diogo Lopes de Santiago, *História da guerra de Pernambuco*, 3ª ed., Recife, 1985, pp. 201, 211, 259 e 357; e Antônio Joaquim de Melo, *Biografias de alguns poetas e homens ilustres da província de Pernambuco*, 3 vols., Recife, 1856-1859, I, p. 169.

5. Borges da Fonseca, *Nobiliarquia pernambucana*, I, p. 8.

6. Luís de Bivar Guerra [ed.], "Um caderno de cristãos-novos de Barcelos", *Armas e troféus*, 2ª série, 1 (1959-1960), pp. 64-5.

7. João Lúcio de Azevedo, *História dos cristãos-novos portugueses*, Lisboa, 1921, passim; C. R. Boxer, *The Dutch in Brazil, 1624-1654*, Oxford, 1957, p. 45. A transcrição do rol em J. Mendes dos Remédios, *Os judeus em Portugal*, 2 vols., Coimbra, 1895-1928, II, pp. 144-8, limita-se a comarcas do Portugal continental.

8. Francisco de Brito Freyre, *Nova Lusitânia ou história da guerra brasílica*, Lisboa, 1675, p. 344, onde Antônio de Sá está incluído entre os emigrados, com base em Duarte de Albuquerque Coelho, *Memórias diárias da guerra do Brasil*, obra publicada em Madri em 1654 e interditada pelo governo espanhol, mas desconhecida em Pernambuco ao longo do período colonial.

9. ANTT, B, 11, 3.

10 Para as punições contra os falsos testemunhos, vide *Definições e estatutos*, pp. 30-1.

11. Fernanda Olival, *As ordens militares e o Estado moderno*, p. 307.

12. Lázaro Leitão Aranha, "Mesa das três de ordens militares", fl. 111v.

13. Felipe Pais Barreto a d. João V, 25.viii.1725, AHU, papéis avulsos, Pernambuco, caixa 32; e idem a idem, 19.ix.1726, ibidem, caixa 34.

14. J. A. Gonsalves de Mello, "Nobres e mascates na Câmara do Recife, 1713-1738", *Revista do Instituto Arqueológico, Histórico e Geográfico Pernambucano* (RIAP), 53 (1981), pp. 168-9.

15. ANTT, HOC, E, 4, 1; Ministério do Reino, Conselho Ultramarino, maço 316.

PARTE II – BRANCA DIAS E OUTRAS SOMBRAS [pp. 77-132]

I. 1748-77 [pp. 78-90]

1. O estudo definitivo sobre a obra de Borges da Fonseca é o de J. A. Gonsalves de Mello, "A Nobiliarquia Pernambucana", *Estudos pernambucanos*, Recife, 1960, pp. 93-138. Sua consulta é indispensável à compreensão da estrutura do livro, que contém não só os textos da lavra do genealogista como também informações da autoria de predecessores e contemporâneos seus, identificados por Gonsalves de Mello. Para a utilização da "Nobiliarquia", é também imprescindível recorrer a Salvador de Moya, *Índices genealógicos brasileiros*, 1, 2, *Nobiliarquia pernambucana*, Rio, 1943.

2. "A nobreza da família Cavalcanti", *O Sete de Setembro* (Recife), 6.i.1846, artigo para o qual já Gilberto Freyre chamou a atenção dos estudiosos no prefácio às *Memórias de um Cavalcanti*, Rio, 1940.

3. Borges da Fonseca, *Nobiliarquia pernambucana*, II, pp. 251-2.

4. Elias Lipiner, *Os judaizantes nas capitanias de cima*, São Paulo, 1969, pp. 179-93.

5. Luís de Bivar Guerra, "Cem anos de genealogia (1877-1977)", Academia Portuguesa de História, *A historiografia portuguesa de Herculano a 1950*, Lisboa, s/d, p. 163.

6. ANTT, HOC, J, 74, 3; Borges da Fonseca, *Nobiliarquia pernambucana*, I, p. 268.

7. ANTT, HOC, A, 3, 1; FSO, A, 58, 1215, e A, 95, 1760.

8. Rodolfo Garcia, introdução às *Denunciações de Pernambuco*, pp. XXIII-VI. A peça não é conhecida mas sua trama foi resumida por Antônio Pedro de Figueiredo, "Juízo crítico sobre Branca Dias dos Apipucos", reproduzido por J. A. Gonsalves de Mello, *Diário de Pernambuco. Economia e sociedade no 2º Reinado*, Recife, 1996, pp. 509-21. Sobre a comunidade cristã-nova da Paraíba, Bruno Feitler, *Inquisition, juifs et nouveau-chrétiens au Brésil, XVIIème-XVIIIème siècle*, Louvain, 2003, pp. 219 ss. As duas primeiras partes dessa obra foram publicadas em português sob o título *Nas malhas da consciência. Igreja e inquisição no Brasil. Nordeste, 1640-1750*, São Paulo, 2007.

9. Gonsalves de Mello, *Gente da nação*, pp. 117-66. O autor relacionou nada menos de 21 netos de Branca Dias, relação que, conforme assinalou, não é completa.

10. Ibid., p. 146.

11. Borges da Fonseca, *Nobiliarquia pernambucana*, I, pp. 336-7, 477 e 488.

12. ANTT, HOC, B, 11, 17; *Denunciações de Pernambuco*, pp. 253-4.

13. ANTT, HOA, F, 1, 1; Borges da Fonseca, *Nobiliarquia pernambucana*, I, pp. 149 e 464.

14. Borges da Fonseca, *Nobiliarquia pernambucana*, I, pp. 337, e II, p. 187.

15. ANTT, IL, 12.754; *Denunciações de Pernambuco*, p. 254.

16. Borges da Fonseca, *Nobiliarquia pernambucana*, I, p. 307; Antônio Carvalho da Costa, *Corografia portuguesa*, 3 vols., Lisboa, 1712, III, p. 533.

17 G. van Klaveren, "Utrechtsche familieleden van Paus Adriaan VI", *Jaarboejke van Oud Utrecht* (1958), pp. 82-3; Antônio Caetano de Souza, *História genealógica da Casa Real portuguesa*, 2ª ed., Coimbra, 1946-1954, XII, p. CII.

18. *Denunciações de Pernambuco*, pp. 75 e 466.

19. Borges da Fonseca, *Nobiliarquia pernambucana*, I, p. 307; ANTT, IL, 4580 e 2304.

20. Pereira da Costa, *Anais pernambucanos*, I, p. 377.

21. *Denunciações de Pernambuco*, pp. 111, 363, 372-3 e 385; *Confissões de Pernambuco, 1594-1595*, Recife, 1970, pp. 102 e 105-6.

22. Borges da Fonseca, *Nobiliarquia pernambucana*, I, pp. 307 ss.

23. André Bruguière, "Les cent et une familles de l'Europe", André Bruguière [ed.], *Histoire de la famille*, 2 vols., Paris, 1986, II, p. 76; Evaldo Cabral de Mello, *Rubro veio*, 3ª ed., São Paulo, 2008, pp. 128 ss.

II. 1535-1773 [pp. 91-106]

1. Mendes dos Remédios, *Os judeus em Portugal*, I, p. 352; Alexandre de Gusmão, "Juízo e cálculo em geral sobre a genealogia dos que eram tidos por puritanos", *Coleção de vários escritos inéditos, políticos e literários*, Porto, 1841, pp. 81-5.

2. Luís de Bivar Guerra, *História genealógica de uma família do Alentejo*, Beja, 1949, p. 6.

3. Tarcízio do Rego Quirino, *Os habitantes do Brasil no fim do século XVI*, Recife, 1966.

4. Ibid.

5. *Confissões de Pernambuco*, passim.

6. O "Sumário das armadas" é aqui citado na reimpressão feita sob o título arbitrário de *História da capitania da Paraíba*, Campina Grande, 1983, p. 40, edição que se baseou não no original da Biblioteca de Évora mas na versão do periódico "Íris", Rio, 1848-9. O "Sumário" foi editado pela RIHGB, 36/1 (1873), pp. 5-89. Note-se que na citação acima a edição da RIHGB refere-se à "maior parte dos moradores de Pernambuco" como sendo vianenses (p. 23), não "a maior parte dos melhores de Pernambuco" como na edição do "Íris", cuja formulação preferi por ser a que melhor se ajusta ao que sabemos das origens dos colonos pernambucanos de finais de Quinhentos, graças a Tarcízio do Rego Quirino, *Os habitantes do Brasil no fim do século XVI*, pp. 25-6: a maioria deles não procedia de Viana, embora a maioria da gente principal viesse efetivamente de lá, o que é confirmado por Fernão Cardim, *Tratados da terra e gente do Brasil*, 3ª ed., São Paulo, 1978, p. 201.

7. Frei Luís de Sousa, *Vida de dom frei Bartolomeu dos Mártires*, 3 vols., Lisboa, 1946, I, p. 160.

8. ANTT, IL, 8475 e 14 326; *Denunciações de Pernambuco*, passim.

9. *Denunciações de Pernambuco*, passim.

10. ANTT, IL, 8475; *Denunciações de Pernambuco*, passim.

11. Borges da Fonseca, *Nobiliarquia pernambucana*, II, pp. 361-5.

12. Afonso Luís e Bento Teixeira, *Naufrágio & Prosopopéia*, [ed. Fernando Mota], Recife, 1969, pp. 49-50.

13. *Livro do tombo do mosteiro de São Bento de Olinda*, Recife, 1948, p. 479.

14. Borges da Fonseca, *Nobiliarquia pernambucana*, II, p. 354 ss. Borges omitiu, aliás, duas das filhas legítimas, Isabel e Cosma, que faleceram solteironas no Recolhimento da Conceição em Olinda.

15. ANTT, IL, 11 206 e 12 222.

16. Anita Novinski [ed.], "Uma devassa do bispo d. Pedro da Silva, 1635-1637", *Anais do Museu Paulista*, 22 (1968), pp. 239-41; *Livro primeiro do governo do Brasil, 1607-1633*, Rio de Janeiro, 1958, pp. 134, 409, 413 e 415; Gonsalves de Mello, *Fontes*, I, pp. 83 e 160; Borges da Fonseca, *Nobiliarquia pernambucana*, II, pp. 378-9.

17. Rodolfo Garcia, introdução às *Denunciações de Pernambuco*, p. xv.

18. Borges da Fonseca, *Nobiliarquia pernambucana*, II, pp. 399 e 403; ANTT, HOC, M, 25 e 48.

19. Borges da Fonseca, *Nobiliarquia pernambucana*, II, p. 431; *Denunciações de Pernambuco*, passim; ANTT, IL, 11 634; Felipe III a d. Gaspar de Souza, 21.xi.1611, *Cartas de d. Álvaro e de d. Gaspar de Souza, 1540-1627*, Lisboa, 2001, p. 290; Gonsalves de Mello, *Fontes*, I, pp. 29, 86 e 148.

20. Antônio Baião [ed.], "Correspondência inédita do Inquisidor Geral e Conselho Geral do Santo Ofício para o primeiro visitador da Inquisição no Brasil", *Brasília*, I (1942), p. 550. Para a confusão no imaginário cristão-velho entre os "rolos da lei", isto é, o Pentateuco, e uma cabeça de bezerra, a "toura", Elias Lipiner, *Santa Inquisição: terror e linguagem*, Rio, 1977, pp. 138-40.

21. Gonsalves de Mello, *Fontes*, I, pp. 86, 148; Fernando Pio, "Cinco documentos para a história dos engenhos de Pernambuco", *Revista do Museu do Açúcar*, 2 (1969), pp. 34-43; Evaldo Cabral de Mello, "Como manipular a Inquisição", *Um imenso Portugal*, São Paulo, 2002, pp. 127-46; *O Brasil que Nassau conheceu*, Recife, 1979.

22. Borges da Fonseca, *Nobiliarquia pernambucana*, I, p. 345; Calado, *O valeroso Lucideno*, I, p. 319; Johan Nieuhof, *Memorável viagem marítima e terrestre ao Brasil*, 2ª ed., São Paulo, 1951, p. 115.

23. Elias Lipiner, *Os judaizantes nas capitanias de cima*, pp. 187-91.

24. Borges da Fonseca, *Nobiliarquia pernambucana*, I, pp. 9-20; frei Antônio de Santa Maria Jaboatão, "Catálogo genealógico das principais famílias que procederam de Albuquerques e Cavalcantis em Pernambuco e Caramuru na Bahia", RIHGB, 52/1 (1889), p. 45.

25. ANTT, HOC, A, 41, 12; Lázaro Leitão Aranha, "Mesa das três ordens militares", fls. 9v.-10; Carlos Rheingantz, *Primeiras famílias do Rio de Janeiro*, 2 vols., Rio, 1965, II, pp. 214-6.

26. ANTT, HOC, A, 42, 2 e M, 37, 11.

27. ANTT, HOC, N, 1,15 e 16.

28. ANTT, HOC, P, 4, 4; Borges da Fonseca, *Nobiliarquia pernambucana*, I, p. 280. Para os Ilha, Ilhoa ou Ulhoa, Anita Novinski, *Cristãos-novos na Bahia*, São Paulo, 1972.

29. ANTT, FSO, A, 13, 208.

III. 1535-1773 [pp. 107-32]

1. ANTT, HOC, F, 1, 1.

2. ANTT, HOC, B, 11, 3; FSO, M, 84, 1595.

3. ANTT, HOC, B, 74, 3.

4. ANTT, HOC, M, 31, 115.

5. *Denunciações de Pernambuco*, p. 87; Aniano Peña, *Américo Castro y su visión de España y de Cervantes*, Madri, 1975, p. 270.

6. ANTT, HOC, F, 15,1.

7. J. A. Gonsalves de Mello [ed.], "Diário do governador Correia de Sá, 1746-1756", RIAP, 56 (1983), p. 336.

8. Evaldo Cabral de Mello, *Rubro veio. O imaginário da restauração pernambucana*, 3ª ed., São Paulo, 2008, p. 173.

9. Calado, *O valeroso Lucideno*, I, p. 107.

10. Bruno Feitler, *Inquisition, juifs et nouveau-chrétiens au Brésil*, pp. 77-8.

11. Gonsalves de Mello, *Fontes*, I, pp. 30, 62, 64, 83-4, 142, 240, II, pp. 153 e 192.

12. ANTT, HOC, F, 28, 4; Gonsalves de Mello, *Fontes*, I, pp. 28, 87, 151, 237; Duarte de Albuquerque Coelho, *Memórias diárias da guerra do Brasil*, Recife, 1981, pp. 153, 157, 233 e 253; Calado, *O valeroso Lucideno*, II, pp. 42-3, 237; Borges da Fonseca, *Nobiliarquia pernambucana*, I, pp. 197-203; J. A. Gonsalves de Mello, *Tempo dos flamengos*, Rio, 1947, p. 189. Em 1689, El Rei dispensou Felipe de Bulhões da Cunha da obrigação de servir na Câmara de Olinda, por achar-se doente, havendo perdido a vista, e pela necessidade de residir no seu engenho de Jaboatão, pois sendo solteiro não tinha filho que o administrasse: consulta do Conselho Ultramarino, 7.i.1698, AHU, PA, Pernambuco, caixa 18.

13. ANTT, FSO, M, 84,1595.

14. Abílio Rebelo de Carvalho, "Uma guerra de cem anos em Amarante", *Armas e troféus*, 2 (1960-1961), p. 324.

15. Fernanda Olival, *As ordens militares e o Estado moderno*, pp. 418-21.

16. Borges da Fonseca, *Nobiliarquia pernambucana*, I, pp. 24-7.

17. Requerimento de Sebastião de Carvalho, 23.iv.1651, Arquivo Público da Bahia, Alvarás, 1650-1681, fl. 46.

18. Antônio Caetano de Souza, *História genealógica da Casa Real Portuguesa*, I, p. LXXXIX.

19. Antônio Baião, *Episódios dramáticos da Inquisição portuguesa*, 2ª ed., 3 vols., Lisboa, 1935, III, pp. 125-7.

20. Pedro de Azevedo, "Os antepassados do marquês de Pombal", *Arquivo Histórico Português*, 3 (1905), pp. 321-53.

21. Anselmo Braancamp Freire, *Os brasões da sala de Sintra*, 2ª ed., 2 vols., Coimbra, 1927, II, pp. 260-1.

22. Bivar Guerra, "Cem anos de genealogia", pp. 159 e 162.

23. Serafim Leite, *História da Companhia de Jesus no Brasil*, 10 vols., Rio, 1938-1950, VIII, p. 286.

24. Ibid., p. 145; Loreto Couto, *Desagravos do Brasil*, pp. 279-80.

25. Loreto Couto, *Desagravos do Brasil*, p. 368.
26. Borges da Fonseca, *Nobiliarquia pernambucana*, II, pp. 305-6.
27. A. C. de C. M. Saunders, *A social history of black slaves and freedmen in Portugal, 1441-1555*, Cambridge, 1982, pp. 52-3.
28. Borges da Fonseca, *Nobiliarquia pernambucana*, II, p. 324.
29. Ibid., II, p. 8.
30. Calado, *O valeroso Lucideno*, I, pp. 307-9, 317, 319 e 325, II, p. 36; Gonsalves de Mello, *Fontes*, I, p. 151, II, p. 308.
31. ANTT, FSO, J, 70, 1306.
32. Borges da Fonseca, *Nobiliarquia pernambucana*, I, pp. 200-1; Veríssimo Roiz Rangel, "Discurso apologético e notícia fidelíssima", fls. 189v-204, e 35, parte 2, capítulo 3.
33. Borges da Fonseca, *Nobiliarquia pernambucana*, I, pp. 400-12; Calado, *O valeroso Lucideno*, II, pp. 39 e 199; Gonsalves de Mello, *Fontes*, I, pp. 31, 89 e 157, II, p. 309.
34. ANTT, FSO, G, 6, 111.
35. Borges da Fonseca, *Nobiliarquia pernambucana*, I, p. 477, II, p. 260; Carlos Alberto Ferreira, *Inventário dos manuscritos da Biblioteca da Ajuda referentes à América do Sul*, Coimbra, 1946, p. 112; *Livro primeiro do governo do Brasil*, pp. 140 e 314; Calado, *O valeroso Lucideno*, I, pp. 264 e 326, II, p. 106; F. A. Pereira da Costa, "Origens históricas da indústria açucareira em Pernambuco", *Arquivos da Prefeitura Municipal do Recife*, 1 e 2 (1945-1951), p. 269; A. A. Banha de Andrade [ed.], *Dicionário da história da igreja em Portugal*, 2 vols., Lisboa, 1983, p. 67; Gonsalves de Mello, *Fontes*, I, pp. 29, 47 e 86, II, p. 309.
36. ANTT, FSO, F, 82, 1422, J, 76, 1398 e 121, 2626; HOC, A, 26, 3, F, 26, 67 e J, 51, 5.

PARTE III — PROVANÇAS PÓSTUMAS DE
FELIPE PAIS BARRETO [pp. 133-256]

I. 157?-1593 [pp. 134-51]

1. Rodolfo Garcia, introdução às *Denunciações de Pernambuco*, pp. VIII-X; Johan Baers, *Olinda conquistada*, Recife, 1898, pp. 39-43. Vide também José Luiz Mota Menezes, "Olinda e Recife antes de 1630", Marcos Galindo [org.], *Viver e morrer no Brasil holandês*, Recife, 2005, pp. 141 ss.
2. Diogo de Campos Moreno, *Livro que dá razão do Estado do Brasil*, Recife, 1955, pp. 199-200, 211, 236.
3. Frei Vicente do Salvador, *História do Brasil*, 4ª ed., São Paulo, 1954, p. 118.
4. *Diálogos das grandezas do Brasil* [org. J. A. Gonsalves de Mello], Recife, 1966, pp. 26-7, 90-1.

5. J. A. Gonsalves de Mello, "Os livros das saídas das urcas do porto do Recife, 1595-1605", RIAP, 58 (1993), p. 26.

6. *Diálogos das grandezas*, pp. 92-3.

7. Ibid, pp. 9-11.

8. *Denunciações de Pernambuco*, p. 1-11; Luís da Câmara Cascudo, *História dos nossos gestos*, Belo Horizonte, 1987, pp. 114-5.

9. *Denunciações de Pernambuco*, p. 228. As fontes citadas ao longo deste livro mencionarão Duarte indiferentemente como Duarte de Sá, Duarte de Sá Maia e excepcionalmente Duarte de Sá Lima, em decorrência da alegação de ter sido neto de Branca Maia de Lima. O interessado, contudo, preferia identificar-se apenas como Duarte de Sá, como o fez ao Visitador. Vide também "Correspondência de Diogo Botelho, 1602-1608", RIHGB, 73, 2 (1910), p. 143; e seu testamento em ANTT, HOC, F, 28,5. Assim também o designavam seu filho e sua nora. O patronímico que ele privilegiava era assim o de mãe cristã-nova e não o do pai cristão-velho.

10. Observações muito gerais sobre o tema em A. J. Saraiva, *Inquisição e cristãos-novos*, 4ª ed., Lisboa, 1969, pp. 165-74.

11. C. R. Boxer, *The Portuguese seaborne empire, 1415-1825*, Nova York, 1969, p. 282.

12. Alvará de 15.vii.1574, Biblioteca da Universidade de Coimbra, Coleção conde dos Arcos, 33, fls. 2-2v.

13. *Denunciações da Bahia, 1591-1593*, S. Paulo, 1925, p. 568.

14. O manuscrito sobre os conversos de Barcelos publicou-o Luís de Bivar Guerra, "Um caderno de cristãos-novos de Barcelos", *Armas e troféus*, 2ª série, 1 (1959-1960), pp. 59-73, 175-90, 286-318; 2 (1960-1961), pp. 98-106, 166-70. A parte referente à família de Duarte de Sá em 1, pp. 295-7. A cópia reproduzida por Bivar Guerra acha-se apensa a um processo de habilitação a familiar do Santo Ofício: ANTT, FSO, A, 3, 43. Existe ademais um traslado, com supressão de famílias e aditamento de outras, na Biblioteca Municipal do Porto, ms. 227, sob o título "Traslado de um caderno que achei em casa de João de Sá Souto Maior, de Ponte de Lima" e que contém o "Título dos judeus que se batizaram em pé na vila de Barcelos no ano de 1497". Duarte de Sá e sua ascendência também são mencionados aí, fls. 78-79v.

15. I. S. Révah, "Les marranes portugais et l'Inquisition au XVIème siècle", *Etudes portugaises*, Paris, 1975, pp. 185-228, o qual resume a questão dos conversos portugueses, objeto de bibliografia abundante desde a obra clássica de Alexandre Herculano sobre o estabelecimento do Santo Ofício em Portugal. Para um exame recente do assunto, François Soyer, *The persecution of the Jews and Muslims of Portugal. King Manuel I and the end of religious tolerance (1496-7)*, Leiden, 2007.

16. J. Mendes dos Remédios, *Os judeus em Portugal*, 2 vols., Coimbra, 1895-1928, I, p. 362.

17. Biblioteca Municipal do Porto, ms. 227, fls. 67-9.

18. Gregório Marañón, *António Perez: el hombre, el drama, la época*, Madri, 1970, p. 37. Já Gilberto Freyre, *Casa-Grande & Senzala*, Rio de Janeiro, 1933, destacara o papel da moura encantada no imaginário sexual lusitano. Vide a respeito os reparos de Sérgio Buarque de Holanda, "Da alva Dinamene à moura encantada", *Tentativas de mitologia*, São Paulo 1979, pp. 85-9.

19. "Os treze" é provavelmente uma referência à mesa diretora da Santa Casa da vila.

20. Carta ao autor, Tel Aviv, 4.xii.1988.

21. Borges da Fonseca, *Nobiliarquia pernambucana*, II, pp. 369-70.

22. *Denunciações de Pernambuco*, pp. XIII-XIV.

23. Gabriel Soares de Sousa, *Tratado descritivo do Brasil em 1587*, 4ª ed., São Paulo, 1971, p. 71; "História de la fundación del colégio de la Bahia de todos los Santos y de sus residéncias", *Anais da Biblioteca Nacional do Rio de* Janeiro [ABN], 19 (1897), p. 99; Vicente do Salvador, *História do Brasil*, pp. 200-1.

24. "Memória das pessoas que passaram à Índia nos anos de 1504 a 1628", BNL, Pombalina, 123, ano 1573. Vide também Maria Hermínia Maldonado [ed.], *Relação das naus e armadas da Índia*, Coimbra, 1985, pp. 79-80.

25. *Denunciações da Bahia*, p. 557.

26. *História da conquista da Paraíba*, pp. 33-4.

27. ANTT, HOC, J, 99, 26; Afonso de Albuquerque e Melo, "Série dos Albuquerques e outras ilustres famílias de Pernambuco", cit.

28. Cabral de Mello, *Rubro veio*, pp. 125 ss.

29. Nuno Daupias d'Alcochete, "Principalidade", *Armas e troféus*, 2ª série, 6 (1966), pp. 34-52.

30. "Correspondência de Diogo Botelho", p. 143.

31. Borges da Fonseca, *Nobiliarquia pernambucana*, II, pp. 369-70; ANTT, IL, 11.636; *Denunciações de Pernambuco*, p. 149.

32. Pereira da Costa, *Anais pernambucanos*, II, p. 55; J. A. Gonsalves de Mello, "O chamado Foral de Olinda, de 1537", *Revista do Arquivo Público de Pernambuco* (RAPP), 11-28 (1957-1974), pp. 52-3, estudo modelar de história topográfica.

33. ANTT, IL, 11.636; *Confissões de Pernambuco*, p. 23; Borges da Fonseca, *Nobiliarquia pernambucana*, II, p. 334.

34. ANTT, IL, 885 e 6.353; *Denunciações de Pernambuco*, pp. 300-1.

35. "Relação de Ambrósio de Siqueira (1605) da receita e despesa do Estado do Brasil", RIAP, 49 (1977), pp. 203, 212, 220 e 225; "Correspondência do governador d. Diogo de Menezes, 1608-1612", ABN, 57 (1935), pp. 36-7.

36. Pedro de Azevedo, "António de Gouveia, alquimista do século XVI", *Arquivo Histórico Português*, 3 (1905), p. 180.

37. Gabriel Soares de Sousa, *Tratado descritivo do Brasil*, p. 135; Fernão Cardim, *Tratados da terra e gente do Brasil*, 3ª ed., São Paulo, 1978, p. 201.

38. Antônio de Santa Maria Jaboatão, *Novo orbe seráfico brasílico*, 2ª ed., 3 vols., Recife, 1980, II, pp. 148 e 211.

39. Marcel Bataillon, *Erasmo y España*, 2ª ed., Cidade do México, 1982, pp. 216 e 513. A falácia de atribuir indiscriminadamente influência erasmizante aos escritores portugueses do Quinhentos que divergiram aqui e ali da doutrina oficial da Igreja foi detectada por J. V. de Pina Martins, *Humanismo e erasmismo na cultura portuguesa do século XVI*, Paris, 1973, obra que limpa o terreno para o estudo aprofundado da mentalidade anticlerical no Reino e colônias e das suas raízes medievais e populares, tão evidentes em Gil Vicente como, na França, em Rabelais.

40. *Denunciações de Pernambuco*, passim.

41. Ibid.

II. 157?-1630 [pp. 152-74]

1. Testamento de Duarte de Sá (1612), ANTT, HOC, F, 28, 5; Pereira da Costa, "Origens históricas da indústria açucareira em Pernambuco", pp. 275, 323; J. A. Gonsalves de Mello [ed.], "Relação das praças-fortes, povoações e coisas de importância que Sua Majestade tem na costa do Brasil", 1609, RIAP, 57 (1984), p. 205.

2. Borges da Fonseca, *Nobiliarquia pernambucana*, II, pp. 361-5.

3. Testamento de Antônio de Sá da Maia (1629), ANTT, HOC, F, 28, 5.

4. *Livro do tombo do mosteiro de São Bento de Olinda*, Recife, 1948, pp. 33-4, 45, 71-8, 111-2, 154-5, 249-50, 479-87, 492-4 e 556-9.

5. Borges da Fonseca, *Nobiliarquia pernambucana*, I, pp. 70-2.

6. J. H. Elliott, *The countduke of Olivares. The statesman in an age of decline*, New Haven, 1986, pp. 36, 264, 311, 319 e 607.

7. Borges da Fonseca, *Nobiliarquia pernambucana*, I, pp. 70-2.

8. Ibid., II, p. 355.

9. Ibid., II, pp. 386 ss; ANTT, IL, 11 634; *Denunciações de Pernambuco*, pp. 159-60, 256 e 258.

10. Testamento de Antônio de Sá (1629) e sentença de justificação de d. Catarina de Melo e Albuquerque (1641), ANTT, HOC, F, 28, 5; Gonsalves de Mello, *Fontes*, I, pp. 28 e 238.

11. ANTT, HOC, F, 28, 5.

12. J. A. Gonsalves de Mello, "Alguns aditamentos e correções", Pereira da Costa, *Anais pernambucanos*, IV, p. DXXXIV.

13. ANTT, IL, 9430.

14. Calado, *O valeroso Lucideno*, I, p. 38; L. F. de Tollenare, *Notas dominicais*, Recife, 1905, p. 87.

15 Era assim que em 1647 o marquês de Niza, embaixador de Portugal em Paris, ao queixar-se da situação em que o deixara a Coroa devido ao atraso dos seus vencimentos, observava que, em último caso, poderia "vender a prata, com o que pagarei o que devo, sabendo em Lisboa comer na nossa louça branca": "Livro que serve de lançar todas as cartas que o Senhor Marquês de Niza

escreve a todos os ministros e outras pessoas na segunda embaixada que fez", BNL, 2667, fl. 170.

16. Vitorino Magalhães-Godinho, *Os descobrimentos e a economia mundial*, 2ª ed., 4 vols., Lisboa, 1985, II, pp. 98-111; J. A. Gonsalves de Mello, "Cristóvão Rausch, um ourives alemão em Olinda, 1617-1619", *Estudos universitários*, 13/14 (1974), pp. 5-20.

17. Testamento de Antônio de Sá (1629), ANTT, HOC, 28, 5; Gonsalves de Mello, *Fontes*, I, p. 28.

18. Gonsalves de Mello, *Gente da nação*, pp. 117 ss.

19. *Denunciações da Bahia*, p. 568.

20. "Correspondência inédita do Inquisidor Geral", pp. 547 e 550.

21. Ibid., p. 549; ANTT, IL, 1332, 2527, 6353, 8475, 10888, 11634, 12967, 13085 e 14326.

22. Não teria sentido reproduzir aqui a extensa bibliografia relativa ao desaparecimento das velhas formas de sociabilidade e à emergência da família nuclear. Para uma síntese, o leitor pode reportar-se a Philippe Ariès e Georges Duby [eds.], *Histoire de la vie privée*, 4 vols., Paris, 1985-1987, III, passim.

23. *Denunciações de Pernambuco*, passim.

24. Ibid.; ANTT, IL, 885.

25. Gilberto Freyre, *Casa-Grande & Senzala*, 30ª ed., Rio de Janeiro, 1992, p. LVI.

26. Georges Vigarello, *Le propre et le sale*, Paris, 1985, pp. 68-9.

27. *Denunciações de Pernambuco*, passim.

28. ANTT, IL, 9430.

29. Testamento de Duarte de Sá (1612), ANTT, HOC, F, 28, 5. Para a ermida de Santo Amaro, J. A. Gonsalves de Mello, "A Congregação de São Felipe Néri em Pernambuco", RIAP, 57 (1984), p. 42. A doação prevista por Duarte de Sá indicaria ser então a ermida de construção recente, pois três anos antes não a mencionara Diogo do Campos Moreno entre as capelas das cercanias de Olinda: "Relação das praças-fortes", ibid., p. 199.

30. Testamento de Antônio de Sá (1629), ANTT, HOC, F, 28, 5; Michel Vovelle, *La mort et l'Occident de 1300 à nos jours*, Paris, 1983, pp. 278-80.

31. A conquista da costa leste-oeste o atrairá depois para as bandas do norte e para as agruras do trabalho missionário na serra da Ibiapaba, depois no Maranhão, e, por fim, na Amazônia, onde sofrerá o martírio às mãos dos índios da ilha de Marajó: Serafim Leite, *História da Companhia de Jesus no Brasil*, VIII, pp. 234-5.

32. A soma de 7 mil cruzados foi satisfeita sob diversas formas, inclusive mediante o pagamento do mestre-de-obra Cristóvão Álvares, a entrega de duas casas situadas na rua de João Eanes e o fornecimento de cal dos fornos que Antônio de Sá possuía nas terras do antigo engenho Velho.

33. F. A. Pereira da Costa, *A ordem carmelitana em Pernambuco*, Recife, 1976, pp. 25-9; frei Miguel Arcanjo da Anunciação, *Crônica do mosteiro de São Bento de Olinda até 1763*, Recife, 1940, p. 27. Segundo o frade cronista, que

escreveu em meados do século XVIII, tudo o que possuía a sua Ordem, que era a beneditina, fora adquirido a peso de ouro, o que se trata de evidente patranha. Como cronista do mosteiro de Olinda, ele devia conhecer o livro do tombo dos seus bens, onde se achavam transcritas várias doações feitas à Casa, inclusive, como mencionado, pelas filhas de Jerônimo de Albuquerque.

34. Germain Bazin, *L'architecture religieuse baroque au Brésil*, 2 vols., Paris, 1958, II, pp. 131-2; J. A. Gonsalves de Mello, *João Fernandes Vieira*, 2 vols., Recife, 1956, II, p. 319; Philippe Ariès, *L'homme devant la mort*, Paris, 1977, pp. 82-6.

35. F. L. Schalkwijk, *Igreja e Estado no Brasil holandês, 1630-1654*, Recife, 1986, pp. 403-5, 419, 446, 450 e 455; e "A Igreja Cristã Reformada no Brasil holandês. Atas da classe do Brasil", RIAP, 58 (1993), pp. 168, 178-9, 192 e 213.

36. Frei Manuel de Sá, *Memórias históricas da Ordem de Nossa Senhora do Carmo da província de Portugal*, Lisboa, 1727, pp. 399-40.

37. Testamento de Antônio de Sá da Maia (1629), ANTT, HOC, F, 28, 5.

38. Borges da Fonseca, *Nobiliarquia pernambucana*, II, p. 23.

39. Peter Laslett, *The world we have lost — further explored*, Londres, 1983, pp. 116-7.

40. Testamento de Antônio de Sá (1629), ANTT, HOC, F, 28,5; Borges da Fonseca, *Nobiliarquia pernambucana*, I, p. 25.

41 Gilberto Osório de Andrade e Rachel Caldas Lins, *João Pais, do Cabo*, passim; Dagelijksen Notulen, 19.v.1638, Coleção José Higino, Instituto Arqueológico, Histórico e Geográfico Pernambucano (Recife).

III. 1630-82 [pp. 175-93]

1. Testamento de Inês Barreto de Albuquerque, transcrito por Gonsalves de Mello, *O Diário de Pernambuco e a história social do Nordeste*, II, p. 696.

2. Johan Baers, *Olinda conquistada*, p. 30; Cuthbert Pudsey, "Journal of a residence in Brazil", Biblioteca Nacional do Rio de Janeiro, 12-3-7, fl. 10 v.; Calado, *O valeroso Lucideno*, I, pp. 44-5.

3. Johan de Laet, *Iaerlyck verhael*, 2ª ed., 4 vols., Haia, 1931-1937, II, p. 152.

4. Sentença de justificação de Catarina de Melo de Albuquerque, ANTT, HOC, F, 28, 5; e HOC, J, 99, 26.

5. Duarte de Albuquerque Coelho, *Memórias diárias*, pp. 254, 259, 297; Cabral de Mello, *Olinda restaurada*, p. 181.

6. Calado, *O valeroso Lucideno*, I, pp. 89-90.

7. Sentença de justificação de Catarina de Melo de Albuquerque, ANTT, HOC, F, 28, 5.

8. Carta de Henrique Muniz Teles, 5.vi.1638, transcrita por Francisco Morais e César Pegado, "Um episódio do domínio holandês no Brasil", *Brasília*, 1 (1942), p. 554.

9. Sentença de justificação de Catarina de Melo de Albuquerque, ANTT, HOC, F, 28, 5.

10. Gonsalves de Mello, *Fontes*, II, p. 150; Gilberto Osório de Andrade, "D. Catarina Barreto e a retirada de 1635", *Ciência e Trópico*, 7 (1979), pp. 21-44.

11. Nieuhof, *Memorável viagem*, pp. 145-9.

12. Borges da Fonseca, *Nobiliarquia pernambucana*, II, pp. 371-2; Antônio Joaquim de Melo, *Biografia de João do Rego Barros*, Recife, 1896, pp. 181-3; ANTT, HOC, J, 99, 26; ANTT, Mercês de d. Pedro II, 8, fl. 417; informação sobre os serviços do capitão José de Sá e Albuquerque desde 1647 até 1668 nas capitanias de Pernambuco e Bahia, AHU, papéis avulsos, Pernambuco, caixa 9.

13. "Vercochte engenhos en andere landen in de capitania van Pernambuco", Algemeen Rijksarchief (Haia), Oud-West Indische Compagnie, n. 54; Gonsalves de Mello, *Fontes*, I, pp. 86 e 149.

14. C. R. Boxer, *The Dutch in Brazil, 1624-1654*, Oxford, 1957, pp. 269-71; AHU, 45, fl. 35 v.; Evaldo Cabral de Mello, *O negócio do Brasil. Portugal, os Países Baixos e o Nordeste, 1640-1669*, 3ª ed., Rio de Janeiro, 2003.

15. Cabral de Mello, *Olinda restaurada*, pp. 355, 366-7.

16. Consultas do Conselho Ultramarino, 6.xii.1655 e 17.i.1656, AHU, PA, caixa 6.

17. *Livro do tombo do mosteiro de São Bento de Olinda*, pp. 256-61; consultas do Conselho Ultramarino, 7.x.1669 e 21.iv.1684, AHU, PA, caixas 8 e 13.

18. AHU, códice 15, fls. 193-193v.; e códice 275, fls. 250 e 258v.; J. A. Gonsalves de Mello, *Henrique Dias*, Recife, 1956, pp. 47 ss.

19. Borges da Fonseca, *Nobiliarquia pernambucana*, II, p. 333.

20. "Breve compêndio do que vai obrando neste governo de Pernambuco o Senhor Antônio Luís Gonçalves da Câmara Coutinho", RIAP, 51 (1979), p. 277.

21. Afonso de Albuquerque Melo, "Série dos Albuquerques", cit.

22. Cartas do marquês de Montebelo, British Library, Add. 21 000, fls. 82-82v.; Fernando Pio, "Cinco documentos", pp. 45-6.

23. Cabral de Mello, *Olinda restaurada*, pp. 335 ss.

24. "Livro do tombo do mosteiro de São Bento da Paraíba", *Revista do Arquivo Público de Pernambuco*, 2 (1946), pp. 191-201; inventário de Catarina de Melo de Albuquerque, ANTT, HOC, F, 28, 5.

25. Calado, *O valeroso Lucideno*, I, p. 245; Keith Thomas, *Religion and the decline of magic*, Londres, 1971, p. 604.

26. "Livro do tombo do mosteiro de São Bento da Paraíba", pp. 228-35.

27. Borges da Fonseca, *Nobiliarquia pernambucana*, II, pp. 24 e 366; J. A. Gonsalves de Mello, "O engenho Guararapes e a igreja dos Prazeres", *Revista do Arquivo Público de Pernambuco*, 13-14 (1958), p. 8, e *Gente da nação*, pp. 521-2.

28. Inventário de d. Catarina de Melo e Albuquerque, ANTT, HOC, F, 28, 5; Gonsalves de Mello, *O Diário de Pernambuco*, II, p. 683; Fernando Pio, "Cinco documentos", pp. 45-6.

IV. 1654-1750 [pp. 194-203]

1. Borges da Fonseca, *Nobiliarquia pernambucana*, II, pp. 375-7; Jaboatão, *Novo orbe seráfico*, II, pp. 386-7; frei Miguel do Sacramento Lopes Gama, *O carapuceiro*, São Paulo, 1996, p. 193.
2. Borges da Fonseca, *Nobiliarquia pernambucana*, II, pp. 25 e 372; Afonso de Albuquerque Melo, "Série dos Albuquerques", cit.
3. Mário D. Wanderley, "A família Sá e Albuquerque", *Revista do Instituto de Estudos Genealógicos de São Paulo*, 2 (1937), p. 364.
4. Maria Beatriz Nizza da Silva, *Sistema de casamento no Brasil colonial*, São Paulo, 1984, pp. 131-5.
5. Borges da Fonseca, *Nobiliarquia pernambucana*, II, p. 33; testamento de Inês Barreto de Albuquerque; Gonsalves de Mello, *O Diário de Pernambuco*, II, p. 693; Antônio Caetano de Souza, *História genealógica da Casa Real Portuguesa*, XII, parte 2, p. 238; Loreto Couto, *Desagravos do Brasil*, p. 443; Afonso de Albuquerque Melo, "Série dos Albuquerques", cit.
6. Gaspar Barleus, *História dos feitos*, 2ª ed., Recife, 1980, p. 47. Vide a respeito Schalkwijk, *Igreja e Estado no Brasil holandês*, p. 418.
7. Gilberto Freyre, *Nordeste*, 3ª ed., Rio de Janeiro, 1961, pp. 125-6.
8. Francisco José Moonen, *Gaspar van der Ley no Brasil*, Recife, 1968, pp. 12-6.
9. Calado, *O valeroso Lucideno*, I, pp. 125, 206-7 e 307.
10. J. A. Gonsalves de Mello, "O inglês Pudsey em Pernambuco", *Diário de Pernambuco*, 24.xi.1950, e "O Doopboek do Recife", *Jornal do Comércio*, 22.vii.1963, reimpressos em *Tempo de jornal*, Recife, 1998.
11. Calado, *O valeroso Lucideno*, I, p. 310.
12. Borges da Fonseca, *Nobiliarquia pernambucana*, I, p. 225.
13. Moonen, *Gaspar van der Ley*, pp. 35-6.
14. ANTT, HOC, J, 88, 66; Anita Novinski, "Uma devassa do bispo d. Pedro da Silva", p. 265.
15. Ibid., pp. 275, 277.
16. ANTT, HOA, J, 1,6; Borges da Fonseca, *Nobiliarquia pernambucana*, I, p. 401. A genealogia redigida por Jerônimo de Faria e Figueiredo foi transcrita por Borges da Fonseca, segundo identificação de Gonçalves de Mello, "A nobiliarquia pernambucana", *Estudos pernambucanos*, pp. 111-2.
17. Apud Joseph Perez, *La revolución de las comunidades de Castilla (1520-1521)*, Madri, 1977, p. 57.
18. ANTT, HOC, A, 47, 60, e J, 97, 23; Lázaro Leitão Aranha, "Mesa das três ordens militares", BNL, Pombalina, códice 156, fls. 68 e 291v.
19. Fernanda Olival, *As ordens militares e o Estado moderno*, pp. 185 ss., 365 ss.
20. Borges da Fonseca, *Nobiliarquia pernambucana*, I, pp. 100-12, 224-42; ANTT, HOC, M, 39, 27, e C, 1, 5.
21. Manuel Diégues Júnior, *O banguê nas Alagoas*, Rio, 1949, p. 32.

22. Borges da Fonseca, *Nobiliarquia pernambucana*, I, pp. 102 e 122; ANTT, HOC, T, 2, 12; Gonsalves de Mello, "Nobres e mascates", pp. 217-8.

v. 1654-1711 [pp. 204-21]

1. Borges da Fonseca, *Nobiliarquia pernambucana*, II, p. 323.
2. Ibid., II, p. 371; ANTT, HOC, J, 99,26, e Mercês de d. Pedro II, 1, fl. 196v., e 8, fl. 417; Antônio Joaquim de Melo, *Biografia de João do Rego Barros*, pp. 181-3; "Livro do tombo do mosteiro de São Bento da Paraíba", p. 247.
3. Francis A. Dutra, "Membership in the Order of Christ", p. 7; Fernanda Olival, *O Estado moderno e as ordens militares*, pp. 181, 183, 288, 290, 342.
4. ANTT, HOA, J, 1, 17, e HOC, J, 91, 59; Lázaro Leitão Aranha, "Mesa das três ordens militares", códice 156, fl. 103; consulta do Conselho Ultramarino, 29.xi.1653, AHU, PA, Pernambuco, caixa 6, e requerimento de João de Mendonça, 18.ix.1663, idem, idem, caixa 8; Gonsalves de Mello, *Gente da nação*, p. 224; Fernanda Olival, *O Estado moderno e as ordens militares*, pp. 289-90.
5. Testamentos de Duarte e de Antônio de Sá, ANTT, HOC, F, 28, 5.
6. Lázaro Leitão Aranha, "Mesa da três ordens militares", códice 156, fls. 64-70 e 80.
7. Fernanda Olival, *O Estado moderno e as ordens militares*, pp. 182-3, 288-9, 308-41.
8. Antônio Caetano de Souza, *História genealógica da Casa Real portuguesa*, XII, 2, pp. 235-6.
9. Nem Borges da Fonseca nem os genealogistas da família como Antônio de Sá e Albuquerque e seu filho, Afonso de Albuquerque Melo, registraram a concessão do hábito da Ordem de Cristo a d. Luís de Souza, falecido aos doze anos de idade: Borges da Fonseca, *Nobiliarquia pernambucana*, I, p. 73, e II, p. 34; e "Série dos Albuquerques", cit. Mas segundo alegará Felipe Pais Barreto, D. Luís chegou a recebê-lo: consulta da Mesa da Consciência e Ordens, 14.iii.1716, ANTT, HOC, F, 28, 5. O processo de habilitação de d. Luís é provavelmente o que tem a cota HOC, L, 18, 132, e está datado de 1689. A impossibilidade de ser conclusivo a tal respeito decorre da ausência, na consulta da Mesa, de menção aos nomes dos pais e à naturalidade pernambucana do candidato. Da mesma época, existe outro processo relativo a homônimo, rejeitado pela Mesa por ser, pelo lado materno, "descendente de gente da nação hebréia" e ter "meio quarto de cristão-novo, entanto que alguns parentes seus pela mesma via estão de presente presos nos cárceres do Santo Ofício de Coimbra": ANTT, HOC, L, 18, 131. Não se trata provavelmente do nosso d. Luís, já que não se faz alusão à insuficiência de idade nem a proporção de sangue converso era a mesma.
10. ANTT, Chancelaria da Ordem de Cristo, 8, fls. 375-6.
11. Fernanda Olival, *O Estado moderno e as ordens militares*, p. 458-60.
12. *Definições e estatutos*, pp. 37-53.

13. Ibid., pp. 23-7; Fernanda Olival, *O Estado moderno e as ordens militares*, pp. 428, 462-3-4, 467, 473.

14. ANTT, *Mercês de d. Pedro II*, 8, fl. 417.

15. Nuno Gonçalo Monteiro, "Notas sobre nobreza, fidalguia e titulares", pp. 15-51; e "Poder senhorial, estatuto nobiliárquico e aristocracia", José Mattoso [org.], *História de Portugal*, IV, Antônio Manuel Hespanha [ed.], *O Antigo Regime (1620-1807)*, Lisboa, 1993, pp. 333-8.

16. Borges da Fonseca, *Nobiliarquia pernambucana*, II, p. 371; *Definições e estatutos*, pp. 18-27.

17. Loreto Couto, *Desagravos do Brasil*, p. 379; Borges da Fonseca, *Nobiliarquia pernambucana*, II, pp. 6-7, 371-2.

18. Braancamp Freire, *Os brasões da sala de Cintra*, II, p. 260; Bivar Guerra, "Cem anos de genealogia", p. 162; Antônio Caetano de Souza, *História genealógica da Casa Real portuguesa*, I, p. LXXI.

19. Bivar Guerra, "Cem anos de genealogia", p. 158.

20. Julio Caro Baroja, *Los judios em la España moderna y contemporánea*, 3 vols., Madri, 1961, II, pp. 347-8.

21. Afonso de Albuquerque Melo, "Série dos Albuquerques", cit.

22. Ibid. De um dos descendentes de Jerônimo, o futuro visconde de Suassuna, ministro de Estado e chefe conservador da província, queixava-se a Câmara do Recife que ele se comportava, em litígio em torno de vazantes e coroas do rio Capibaribe adjacentes ao seu sítio do Pombal, como se "fora Duarte Coelho Pereira, a quem El Rei o Senhor D. João III doou Pernambuco": Câmara do Recife à junta provisória, 25.V.1822, Câmaras municipais, 1819-1821, Arquivo Público de Pernambuco.

23. "Relação dos conjurados de Pernambuco", Mário Melo, *A guerra dos mascates*, pp. 105-6.

24. Fernandes Gama, *Memórias históricas*, IV, pp. 86-7.

25. Manuel dos Santos, *Calamidades de Pernambuco*, pp. 29, 33, 41, 125, 199-200.

26. "Tratado da capitania de Pernambuco e sublevações que nela houveram até o ano de 1712", Biblioteca Municipal do Porto, fls. 71v.-72, 74v.-75.

27. Fernandes Gama, *Memórias históricas*, IV, p. 238.

28. Dias Martins, *Os mártires pernambucanos*, pp. 9-10.

VI. 1654-1756 [pp. 222-40]

1. Borges da Fonseca, *Nobiliarquia pernambucana*, II, pp. 25-6, 372-5, 453; Afonso de Albuquerque Melo, "Série dos Albuquerques", cit.; Loreto Couto, *Desagravos do Brasil*, pp. 265-6.

2. "Série dos Albuquerques", cit.

3. Borges da Fonseca, *Nobiliarquia pernambucana*, II, pp. 26, 375 e 443. Em 1761, o engenho Mangaré ainda pertencia ao filho do cônego, como se vê da

relação dos engenhos de Pernambuco anexa à carta do governador Luís Diogo Lobo da Silva ao conde de Oeiras, Recife,15.ii.1761, AHU, PA, Pco., caixa 54.

4. Veríssimo Roiz Rangel, "Discurso apologético e notícia fidelíssima", ANTT, Livros do Brasil, 35, 28.

5. ANTT, *Mercês de d. Pedro II*, 9, fls. 201-2, e 14, fls. 106v.-107. J. A. Gonsalves de Mello também alude à nomeação de Afonso de Albuquerque Melo como capitão-mor de Sirinhaém em 1710, ano em que exercia o cargo de vereador na Câmara de Olinda: "Nobres e mascates", p. 155.

6. Borges da Fonseca, *Nobiliarquia pernambucana*, II, p. 358; Fernanda Olival, *O Estado moderno e as ordens militares*, p. 342.

7. Pereira da Costa, *Anais pernambucanos*, I, p. 227, II, pp. 469-70, e IV, pp. 158-9; Gonsalves de Mello, "O engenho Guararapes", p. 9; relação dos engenhos de Pernambuco anexa à carta do governador Luís Diogo Lobo da Silva ao conde de Oeiras, Recife, 15.ii.1761, AHU, PA, Pco., caixa 54.

8. Borges da Fonseca, *Nobiliarquia pernambucana*, I, p. 461, e II, p. 7. O texto de autoria de Antônio de Sá e Albuquerque é que o se encontra transcrito em II, pp. 17-57, conforme a identificação feita por Gonsalves de Mello, "A Nobiliarquia Pernambucana", pp. 115-7.

9. Loreto Couto, *Desagravos do Brasil*, p. 379.

10. Borges da Fonseca, *Nobiliarquia pernambucana*, I, p. 461, e II, p. 22. Segundo Vivaldo Coaracy, Afonso de Albuquerque teria deixado fama no Rio de Janeiro de "um dos piores governadores que teve a cidade": *O Rio de Janeiro no século XVII*, 2ª ed., Rio de Janeiro, 1965, p. 28.

11. Borges da Fonseca, *Nobiliarquia pernambucana*, II, p. 23.

12. "Anotações críticas à série dos Albuquerques [...] pelo padre Marcelino Pereira", anexo à "Série dos Albuquerques", cit. Para d. Rodrigo de Lima, vide *Grande enciclopédia portuguesa e brasileira*, XV, p. 95.

13. Ibid., XXVI, p. 446.

14. Afonso de Albuquerque Melo, "Série dos Albuquerques", cit.

15. Borges da Fonseca, *Nobiliarquia pernambucana*, II, p. 22; Afonso de Albuquerque Melo, "Série dos Albuquerques", cit.

16. Diogo de Campos Moreno, "Relação das praças-fortes", p. 203.

17. Joaquim Veríssimo Serrão, "O Brasil e a realeza de d. Antônio, prior do Crato", *Brasília*, 11 (1959), pp. 5-20.

18. Sérgio Buarque de Holanda, *Visão do paraíso. Os motivos edênicos no descobrimento e colonização do Brasil*, 2ª ed., São Paulo, 1969, p. 128.

19. Joaquim Veríssimo Serrão, *O reinado de d. Antônio, prior do Crato*, Coimbra, 1956, p. 449.

20. Ibid.; Francisco Ferreira Drummond, *Anais da ilha Terceira*, 3 vols., Angra do Heroísmo, 1950.

21. Frei Vicente do Salvador, *História do Brasil*, p. 126.

22. Serafim Leite [org.], *Monumentae Brasiliae*, 4 vols., Roma, 1956-1960, III, pp. 332-3; e *Denunciações de Pernambuco*, p. 57.

23. ANTT, FSO, J, 70, 1306. O texto de Felipe Bulhões da Cunha contém assim versão alternativa à consagrada, que pretende que Duarte Coelho já chegou em Pernambuco na companhia da mulher (1535): Gabriel Soares de Souza, *Tratado descritivo do Brasil em 1587*, pp. 57-8; frei Vicente do Salvador, *História do Brasil*, pp. 118-9. D. Brites teria vindo, portanto, depois de Duarte, com quem, primeira hipótese, casara já na terra, o que parece plausível em vista das condições particularmente inseguras desses primeiros tempos. Ao aportar Duarte na antiga feitoria de Itamaracá, a indiada andava revolta, os franceses negociavam livremente pelo litoral e o ínfimo núcleo lusitano achava-se arrinconado na ilha e na cabeça de ponte, o sítio dos marcos, na terra firme, do outro lado do canal de Santa Cruz, chamado depois Pernambuco velho. Uma segunda hipótese apontaria para a vinda de d. Brites, já casada no Reino, embora afigure-se mais sólida, à primeira vista, a versão consabida e cronologicamente mais próxima da fundação da capitania, recolhida em certa crônica redigida em Pernambuco durante o século XVI, cuja existência Capistrano de Abreu sugeriu na introdução à obra de frei Vicente do Salvador, crônica que o franciscano poderia ter lido durante os seus anos no convento da ordem em Olinda.

24. *Denunciações de Pernambuco*, pp. 50-1; Pereira da Costa, *Anais pernambucanos*, IV, pp. 157-8. Diogo Gonçalves também construiu, em sesmaria que recebera na várzea do Capibaribe, os engenhos Santo Antônio e Nossa Senhora das Necessidades. Em 1609, o engenho do Beberibe pertencia ao filho de Diogo, Leonardo Fróis: Diogo de Campos Moreno, "Relação das praças-fortes", p. 204. Quando da ocupação holandesa, a fábrica já não existia mas o mapa de Markgraf registra sua antiga localização: *O Brasil que Nassau conheceu*, cit.

25. Pereira da Costa, *Anais pernambucanos*, III, p. 466; *Denunciações de Pernambuco*, passim.

26. Borges da Fonseca, *Nobiliarquia pernambucana*, II, pp. 67-78.

27. Fernando da Cruz Gouvêa, *Uma conspiração fracassada e outros ensaios*, Recife, 1982.

28. "Livro de família de Ambrósio Machado da Cunha Cavalcanti", RIAP, 43 (1950-1953), pp. 429-30.

29. Georges Duby, "Structures familiales dans le Moyen Age occidental", *Mâle Moyen Age*, Paris, 1988, pp. 131-2.

30. José Mattoso, *A nobreza medieval portuguesa*, Lisboa, 1981, pp. 76-80; Jacques Le Goff, "Mélusine maternelle et défricheuse", *Pour um autre Moyen Age*, Paris, 1977, pp. 307-31; Emmanuel Le Roy Ladurie, "Mélusine ruralisée", *Le territoire de l'historien*, 2 vols., Paris, 1973-1978, I, pp. 281-98.

31. Borges da Fonseca, *Nobiliarquia pernambucana*, II, p. 373; Afonso de Albuquerque Melo, "Série dos Albuquerques", cit.; ANTT, FSO, F, 86, 1477; requerimento dos clérigos pardos do bispado de Olinda, s/d, e anexos, AHU, PA, Pernambuco, caixa 35.

32. Henry Koster, *Travels in Brazil*, Londres, 1816, p. 391.

33. Veríssimo Roiz Rangel, "Discurso apologético e notícia fidelíssima', ANTT, códice 35, 1, 25.

34. Manuel dos Santos, *Calamidades de Pernambuco*, pp. 58, 167 e 212.

35. Borges da Fonseca, *Nobiliarquia pernambucana*, II, p. 7.

VII. 166?-1876 [pp. 241-6]

1. ANTT, *Mercês de d. João V*, 38, fl. 380; Borges da Fonseca, *Nobiliarquia pernambucana*, II, pp. 373-4; Afonso de Albuquerque Melo, "Série dos Albuquerques', cit. Como o tio homônimo, Afonso de Albuquerque Melo, 4º morgado de Santo André, será vereador do Recife, exercendo o cargo em várias oportunidades. Foi também o representante dos senhores de engenho na Mesa de Inspeção destinada a vigiar a qualidade dos produtos exportados para o Reino; e destacou-se como um dos líderes da oposição local à Companhia de Comércio de Pernambuco e Paraíba: George Félix Cabral de Souza, "Elite y ejercício de poder en Brasil colonial: la Càmara municipal de Recife (1710-1822), tese de doutorado, Universidade de Salamanca, 2007, pp. 699-700.

2. ANTT, HOC, M, 45, 74; FSO, F, 86, 1477.

3. ANTT, Mordomia da Casa Real, 1, fl. 124, e 22, fl. 84v; Borges da Fonseca, *Nobiliarquia pernambucana*, II, p. 373; Afonso de Albuquerque Melo, "Série dos Albuquerques", cit.

4. Gonsalves de Mello, "Nobres e mascates", pp. 164-5.

5. F. A. Pereira da Costa, *Notícia biográfica do dr. Antônio de Morais Silva*, 2ª ed., Recife, 1910.

6. ANTT, IL, 14.321.

7. Notas de Sylvio Pais Barreto, com base nas próprias investigações, inclusive no acervo Orlando Cavalcanti, de grande importância para a história social de Pernambuco em finais do século XVIII e ao longo do XIX, o qual se encontra no Instituto Arqueológico, Histórico e Geográfico Pernambucano (Recife).

8. Borges da Fonseca, *Nobiliarquia pernambucana*, I, pp. 57-9, 127 e 371; ANTT, Mercês de d. Pedro II, 1, fl. 169v.; consulta do Conselho Ultramarino, 19.i.1683, AHU, PA, caixa 13; Gonsalves de Mello, "O engenho Guararapes", pp. 8-9; F. A. Pereira da Costa, *Dicionário biográfico de pernambucanos célebres*, Recife, 1882, p. 62.

9. Notas de Sylvio Pais Barreto, cit.

VIII. 166?-1876 [pp. 247-55]

1. Borges da Fonseca, *Nobiliarquia pernambucana*, I, p. 181; Lázaro Leitão Aranha, "Mesa das três ordens militares", códice 156, fl. 284.

2. "Livro do registro de irmãos", fl. 31, igreja de São José do Manguinho (Recife), gentileza de J. A. Gonsalves de Mello.

3. AUC, Coleção Conde dos Arcos, 31, fl. 406.

4. ANTT, HOC, J, 8, 8; FSO, F, 86, 1477.

5. "Livro primeiro de termos de entradas e profissões de irmãos, 1695-1719", fl. 2; e "Índice do livro primeiro de termos", fl. 99v., gentileza de J. A. Gonsalves de Mello.

6. Borges da Fonseca, *Nobiliarquia pernambucana*, I, p. 181.

7. Veríssimo Roiz Rangel, "Discurso apologético e notícia fidelíssima", ANTT, códice 34, fl. 6v., e 35, 1, 21.

8. "Relação do levante de Pernambuco em 1710", pp. 324-5.

9. Borges da Fonseca, *Nobiliarquia pernambucana*, I, p. 181.

10. J. A. Correia de Oliveira, "O barão de Goiana e sua época genealógica", *Minha meninice e outros ensaios*, Recife, 1988, pp. 19 e 52.

11. Manuel dos Santos, *Calamidades de Pernambuco*, p. 25.

12. Borges da Fonseca, *Nobiliarquia pernambucana*, II, p. 75.

13. ANTT, HOC, J, 8, 8.

14. ANTT, FSO, F, 86, 1477.

15. Antônio Joaquim de Melo, *Biografias de alguns poetas e homens ilustres*, I, pp. 188-232.

16. Dias Martins, *Os mártires pernambucanos*, pp. 24-6 e 28-9.

17. Pereira da Costa, *Dicionário biográfico*, pp. 124-9; Arquivo Nacional, *Organizações e programas ministeriais* (*Regime parlamentar do Império*), 2ª ed., Rio de Janeiro, 1962; notas genealógicas de Sylvio Pais Barreto.

ÍNDICE ONOMÁSTICO

Acióli Lins, família, 203
Acióli, Ana Maria (filha de Zenóbio Acióli de Vasconcelos), 258
Acióli de Vasconcelos, Zenóbio, 258
Adriano VI, papa, 86
Alão de Morais, Cristóvão de, 80, 215
Alarcon, Cosme Afonso de, 120-4, 126
Alba, duque de, 230
Albuquerque, Afonso de (filho de Jerônimo de Albuquerque), 101
Albuquerque, Brites de (filha de Antônio de Sá Maria), 19, 24, 88, 97, 154, 174, 193-4, 218, 230, 232-3, 257, 258
Albuquerque, Brites de (filha de Filipe Pais Barreto I), 189, 193
Albuquerque, Catarina de (filha de Filipe Cavalcanti), 99
Albuquerque, Cosma de (filha de Jerônimo de Albuquerque), 154
Albuquerque, Cristóvão de, 156, 174, 217, 258
Albuquerque, família, 45, 174
Albuquerque, Isabel de (filha de Jerônimo de Albuquerque), 96, 154
Albuquerque, Jerônimo de, 12, 46, 62, 85, 89, 95-8, 100, 147, 153, 155-6, 158, 190, 215, 217, 226, 258
Albuquerque, João de (filho de Francisco de Moura), 258
Albuquerque, João de (filho de Jerônimo de Albuquerque), 101, 145, 153-4, 258
Albuquerque, José Luís de (filho de Afonso de Albuquerque de Melo), 242
Albuquerque, Lourença de (filha de Antônio de Sá Maia), 156, 158, 191, 193, 258
Albuquerque, Luís de, 185, 258
Albuquerque, Luísa de, (filha de Jerônimo de Albuquerque), 158
Albuquerque, Maria de (filha de Filipe Pais Barreto I), 24, 257
Albuquerque, Maria de (filha de Francisco de Moura), 258
Albuquerque, Maria de (filha de Jerônimo de Albuquerque), 156, 173, 258
Albuquerque, Maria de (filha de João de Albuquerque), 258
Albuquerque, Maria Maior de (filha de José de Sá e Albuquerque), 222, 259
Albuquerque, padre Jerônimo de, 103
Albuquerque, Pêro de (filho de Jerônimo de Albuquerque), 96
Albuquerque, Salvador de (filho de Jerônimo de Albuquerque), 97
Albuquerque, Simoa de (neta de Jerônimo de Albuquerque), 100
Albuquerque Coelho, Duarte de, 154
Albuquerque Coelho, Jorge de (filho de Duarte Coelho), 95-6, 101, 154, 233

Albuquerque da Câmara, Antônio de (filho de Matias Albuquerque Maranhão), 102

Albuquerque da Câmara, Pedro de (filho de Nicolau Aranha Pacheco II), 104-6

Albuquerque de Melo, Afonso de (filho de Antônio de Sá e Albuquerque), 16, 20, 143, 216-7, 225, 227, 241-2, 257, 259

Albuquerque de Melo, Afonso de (filho de José de Sá e Albuquerque) 45, 218, 222, 258

Albuquerque de Melo, Inês de (filha de Antônio de Sá Maria), 173, 258

Albuquerque de Melo, João de (filho de Diogo Martins Pessoa), 98

Albuquerque e Melo, Manuel de (filho de Antônio Sá Maia), 173

Albuquerque Maranhão, Antônio de (filho de Jerônimo de Albuquerque), 102

Albuquerque Maranhão, Jerônimo de (filho de Jerônimo de Albuquerque), 101

Albuquerque Maranhão, Matias de (filho de Jerônimo de Albuquerque), 102, 104-5, 154, 158, 171, 178-9, 182, 222, 259

Albuquerque Maranhão, padre André de, 106

Albuquerque Melo, André de (filho de Afonso de Albuquerque de Melo), 103, 242-3, 259

Albuquerque Melo, família, 242

Albuquerque Melo, Luís de (ou pai homônimo), 187, 188

Alemão de Mendonça, Francisco, 33, 67, 72, 73

Almarjão, livreiro-antiquário, 16

Almeida, Francisco Antônio de (filho de Francisco de Almeida Castanho), 238, 259

Almeida, Francisco de, 259

Almeida, Gaspar de, 93

Almeida, Joaquim de (filho de Francisco de Almeida), 35, 247, 248-51, 253, 259

Almeida, Lourenço de, 41

Almeida Catanho, Francisco de (filho de Joaquim de Almeida), 253, 259

Almeida Catanho, Joaquim de (filho de Francisco de Almeida Catanho), 253

Almeida e Albuquerque, Manuel Caetano (filho de Francisco Antônio de Almeida), 254, 259

Almeida e Albuquerque, Antônio José Vitoriano de Borges (filho de Manuel Caetano de Almeida e Albuquerque), 254, 260

Almeida e Albuquerque, família, 254

Almeida e Albuquerque, Francisco de Paula de (filho de Manuel Caetano de Almeida e Albuquerque), 254, 260

Almeida e Albuquerque, José Paulino (filho de Manuel Caetano de Almeida e Albuquerque I), 260

Almeida e Albuquerque, Manuel Caetano de (filho de pai homônimo), 260

Alteta, frei Filipe de, 30, 52

Álvares da Costa, Manuel, 41, 45, 47, 52-4, 56, 65

Álvaro (filho de Diogo Pires, santo fidalgo), 142

Amaral, Prudêncio de, 243

Anes, Teresa, 142

Anjo, Domingos Fernando, 171

Antônio, prior do Crato, 91, 230

Antônio, santo, *ver também* Bulhões, Fernando de,

Anunciação, frei Miguel Arcanjo da, 169

Aragão, Fernando, 91
Aranha, Lázaro Leitão, 74
Aranha Pacheco I, Nicolau (filho de Pedro João Aranha), 104, 105
Aranha Pacheco, Nicolau (filho de Lopo de Albuquerque da Câmara), 104
Arcos, conde de, 28
Aries, Philippe, 169
Arouche, José Inácio de, 107, 200
Ataíde, Carvalho de, 116-7
Ataíde, Jorge de, 130, 131
Ávila, Diogo Tomás de, 109-12
Azevedo, Pedro, 117

Bacalhau, João Marques, 59-60, 64
Baers, Johan, 175
Bandeira, família, 109
Bandeira de Melo, Bento, 109
Banholo, conde de, 179
Barbalho, Antônio, 85
Barbalho Feio, Brás, 84
Barbosa Cabeça, Baltazar, 231
Barbosa de Lima, Antônio, 200
Barleus, 195
Baroja, Júlio Caro, 216
Barreiro, bispo Antônio, 143
Barreta, senhor da, 142
Barreto, Catarina (filha de João Pais Barreto I), 181
Barreto, família, 94
Barreto, Felipe Luís, 257
Barreto, Francisco, 186
Barreto, frei Gaspar, 117
Barreto Corte Real, Francisco (filho de Estêvão Pais Barreto II), 31, 211
Barreto de Albuquerque, Inês (filha de Antônio Pais Barreto), 259
Barreto de Albuquerque, Margarida (filha de Antônio Pais Barreto), 19, 51, 257
Barros, Gaspar de, 258

Barros, Margarida de, 257
Barros Pimentel, Antônio de, 202
Barros Pimentel, família, 202-3
Barros Rego, Brites de, 259
Barros Rego, João de (neto de Gaspar Van der Ley), 31, 42, 53, 56, 149, 198, 220-1, 239
Bataillon, 148
Bennassar, Bartolomé, 25, 27
Berenguer de Andrade, Francisco, 23-4, 29, 60-3, 71, 117, 121, 129
Bezerra, Antônio, "o Barriga", 62
Bezerra, Domingos, 95
Bezerra, família, 95
Bezerra, Francisco Monteiro (filho de Domingos Bezerra), 95
Bezerra, Manuel Cavalcanti, 219
Bezerra e Cavalcanti, Leonardo, 219
Blake, almirante, 66
Borges da Fonseca, Antônio José Vitoriano, 16, 36, 49, 61-3, 66, 69-70, 78-81, 83, 85-6, 96-8, 100, 105, 115, 121-2, 143, 145, 147, 153, 156, 182, 187, 194, 197, 202, 204, 210, 214-5, 217, 222-4, 226, 234, 238-41, 257, 259
Borges de Almeida e Albuquerque, Antônio José Vitoriano (filho de pai homônimo), 254
Botelho, Diogo, 142, 146, 160
Boxer, C. R., 41, 138
Brandão, Luciano, 199
Briolanja (filha bastarda de Diogo Fernandes), 83
Brioso de Figueiredo, Estêvão, 49
Brito de Almeida, Luís de, 143
Bulhões, Antônio de (filho de Antônio Correia de Bulhões), 129-31
Bulhões, família, 130
Bulhões, Fernando de, 113
Bulhões, Zacarias de (filho de Antônio de Bulhões), 130

Bulhões da Cunha, Filipe (filho de Zacarias de Bulhões), 113-4, 129-31, 232
Burckhardt, 11

Cabeça (ou Cabeia), família, 231
Cabeça, Gaspar Barbosa, 231
Cabeia, João Rodrigues de, 229, 232
Cabeia, Rui Tavares de, 229-31
Cabral, Baltazar Leitão, 84
Caetano de Souza, Antônio, 86, 117, 195
Calado, frei Manuel, 100, 128, 175, 178, 190, 197
Câmara, Isabel da (filha de Pedro Gago da Câmara), 102-3, 222, 259
Câmara, Mariana da (filha de Matias de Albuquerque Maranhão), 259
Camarão, Filipe, 53, 102, 220, 223
"Camboeiro", ver Pires, João
Campos Moreno, Diogo, 230
Caneca, frei, 56, 79
Cardoso, Isabel, 108
Cardoso, Jorge, 21
Cardoso, Luís, ex-escravo, 249
Cardoso, Manuel, "Arrevessa Toucinho", 108
Carneira, Luciano, 80
Carneiro, família, 121
Carneiro, Lopo Fernandes, "o Lancinha", 102, 105
Carneiro, Paulo, 119
Carneiro da Cunha, família, 115-6, 119, 121-2, 131
Carneiro da Cunha, João (filho de Manuel Carneiro da Cunha), 127-31
Carneiro da Cunha, Manuel, 114
Carneiro da Cunha, Manuel (filho do anterior), 84, 114-6, 120, 122, 124-6

Carneiro de Mariz, João, 113, 120
Carvalho, Bernardino de, 120-1, 123-5
Carvalho, família, 118
Carvalho, frei João de, 141
Carvalho, Paulo de, 240
Carvalho, Sebastião de (tb. Sebastião de Carvalho de Andrade), 100, 115-6, 119-21, 123-6, 128
Carvalho da Costa, padre Antônio, 86
Carvalho de Ataíde, Manuel, 117-9, 126
Casado de Lima, Francisco, 240
Cascais, marquês de, 47
Castanheira, conde de, 141
"Castellana", apelido da avó materna de Borges da Fonseca, 81
Castro, Américo, 11, 26, 148
Castro de Távora, Catarina de (filha de Miguel Francisco de Távora), 257
Castro e Albuquerque, Maria Margarida de, condessa de Vimioso, 217, 233
Castro e Caldas, Sebastião de, 41-2, 47, 218, 221, 247, 252
Catanho, Luísa (filha de Belquior da Costa Rebelo), 259
Catarina, rainha de Portugal, 87, 115
Catarina de Bragança, 30, 40, 205
Cavalcanti (de Goiana), família, 47
Cavalcanti (de Tracunhaém), família, 47
Cavalcanti, família, 45, 79, 246
Cavalcanti, família, "Fornos de Cal", 47
Cavalcanti, Filipe (filho de João Cavalcanti), 46-7, 86, 100, 155
Cavalcanti de Albuquerque, Maria, 259
Cervante, Miguel de, 108
César, Maria (filha de Francisco Berenguer de Andrade), 62, 100

Coelho, Duarte (tb. Duarte Coelho Pereira), 12, 40, 86-8, 95, 168, 218, 233
Coelho Pereira, Duarte, ver Coelho, Duarte
Correia, Pedro Tavares, 57
Correia de Araújo, Manuel, 110
Correia de Bulhões, Antônio, 130
Correia de Bulhões, Gabriel (filho de Antônio Correia de Bulhões), 130
Correia de Sá e Benevides, Salvador, 190
Cortiçado, padre Manuel Fernandes, 149
Cosma (filha de Zacarias de Bulhões), 130
Costa, padre Bernardo da, 68
Costa de Araújo, Domingos da, 23, 29-30, 32-6, 59, 247
Costa Rebelo, Belquior (filho de Sebastião Costa Rebelo), 259
Coutinho, Azeredo, 134
Couto, Diogo, 28, 148, 149
Cristiano, Paulo, 245
Cunha, Jerônima da (filha de Pero da Cunha de Andrade), 127
Cunha, Maria da, 127
Cunha Cavalcanti, Ambrósio Machado da, 234
Cunha de Andrade, Pero da, 113, 114, 130, 132
Cunha de Carvalho, Manuel da, 67, 73

Dias, Branca, ver Fernandes, Violante
Dias, Branca, 51, 77, 81, 83-5, 88, 93, 98, 116, 119, 124, 126, 129, 160, 165, 232-3
Dias, Garcia ou Icer (filha de Diogo Pires), 141, 143, 258
Dias, Gonçalo ou Abraão (filho de Diogo Pires), 141
Dias (dos Apipucos), Branca, personagem de drama do séc. XIX, 81
Dias da Fonseca, Pero, 63
Dias de Sá, Isabel (filha de João Rodrigues de Sá), 138-9, 142, 227-8, 258
Dias de Sá, Isabel, homônima da anterior, concubina do senhor da Barreia, 142
Dias Ferreira, Francisco (filho de Gaspar Dias Ferreira), 189
Dias Ferreira, Gaspar, 183, 186, 189-91, 205
Dias Ferreira, Pedro (filho de Gaspar Dias Ferreira), 185, 187-8
Dias Martins, padre, 42, 53, 56, 221
Dias Vaz, Filipe (filho de Diogo Fernandes), 83
Diniz, dom, 18
Duby, Georges, 16

Escobar del Corro, Juan de, 125
Espírito Santo, Maria do, "índia Arcoverde" (amante de Jerônimo de Albuquerque Maranhão), 96-8, 101, 217

Falcão, Inês (filha de Simão Falcão), 258
Falcão, Pedro Marinho, 75
Falcão, Simão, 152, 156
Faria, Antônio de, 142
Faria, Manuel de (marido ilegítimo de Isabel Dias de Sá), 142
Faria de Figueiredo, Jerônimo de, 128, 199
Faria e Souza, Ana de (filha de Nicolau Coelho dos Reis), 44
Febvre, Lucien, 16
Fernandes, alferes Rafael, 23
Fernandes, Beatriz ou Brites, "Al-

corcovada" (filha de Diogo Fernandes), 82
Fernandes, Carlos Dias, 82
Fernandes, Diogo, 51, 82-3, 85, 93, 160, 233
Fernandes, Estêvão, 144
Fernandes, Inês, 84
Fernandes, Manuel, 164
Fernandes, Violante (filha de Diogo Fernandes, *tb*. Branca Dias), 85
Fernandes Brandão, Ambrósio, 136
Fernandes de Ilha, Francisco, 105
Fernandes Vieira, João, 62, 101, 111-2, 115, 128, 169, 181, 189, 205
Fernando, rei de Portugal, 228
Ferreira, Manuel da Silva, 241, 259
Fialho, bispo dom José, 50, 66, 75, 237, 240
Fidalgo, Santo (*tb*. Diogo Pires), 141, 257
Figueira, padre Luís, 167
Figueira de Moura, Fernão, 258
Figueiredo e Melo, bispo Matias de, 250
Figueiredo, Isabel de, 259
Filgueiras, Gaio, 80
Filipe II, rei da Espanha, 228, 230
Filipe III, rei da Espanha, 70
Filipe IV, rei da Espanha, 70, 177
Florência (mulher de Luís de Mendonça e Sá), 109
Fonseca Barbosa, Maria da, 259
Fonseca Rego, Manuel da (filho de Antônio da Fonseca Rego), 245
Freire, Braancamp, 118
Freire, Brito, 70
Freitas, Mateus de, 253
Freitas de Faria, Luís de, 80
Freyre, Gilberto, 12, 15, 164, 196
Fróis, Isabel (Ana?), 87, 233
Furtado de Mendonça, Heitor, 134, 137, 139, 149, 162

Gago da Câmara, Pedro, 102
Gamboa, Joana Maria de Freitas, 81
Garcia, Rodolfo, 81, 98, 143
Gil, Afonso, 228
Gomes, Miguel Correia, 23, 25, 29-30, 32-3, 35-6, 48, 247, 259
Gomes, padre Álvaro, 49
Gomes, padre Francisco, 49
Gomes, Rui, 164-5
Gomes, Violante, "a Pelicana" (mulher de dom Luís), 91
Gomes Correia, Isabel (filha de Miguel Correia e Gomes), 259
Gomes de Figueiredo, Catarina, 259
Gonçalves, Diogo, 87, 233
Gonçalves, Isabel, 87
Gonsalves de Melo, J. A., 15, 79, 82, 85, 197
Gouveia, padre Antônio de, "o Padre de Ouro", 149
Grã, padre Luís da, 170
Guardes de Andrade, Inês, 21, 257-8
Guedes, padre João, 119-20, 123, 126
Gusmão, Alexandre, jesuíta, 91
Gusmão, Alexandre de, 28
Gusmão, Luísa de, 206

Holanda, Arnal (filho de Henrique de Holanda), 85-9, 152, 202, 232
Holanda, Arnoldo de (Arnal?), 86
Holanda, Henrique de, 86
Holanda Cavalcanti, Cristóvão de, 60
Holanda de Vasconcelos, Agostinho de (filho de Arnal de Holanda), 83-4, 86, 88
Holanda de Vasconcelos, família, 85
Homem, Gaspar Teixeira, 68
Homem, Manuel Mascarenhas, 146

Ilha (Ilhoa ou Ulhoa), família, 106
Inda, Ouro, 141, 257

Isabel (filha de Diogo Tomás de Ávila), 109
Isabel (filha de João Pires), 147

Jaboatão, 80, 102, 150
João (filho de Francisco de Moura), 154
João Alfredo, conselheiro, 252
João I, rei de Portugal, 228
João III, rei de Portugal, 18, 87, 101, 115, 141, 228, 233
João IV, rei de Portugal, 104, 125, 179, 184, 186, 200
João Maurício (filho de Gaspar Van der Ley), 197
João V, rei de Portugal, 25, 40, 57-8, 65, 209, 247
Jorge, "o Fanosca", 161
José I, rei de Portugal, 78, 117

Koster, Henry, 238

Lages de Carvalho, Francisco, 50
Leão, Manuel Carneiro, 244
Leitão, Catarina, 44
Leitão, Manuel, 99
Leitão, padre Gonçalves, 33, 247, 249
Leite, Serafim, 167
Lévi-Strauss, Claude, 14
Lima, Francisco de, 50
Lima, Rodrigo de, 227-8
Lincoln, Abraham, 13
Lins (de Porto Calvo), Cristóvão, 202
Lins, família, 202, 203
Lins, Sibaldo, 86
Lins do Rego, José, 127
Lipiner, Elias, 80, 141
Lopes, Beatriz, 229
Lopes de Moura, Jorge, 108
Lopes de Santiago, Diogo, 128
Lopes de Vera, Pero, 97

Lopes do Lago, Antônio, 161
Lopes Gama, padre Miguel do Sacramento, 79, 194
Lopes Tenório, Luís, 81
Loreto Couto, frei Francisco Domingos do (filho de Francisco Berenger de Andrade), 16, 44, 66, 109, 195, 214, 222
Lourenço, padre Gaspar, 144, 226
Lucena, Maria de, 164
Luís, dom (irmão de d. João III), 87, 91
Luís, escravo de Gaspar, 187

Machado, Félix, 41-2, 45, 53, 56-7, 107, 119-20, 126, 225-6, 249
Maia, Antônio, 138, 229, 258
Maia, família, 60, 68, 71-2
Maia de Lima, Antônio (de Ponte de Lima), 227, 229
Maia de Lima, Branca (filha de Rodrigo de Lima), 227-9
Maia de Sá, Domingos, 32, 68
Maneli, Constância (filha de Nicolau Spineli), 100
Manuel, dom, 69, 101, 139, 141, 228
Maranón, Gregório, 141
Maria (mulher de Mateus de Freitas), 253
Maria Madalena, 53
Matos, Gregório (apócrifo de), 22
Médici, Catarina de, 230
Melo, Cristóvão de, 97
Melo, Filipa de, 85, 96-7, 153, 155, 215, 217, 258
Melo, Luísa de (filha de Antônio de Sá Maia), 173, 258
Melo, Maria de (filha de Manuel Gomes de Melo), 197
Melo da Silva, Feleciano de, 259
Melo da Silva, Josefa de (filha de Feliciano de Melo da Silva), 259
Melo de Albuquerque, Catarina de (fi-

lha de Cristóvão Albuquerque), 156, 180, 194, 205, 257-8
Melo de Albuquerque, Fernão de (filho de Mateus Pereira da Cunha), 84, 98
Melo de Albuquerque, Máximo de, 98
Melo e Albuquerque, Catarina de (filha de Filipe Pais Barreto I), 258
Melo e Albuquerque, Josefa Francisca Xavier (filha de Antônio de Sá e Albuquerque), 259
Melo e Albuquerque, Josefa Francisca Xavier de (filha de Manuel da Silva Ferreira), 238, 240-1, 259
Melo e Albuquerque, Pedro de (filho de José de Sá e Albuquerque), 31, 211, 222-4, 237, 239, 259
Melo e Lima, Rodrigo de, 227, 240
Mendes, Brites, a velha, 83, 85, 87-9, 152, 232
Mendes de Brito, família, 209
Mendes de Vasconcelos, Brites, a nova (filha de Agostinho de Holanda de Vasconcelos), 83, 85
Mendonça, família, 52, 203
Mendonça, João de, 206
Mendonça de Matos Moreira, José de, 203
Mendonça e Sá, Francisco de (filho de Luís de Mendonça e Sá), 109-10
Mendonça e Sá, Luís de (filho de Diogo Tomás de Ávila), 109
Mendonça Furtado, Jerônimo de, 46
Mendonça Furtado, Tristão de, 154
Menezes, Diogo, 149
Menezes, Manuel de, 154
Menezes, Tomé de (filho de Fernando de Menezes), 144
Mercúrio, Leonardo, 168
Miguel (filho de João Pais Barreto, o Velho), 174

Minas, marquês de, 209
Montano, Árias, 108
Montebelo, marquês de, 47
Monteira, Francisca, 116
Monteiro, Brásia (filha de Pantaleão Monteiro), 95
Monteiro, Nuno Gonçalo, 213
Monteiro, Pantaleão, 95
Morais Silva, Antônio, 242-3
Moreira de Vasconcelos, Apolinário, 222
Moura, Alexandre de, 154, 158, 185-6, 191, 245, 258
Moura, Cristóvão de, 155
Moura, família, 155
Moura, Filipe de, 28, 83, 134, 155
Moura, Francisco de (filho de Alexandre de Moura), 154, 258
Moura, Manuel de (filho de Cristóvão de Moura), 155
Moura e Albuquerque, Alexandre de (filho de Francisco de Moura), 258

Nabuco, Joaquim, 21
Nassau-Siegen, João Maurício de, conde de Nassau, 176, 183, 191, 197
Nava, Pedro, 217
Navarro, Manuel Álvares de Morais, 202
Negromonte, Gonçalo Coelho, 23
Neves, Clara das (mulher de Gaspar Dias Ferreira), 184
Novo de Lira, família, 128
Novo de Lira, Gonçalo I (trisavô de Gonçalo Novo de Lima), 127, 128, 129
Novo de Lira, Gonçalo II (bisavô de Gonçalo Novo de Lima), 128-9
Novo de Lira, Gonçalo III (avô de Gonçalo Novo de Lira), 128

Novo de Lira, Gonçalo IV (pai de Gonçalo Novo de Lira), 128
Novo de Lira, Gonçalo V, 128-9
Nunes, Francisco, 31
Nunes, João, 138, 148, 156, 161, 163
Nunes, Luísa, 94
Nunes, Manuel, 99

"Olho de Vidro", *ver* Sá e Albuquerque, José
Olival, Fernanda, 27, 37-8, 200, 209
Oliveira, Antônio, 124
Oliveira, Isabel (filha de Lopo Fernandes Carneiro), 102
Oliveira, João (poss. Antônio de Oliveira), 121, 124
Oliveira, Manuel (poss. Antônio de Oliveira), 121
Oquendo, Antônio, 176
Osório de Andrade, Gilberto, 257

Pacheca, Violante, 93
Pacheco da Silva, padre Cipriano, 68
Paes Barreto, Sylvio, 15, 19, 245, 257
Pais, Ana, 197
Pais Barreto I, Estêvão (filho de João Pais Barreto, o Velho), 19-20, 257
Pais Barreto I, Filipe (filho de João Pais Barreto, o Velho), 21, 194, 257-8
Pais Barreto II, Estêvão (filho de Estêvão Pais Barreto I), 46, 48, 59, 194, 257
Pais Barreto II, Filipe (filho de Estêvão Pais Barreto II), 12, 15, 18-20, 22-5, 28-34, 38-9, 42-3, 45-7, 49, 51-3, 56-60, 63, 65, 67, 69-76, 98, 108, 132-3, 138, 142, 157, 172, 174, 177, 181, 184, 194, 205, 207, 211, 219-21, 223-4, 226, 229, 237, 241, 247, 257
Pais Barreto, Antônio (filho de Filipe Pais Barreto I), 19, 20, 34, 257
Pais Barreto, Antônio (filho de Filipe Pais Barreto II), 259
Pais Barreto, Cristóvão, 43, 45, 47, 52-3, 56, 220, 223
Pais Barreto, Estêvão José (sobrinho-neto de Filipe Pais Barreto II, 7º morgado), 76
Pais Barreto, família, 21, 28, 35, 43, 45-8, 59, 174, 218, 242
Pais Barreto, Francisco (filho de Filipe Pais Barreto II), 47, 51, 56
Pais Barreto, João (3º morgado), 257
Pais Barreto, João (5º morgado), 257, 259
Pais Barreto, João (filho de Estêvão Pais Barreto II), 20, 42-5, 222
Pais Barreto, João (filho de João Pais Barreto, o Velho), 257
Pais Barreto, João, o Velho, 20-1, 46, 59, 66, 89, 142, 174, 257-8
Pais Barreto, José Carlos, 76
Pais Barreto, padre Diogo (filho de Estêvão Pais Barreto II), 31, 174, 211
Pais Crisóstomo, João (filho de Filipe Pais Barreto I), 51, 52
Pais d'Altho, Cristóvão, 145
Pais de Castro, João (filho de Estêvão Pais Barreto I), 43, 46, 257
Paiva, Maria de (filha de Baltazar Leitão Cabral), 84
Pedro II, rei de Portugal, 19, 30, 40, 189, 203, 209, 245
Pedrosa, Domingos Nobre, 259
Pedrosa, Protásio Gomes, 69
Pereira, João, 85
Pereira, padre Marcelino, 227
Pereira, Rui, 232
Pereira da Costa, 51, 225, 243
Pereira da Cunha, João, 84
Pereira da Silva, Aniceto, 259
Pereira da Silva, Leonor (filha de Aniceto Pereira da Silva), 259

Pereira de Moura, Maria, 259
Pessoa, Diogo Martins, 85, 97
Pessoa, frei Jerônimo, 171
Pessoa de Almeida, padre João, 49
Pinto, Francisco Pereira, 68
Pinto, Simão Roiz, 23, 71
Pirenne, Henri, 39
Pires, Diogo, *ver* Fidalgo, Santo
Pires, João, "Camboeiro", 147, 152, 229, 232, 258
Pombal, marquês de, 26, 36, 58, 69, 80, 106, 115, 117, 123, 240, 249
Pudsey, Cuthbert, 175

Queirós, Eça de, 26, 215, 237
Quevedo, Francisco de, 14

Ramos, Baltazar Gonçalves, 70, 107
Rangel, Veríssimo Roiz, 239
Raposo, Maria Gonçalves, 122
Rebelo, Antônio Ferreira, 185
Rebelo, Miguel Ferreira, 108
Rego, Duarte Fernandes do, 227-9; *ver também* Duarte Fernandes Rodrigo
Rego, família, 228
Rego Barros, família, 79, 89, 122
Regueira, família, 79
Reina (filha de Diogo Pires), 142
Remédios, Mendes dos, 91
Ribeiro de Lacerda, Antônio, 61-3
Rocha, Manuel da, 68
Rocha, Maria de, 259
Rocha Mota, João da, 35-6
Rocha Mota, Maria da, 259
Rodrigo, Duarte Fernandes, 227
Rodrigues, Francisco, 142-3, 227-8, 258
Rodrigues de Sá, João, *ver* Rodrigues, Francisco,
Roiz, Cosmo, 99
Rolim de Moura, Manuel, 75
Rosa, Margarida da, 259

Rosa, Maria da, 232
Rosa, Teresa de Jesus Maria (filha de Basílio Rodrigues Seixas), 259
Rosa Vasconcelos, Margarida da (filha de Domingos Nobre Pédrosa), 222, 259
Rosário, Ana Francisca Eufênia do, 259
Rousseau, Jean-Jacques, 242

Sá, Duarte de (de Ponte de Lima), 227
Sá, família, 68, 72
Sá, Filipa de (filha de Duarte de Sá), 177, 258
Sá, Filipa de (filha de Francisco de Moura), 258
Sá, Francisco de (*tb.* Antônio de Sá; por uma genealogista de Barcelo, filho de Antônio Maia de Lima), 227
Sá, Joana de (filha de Antônio de Sá Maia), 173, 258
Sá, Paulo de, 240
Sá de Albuquerque Júnior, Antônio (filho de Antônio Sá e Albuquerque), 244
Sá e Albuquerque (de Guararapes), família, 245, 246
Sá e Albuquerque (de Santo André), família, 15-6, 45, 60, 69, 132, 230-2, 237-40, 242-3, 245, 254-5
Sá e Albuquerque, Antônio Coelho de (filho de Lourenço de Sá e Albuquerque), 246
Sá e Albuquerque, Antônio de (filho de José de Sá e Albuquerque), 42, 45, 53, 60, 216-20, 222, 225-9, 231, 237, 240-1, 244, 257, 259
Sá e Albuquerque, José de, "Olho de Vidro" (filho de Antônio de

Sá Maia), 31, 45, 58-9, 71, 158, 173, 181-6, 188, 191-2, 194-5, 204-6, 208, 211, 214, 217, 220-2, 224-5, 234, 238, 240-1, 243, 245, 248, 258

Sá e Albuquerque, José de (homônimo do anterior, filho de Fernão Carvalho de Sá), 245

Sá e Albuquerque, José Luís, 188, 222

Sá e Albuquerque, Lourenço de, 245

Sá e Albuquerque, Manuel de (filho de Antônio de Sá Maia), 194, 258

Sá e Menezes, família, 143, 229

Sá e Menezes, Francisco de, 143-4

Sá Lima, Duarte de (filho de Antônio de Sá Maia), 173, 191, 228

Sá Maia, Antônio de (filho de Duarte de Sá, *tb.* família de), 24-5, 31, 68, 70-1, 73, 76, 142, 152, 155, 157-60, 166-8, 171, 173-8, 180-1, 183-4, 188-91, 211, 215, 220, 227, 241, 257-8

Sá Maia, Antônio de (homônimo do anterior), 32, 38

Sá Maia, Belquior (ou Melquior) de (filho de Antônio Maia), 72-3, 142, 172, 227, 258

Sá Maia, Domingos de (*tb.* um fulano Maia), 31, 69

Sá Maia, Duarte de (filho de Antônio Maia), 24, 58, 64, 73, 138-9, 142-3, 145, 147-8, 152-5, 160, 162, 166-7, 169-70, 172, 192, 207, 210-1, 217, 225, 227-9, 237, 240-3, 245, 255, 257-8

Sá Maia, família, 31, 68

Salvador, frei Vicente do, 232

Santa Catarina, frei Melquior de, 150, 171

Santa Teresa, frei Luís de, 224

Santos, Manuel dos, 52, 219, 248

Saraiva, Duarte, 190

Sarniche, Filipe, 113

Schkoppe, coronel, 43

Schwartz, Stuart B., 13

Sebastião, rei de Portugal, 104, 228

Seixas, Basílio Rodrigues, 242, 259

Seixas, Diogo de, 185

Sepúlveda, Diogo Tomás, 109

Serafina (*tb.* Serafina Dias Ferreira, escrava, mulher de Francisco Dias Ferreira), 191

Serrão, Joaquim Veríssimo, 231

Silva, Fernão da, 145

Silva, João Fernandes, 35-6

Silva Lisboa, José da, 243

Silveira, Domingos da, o Mulo, 122

Smith, Adam, 243

Soares, Diogo, 100

Soares, Fernão, 99-100

Soares da Cunha, Diogo, 99, 253

Soares da Cunha, Fernão (filho de Diogo Soares da Cunha), 99, 100

Soares de Albuquerque, Diogo, 234, 235

Soeira, Joana, 49

Soeiro, Simão, 94

Souza, família, 66

Souza, Francisco de (III) (filho bastardo de João de Souza I), 43, 45, 48, 56, 64-6

Souza, frei Luís de, 94

Souza, João (II) (filho de Francisco de Souza III), 45, 46, 48, 59, 66

Souza, João de (I) (filho de Luís de Souza I), 43, 181, 189, 193, 195, 210

Souza, João de (irmão do marquês de Minas), 209

Souza, Luís de (I) (filho de Francisco de Souza I), 66, 210

Souza, Luís de (II) (filho de João de Souza I), 31

Sousa Coutinho, Francisco, 183

Souza Leão, família, 246

295

Souza Sepúlveda, Manuel de, 235
Souza Tavares, Manuel de, 65
Studart, barão de, 79

Taques, Pedro, 80
Tavares, Filipa (filha de João Rodrigues de Cabeia), 147, 229, 258
Tavares, Joana (filha de João Pires), 138, 147, 258
Tavares, Simão Pires (filho de João Pires), 148, 150
Teixeira, Bento, 95, 101
Teles da Silva, Antônio, 181
Teotônio, dom, 130
Teotônio, São, 131
Terra e Souza, Paulo de, 23, 60, 71-2
Torres Ribeiro, João de, 185

Utinga, visconde de, 235
Utrecht, Adriano de, 86

Vale, Fernão do, 100, 112
Van der Ley, família, *ver* Wanderley
Van der Ley, Gaspar, 174, 196-7
Van Hooghstraeten, Diederick, 181
Vaz Gondim, Domingos, 23, 71
Vega, Lope da, 25

Velho Barreto, Álvaro, 94-5, 142, 149, 163
Velho Barreto, família, 142
Velho de Araújo, Fernão (filho de Paio de Araújo de Azevedo), 184, 258
Viana, Amaro José, 253
Vidal de Negreiros, André, 182, 205
Vieira de Melo, André, 43-4, 52
Vieira de Melo, Antônio, 43
Vieira de Melo, Bernardo, 43-4
Vieira de Melo, família, 43, 48, 218
Vila Nova de Cerveira, visconde de, 228-9
Vila Real, Vicente Rodrigues, 191
Vinhais, João, 199
Vitória, Lourenço Nunes (*tb.* um fulano Vitória), 68, 71-2
Voltaire, 242
Vovelle, Michel, 166

Wanderley, família, 196-7
Weber, Max, 39
Wynantes, Johan, 199

Xavier, Joana Inácia Francisca, 259

Zarco y Colona, Tivisco de Nasao, 117

EVALDO CABRAL DE MELLO nasceu no Recife, cursou o Instituto Rio Branco e viveu muitos anos no exterior, como diplomata; hoje mora no Rio de Janeiro. É o autor de, entre outros livros, *Rubro veio*, *Olinda restaurada*, *O negócio do Brasil*, *A fronda dos mazombos* e *Nassau — Governador do Brasil holandês*, este publicado pela Companhia das Letras.

COMPANHIA DE BOLSO

Hannah ARENDT
Homens em tempos sombrios

Karen ARMSTRONG
Uma história de Deus

Marshall BERMAN
Tudo que é sólido desmancha no ar

David Eliot BRODY, Arnold R. BRODY
As sete maiores descobertas científicas da história

Jacob BURCKHARDT
A cultura do Renascimento na Itália

Italo CALVINO
O cavaleiro inexistente
Fábulas italianas
Por que ler os clássicos

Bernardo CARVALHO
Nove noites

Jorge G. CASTAÑEDA
Che Guevara: a vida em vermelho

Ruy CASTRO
Chega de saudade
Mau humor

Jung CHANG
Cisnes selvagens

Catherine CLÉMENT
A viagem de Théo

Joseph CONRAD
Coração das trevas
Nostromo

Richard DARWIN
A expressão das emoções no homem e nos animais

Rubem FONSECA
Agosto
A grande arte

Meyer FRIEDMAN, Gerald W. FRIEDLAND
As dez maiores descobertas da medicina

Jostein GAARDER
O dia do Curinga

Jostein GAARDER, Victor HELLERN, Henry NOTAKER
O livro das religiões

Fernando GABEIRA
O que é isso, companheiro?

Luiz Alfredo GARCIA-ROZA
O silêncio da chuva

Eduardo GIANNETTI
Auto-engano
Vícios privados, benefícios públicos?

Edward GIBBON
Declínio e queda do Império Romano

Carlo GINZBURG
O queijo e os vermes

Marcelo GLEISER
A dança do Universo

Tomás Antônio GONZAGA
Cartas chilenas

Philip GOUREVITCH
Gostaríamos de informá-lo de que amanhã seremos mortos com nossas famílias

Milton HATOUM
Dois irmãos
Relato de um certo Oriente

Albert HOURANI
Uma história dos povos árabes

Henry JAMES
Os espólios de Poynton
Retrato de uma senhora

Ismail KADARÉ
Abril despedaçado

Franz KAFKA
O castelo
O processo

John KEEGAN
Uma história da guerra

Amyr KLINK
Cem dias entre céu e mar

Jon KRAKAUER
No ar rarefeito

Milan KUNDERA
A insustentável leveza do ser
O livro do riso e do esquecimento

Danuza LEÃO
Na sala com Danuza

Paulo LINS
Cidade de Deus

Claudio MAGRIS
Danúbio

Naghib MAHFOUZ
Noites das mil e uma noites

Javier MARÍAS
Coração tão branco

Heitor MEGALE (Org.)
A demanda do Santo Graal

Patrícia MELO
O matador

Evaldo Cabral de MELLO
O nome e o sangue

Ana MIRANDA
Boca do Inferno

Vinicius de MORAES
Livro de sonetos
Nova antologia poética

Fernado MORAIS
Olga

Vladimir NABOKOV
Lolita

Friedrich NIETZSCHE
Além do bem e do mal
Ecce homo
Humano, demasiado humano
O nascimento da tragédia

Michael ONDAATJE
O paciente inglês

Malika OUFKIR, Michèle FITOUSSI
Eu, Malika Oufkir, prisioneira do rei

Amós OZ
A caixa-preta

Adauto NOVAES (Org.)
Ética

José Paulo PAES (Org.)
Poesia erótica em tradução

Fernando PESSOA
Livro do Desassossego
Poesia completa de Alberto Caeiro
Poesia completa de Álvaro de Campos
Poesia completa de Ricardo Reis

Décio PIGNATARI (Org.)
Retrato do amor quando jovem

Edgar Allan POE
Histórias extraordinárias

Darcy RIBEIRO
O povo brasileiro

Edward RICE
Sir Richard Francis Burton

João do RIO
A alma encantadora das ruas

Philip ROTH
Adeus, Columbus
O avesso da vida

Elizabeth ROUDINESCO
Jacques Lacan

Arundhati ROY
O Deus das pequenas coisas

Salman RUSHDIE
Os versos satânicos

Oliver SACKS
Um antropólogo em Marte

Carl SAGAN
Bilhões e bilhões
Contato
O mundo assombrado pelos demônios

Edward W. SAID
Orientalismo

José SARAMAGO
O Evangelho segundo Jesus Cristo
O homem duplicado
A jangada de pedra

Arthur SCHNITZLER
Breve romance de sonho

Moacyr SCLIAR
A mulher que escreveu a Bíblia

Dava SOBEL
Longitude

Susan SONTAG
Doença como metáfora / AIDS e suas metáforas

I. F. STONE
O julgamento de Sócrates

Drauzio VARELLA
Estação Carandiru

Caetano VELOSO
Verdade tropical

Erico VERISSIMO
Clarissa
Incidente em Antares

XINRAN
As boas mulheres da China

Edmund WILSON
Rumo à estação Finlândia

1ª edição Companhia das Letras [1989]
1ª edição Companhia de Bolso [2009]

Esta obra foi composta pela Verba Editorial
em Janson Text e impressa pela Prol Editora Gráfica
em ofsete sobre papel Pólen Soft da Suzano Papel e Celulose